史伝 北条義時

家政権を確立した
力者の実像

山本みなみ

小学館

鎌倉・源氏山公園の「源頼朝像」

石橋山古戦場（神奈川県小田原市）

運慶作の毘沙門天立像（国宝）。北条時政が建立した願成就院（静岡県伊豆の国市）には運慶作の五軀の仏像が蔵される。

北条義時とは何者か――プロローグ

本書の主人公である北条義時は、鎌倉幕府内部での政争を勝ち抜き、執権政治を確立して北条氏の優位を明確にし、さらに京都の朝廷までをも武力で打ち負かすことで、武家政権の基礎を固めた人物である。しかし、その功績に比して知名度は低く、成し遂げた偉業も承久の乱で王家（皇室）を討ったという一点に抹殺され、近世以降、「不忠《ふちゅう》の臣」という評価を恣《ほしいまま》にするにいたった。さらに、源氏将軍が三代で途絶したことから、将軍から政治の実権を奪った陰険な策謀家としてのイメージも強い。

しかし、本当に義時は政治の実権を奪ったのであろうか。源氏将軍が途絶えたとき、幕府が瓦解する可能性もあるなかで、朝廷との粘り強い交渉の末、京都から新しい将軍を迎え、幕府体制を維持した過程をみたとき、むしろ鎌倉幕府を守った功労者として評価すべきだと考えるのである。簒奪者のイメージは、三代将軍　源　実朝《みなもとのさねとも》暗殺の黒幕を義時と決めつけるところに始まるが、これは厳密な史料批判に基づく推測ではなく、王家を討つような極悪人であるから、将軍も討ったに違いないという、至極あいまいな理由にすぎない。このような義時の人物評価は、早くも近世の政治家新井白石《あらいはくせき》の著書『読史余論《とくしよろん》』にみえ、現在に至るまで再生産されているのである。

我々は、源氏将軍断絶と承久の乱という幕府の存亡にかかわる最大の危機を乗り越えた義時を、きちんと評価すべきではなかろうか。もちろん、歴史学界からは、安田元久《やすだもとひさ》『北条義時』（吉川弘文館、一九六一年）や岡田清一《おかだせいいち》『北条義時』（ミネルヴァ書房、二〇一九年）といった義時の実像に迫る名著も出版されているが、一般には、まだまだ暗いイメージが付きまとっているのが現状ではないだろうか。そもそも、何を成し遂げた人物なのかよく知らないという方も多いだろう。

戦前の歴史研究者である萩野由之《はぎのよしゆき》氏は、北条氏を次のように評価した。すなわち、源家のためには暗殺者であったが、幕府のためには保護者であった。ゆえに、源氏将軍が途絶えようとも、幕府存立の基礎が揺らぐことはなく、遂に北条氏は幕府の事実上の主宰者となった、と（萩野一九二〇）。

従来の北条氏研究は、北条氏の台頭を自家の権力確立につとめた結果として集約するが、第一に幕府政治の安定を優先し、そのなかで自らの権力確立につとめたとみるべきである。本書では、北条義時を「幕府の保護者」として評価する萩野氏の視角を継承したい。

また、これまでの幕府研究は、将軍と北条氏を常に対立の構図に当てはめて評価している。このような研究状況のなか、杉橋隆夫《すぎはしたかお》氏は、執権とこれを補佐する連署の成立を論じるなかで、将軍と執権勢力は共存・補完の関係にあることを指摘している（杉橋一九八〇・一九八一）。しかし、この成果は、その後の研究において継承されているとは言いがたい。したがって、本書では、将軍と執権北条氏の対立を自明とせず、共存・補完関係の面から捉える杉橋氏の視角も継承したいと考えている。

ところで、鎌倉幕府研究において根本となる史料が鎌倉幕府の歴史書『吾妻鏡《あずまかがみ》』（鎌倉時代後期の成立、北条氏が編纂に携わる）であることは、言うまでもない。本書で扱う時期の政治史も、『吾妻鏡』の記事に基づいて考察が進められてきた。しかし、すでに大正期の原勝郎《はらかつろう》氏や八代国治《やしろくにじ》氏が指摘しているように、『吾妻鏡』には北条氏の正当化を目的とした曲筆が多く、同書を利用する上では、慎重な史料批判が欠かせない（原一八九八・八代一九一三）。もちろん、戦後の幕府政治史研究も、『吾妻鏡』の編纂物としての限界について留意してきた。とくに『吾妻鏡』の頼家・実朝記については、龍粛《りょうすすむ》氏や目崎徳衛《めざきとくえ》氏によって、その信憑性に疑問が示されている（龍一九五七・目崎二〇〇一）。

しかし、近年では必ずしも『吾妻鏡』の虚構性に注意を払わず、史料批判が不十分な研究もみられる。そこで本書では、『明月記《めいげつき》』をはじめとする古記録や古文書、さらには『愚管抄《ぐかんしょう》』・『六代勝事記《ろくだいしょうじき》』などの史籍を素材として『吾妻鏡』の史料批判を行ない、この時期の政治過程を立体的に論じることにしたい。そして、徹底した史料批判に立脚した政治史のなかに北条義時を位置づけることで、最新の研究から浮かび上がる新しい義時像を提示したい。

源頼朝と北条政子ら北条一族は富士山を望める伊豆・韮山の地で出会うことになる（静岡県伊豆の国市の源頼朝、政子像）

第一章　頼朝との出会い

空から見た伊豆の国市（伊豆の国市教育委員会提供）

義時の誕生と北条氏

父と母

義時は、父時政の二男として、長寛《ちょうかん》元年（一一六三）に生まれた。時政は、伊豆国の在庁官人（国衙《こくが》の実務を担う役人）をつとめる人物である。のちに、源頼朝を保護し、娘の政子と頼朝が婚姻したことによって、頼朝の挙兵に協力し、鎌倉に入ることになる。

母については、前田家本「平氏系図」に「母伊東入道の女」とのみ記されるが、時期的に考えて、伊東祐親《いとうすけちか》の娘を指すとみてよい。伊東氏も北条氏と同じく、伊豆の武士で在庁官人をつとめる一族である。残念ながら、母親に関しては、史料にまったくみえず、政子や義時の出産後、ほどなくして亡くなったと考えられる。

したがって、義時は在地武士の一族間に生まれた人物であった。将来は、本拠地である伊豆国で在庁官人をつとめ、兄宗時を支えて北条氏を盛り立て、数年に一度は大番役のため上洛する、そんな地方武士としての人生を歩むことが予想される。しかし、義時は、大きな歴史の渦に飲み込まれ、ついには鎌倉幕府という新しい政治権力を確立するに至る。

義時を歴史の表舞台へと引き上げたのは、他でもない源頼朝と北条政子である。姉政子が源氏の御曹司である頼朝と結ばれたことによって、義時の人生は一変する。

兄・姉・弟・妹

義時には、兄に宗時、姉に政子がいた。宗時の生年は不明であるが、時政が二十歳のときに政子、二十六歳の時に義時が誕生していること、また生母も同じ伊東祐親の娘だと考えられることから、政子との年齢差は少なく、義時とは十も離れていないとみてよい。義時は、幼名を江間小四郎《えまのこしろう》といい、北条氏の庶流江間氏の当主と目されていたところをみると、宗時が北条氏の家督を継ぐ嫡男として遇されていたと考えられる。

姉の政子は、義時の六歳年長にあたる。詳しくは後述するが、義時は、頼朝からも目を掛けられた存在で、その死後、幕政を主導し、政治家として活躍することになる。このとき、政子は、一貫して義時に協力し、幕府が難局に直面した際にはその力となった。義時にとっては、「頼りになる姉上」といったところであろうか。両者の関係を表すならば、姉弟よりも、政治的パートナーといった方がよいだろう。義時の人生は、政子の存在を抜きにしては語れない。本書は、義時の物語であると同時に、政子の物語でもあるといっても過言ではない。

安元元年（一一七五）には、弟の時房《ときふさ》が生まれている。時房の母は、「足立系図」に従えば、武蔵国の武士足立遠元《あだちとおもと》の娘であるため（『新編埼玉県史』別編四、一九九一年）、異母弟になる。義時とはひと回りも離れており、北条氏の在京活動を担う存在となる。

妹の阿波局（生年未詳）は、のちに頼朝の異母弟である阿野全成《あののぜんじょう》と婚姻し、夫婦で三代将軍実朝の乳母《めのと》をつとめている。北条氏は、源氏将軍家と二重に姻戚関係を結んでいたのである。その他、稲毛重成や畠山重忠の妻となった女性たちが妹にいる。

さらに、父時政は、駿河国大岡牧《するがのくにおおおかのまき》の預所《あずかりどころ》をつとめる牧宗親の娘牧の方を後妻に迎え、多くの子女を儲けた。息子の政範のほか、武士の平賀朝雅《ひらがともまさ》・宇都宮頼綱、貴族の三条実宣《さねのぶ》・坊門信清《ぼうもんのぶきよ》に嫁いだ娘たちがいる。とくに政範については、北条氏の家督継承問題にかかわる重要人物であるため、後述に委ねたい。

北条氏とは

義時の生まれた北条氏は、伊豆国田方郡《いずのくにたがたぐん》北条を本拠地とする一族である。その出自については、謎に包まれている部分も多い。頼朝と政子が恋仲となった話よりも以前に、北条氏のことを記した記録がないうえ、時政以前については系図の相違が多く、武者の世の到来を告げた保元・平治の乱にも不参加であった。加えて、有力豪族の三浦氏や千葉氏のように広大な所領をもち、大規模な同族武士団を形成しているわけでもないため、伊豆の小豪族程度の評価しか与えられなかった（奥富一九八〇）。

その一方で、本拠地の北条が伊豆の国衙《こくが》（三島）に近く、伊豆国の大動脈である狩野川が流れるなど、水上交通の要地をおさえていることなどから、弱小豪族とは言い難く、伊豆においては、伊東氏や工藤氏に次いで力のある一族であったとの評価もあり、一定しない。

しかし、近年の研究では、新史料の紹介も相まって、時政以前の北条氏の存在形態が明らかになりつつある。北条氏研究の第一人者である野口実氏の研究に導かれながら、北条氏とはいかなる一族であったのか検討したい（野口二〇〇六・〇七Aなど）。

北条氏は、平直方《たいらのなおかた》の子孫を称した。『吾妻鏡《あずまかがみ》』には、「爰《ここ》に上総介《かずさのすけ》平直方朝臣《あそん》の五代の孫北条四郎時政主は当国の豪傑なり」、すなわち平直方の五代孫にあたる北条時政は伊豆国の豪族であるとみえている。平直方は、貞盛流平氏の嫡流とみなされるべき存在で、貞盛以来、都の武者として活動していたが、平忠常の乱の平定に失敗した過去を持つ。

なぜ、北条氏はこの直方の子孫であることを、一族のアイデンティティとしたのであろうか。平貞盛の経歴や活動をみていくことで、その理由を探りたい。

平貞盛は、平将門の乱を平定し、中央軍事貴族としての立場を得ることになった人物である。常陸掾《ひたちのじょう》であった貞盛は、常陸国を本拠としていたが、正暦《しょうりゃく》年間（九九〇～九九五）頃、息子の維将《これまさ》が相模介に任じられ、受領《ずりょう》として赴任したことで、相模国にも所領を得たらしい（村井一九六八）。

その子維時は、貞盛の養子となり、摂関家に仕えた。その活動は、貴族の日記を中心に、さまざまな史料から窺うことができる。例えば、長和《ちょうわ》五年（一〇一六）十月、藤原道長に貢馬《こうば》廿疋を献じ（『御堂関白記《みどうかんぱくき》』）、治安《ちあん》三年（一〇二三）十月、道長が高野山に参詣した際には、途次に参上している。このとき、道長は維時の宅に宿して、維時に馬を賜わっている（『扶桑略《ふそうりゃっ》記《き》』)。

また、万寿《まんじゅ》二年(一〇二五)十一月、教通(道長の子)が岡屋に湯治に赴いた際にも維時の宅に入っている(『小右記《しょうゆうき》』同日条)。さらに、維時は東三条院(道長の姉詮子《せんし》)判官代《ほうがんだい》でもあった(前田家本『平氏系図』・『系図纂要』)。このように、維時は道長とその周辺の人々に仕え、都で活動していたのである。

維時の子直方もまた摂関家に仕えた。治安三年四月、頼通の口添えで検非違使《けびいし》(武力によって都の治安維持にあたる役職)に任ぜられ(『小右記』同十一日条)、万寿四年三月十六日、中宮威子《いし》(道長の娘)の御給《ごきゅう》(皇族が官位を与える制度)によって栄爵にあずかる(『小右記』同日条)など、奉仕に対する恩恵を受け、都の武者としての地位を保持している。

長元《ちょうげん》元年(一〇二八)、関東で起こった平忠常の乱に際しては、検非違使という追討使にふさわしい官職を得ていたこともあって追討使に選出され、父維時とともに平定に当たった(『小右記』長元三年六月二十三日条)。しかし、二年余りも激戦が継続したため、直方は解任され、同三年、源頼信が直方に代わって追討使に任ずると、翌年忠常は降伏。乱は鎮圧された。

したがって、直方は忠常追討に失敗したわけだが、このことが引き金となってそれまでの地位を失うことはなかった。永承《えいしょう》三年(一〇四八)、頼通の高野山参詣の際には、「前能登守《さきののとのかみ》直方」として供奉しており(『宇治関白高野山御参詣記』十月十一日条)、引き続き摂関家に仕え、官途も順調であったことが窺える。さらに、見逃せないのは、代わりに追討使に任ぜられた源

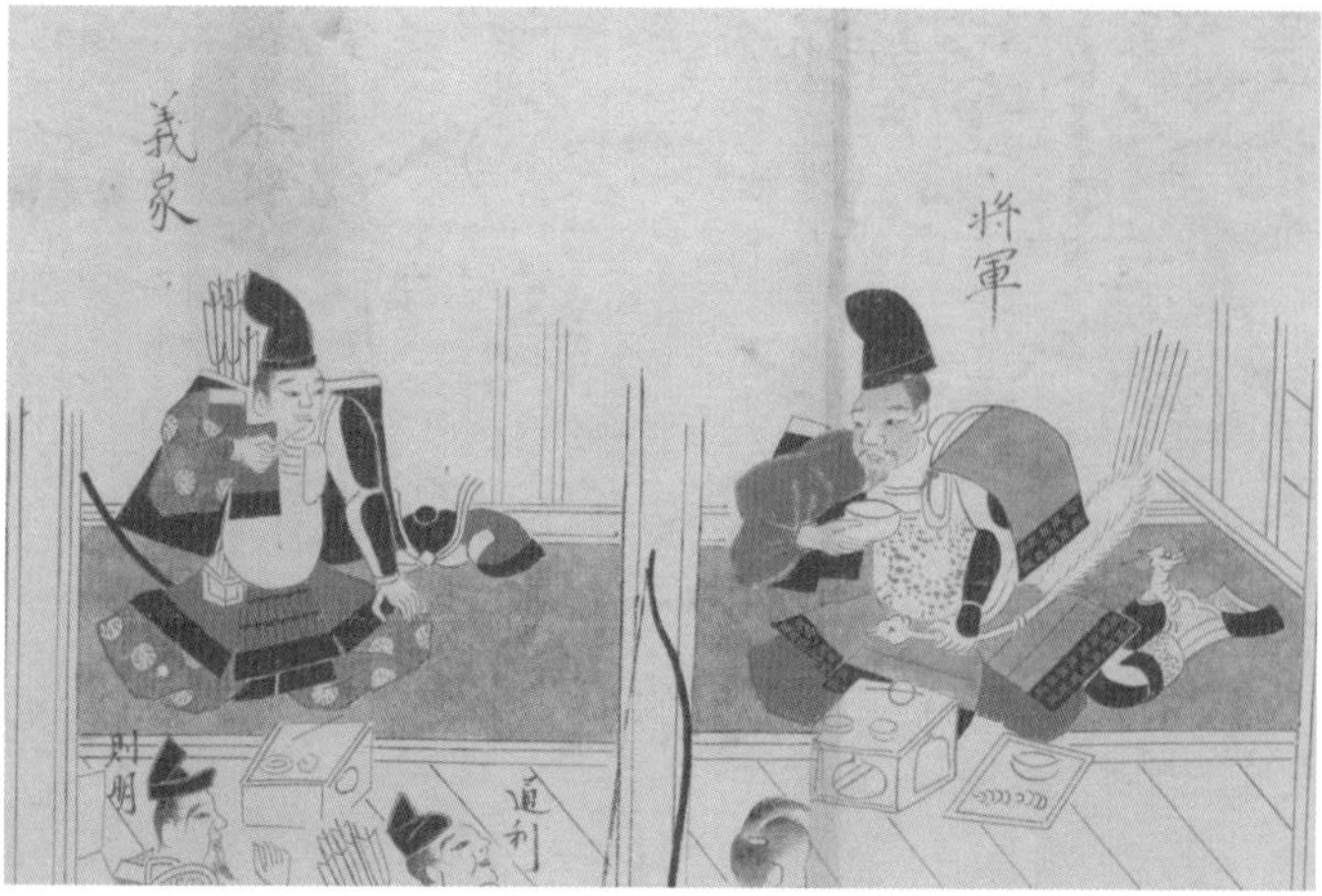

源頼義（右）と義家父子（『前九年絵巻物』巻七より。国立国会図書館蔵）

頼信の息子頼義《よりよし》を娘婿として迎え、「鎌倉の屋敷」を譲渡していることである。

清浄光寺（遊行寺）に住んだ由阿《ゆあ》が記した『万葉集』の注釈書『詞林采葉抄《しりんさいようしょう》』第五には、「鎌倉山」の頁に鎌倉の由来を次のように記す。

> 其の後、平将軍貞盛の孫上総介直方鎌倉を屋敷とす。爰《ここ》に鎮守府《ちんじゅふ》将軍兼伊予守源頼義いまた相模守にて下向の時、直方の聟となり給て八幡太郎義家〈鎮東将軍〉出生し給ひしかは、鎌倉を譲り奉りしより以来源家相伝の地として（後略）

直方は鎌倉に屋敷を持ち、それを直方の婿となり、義家が生まれた頼義に譲った。これ以降、鎌倉は源氏相伝の地となったという。

源頼義は、父頼信とともに平忠常の乱の平定にあたった武者で、とくに馬上から弓を引く騎射《うまゆみ》の武芸に秀でていた。『陸奥話記《むつわき》』には、直方が頼義の騎射の芸に感嘆し、婿に迎えることを願ったと記されている。いうまでもなく、河内源氏の源頼信・頼義・義家は、源頼朝の先祖であり、のちに頼朝が鎌倉に居を構えるのも、鎌倉が源氏ゆかりの地であったからである。

ここにきて、先の疑問もおのずと解けよう。北条氏が、『吾妻鏡』のなかで平直方の子孫であることを強調するのは、直方の時代、のちに頼朝を輩出する河内源氏との関係が構築され、鎌倉が源氏ゆかりの地となったからなのである。『吾妻鏡』には、頼義を婿に迎えた直方と、頼朝を婿に迎えた時政を対比する目的もあったと考えられる（野口二〇〇七A）。『吾妻鏡』は、鎌倉後期に成立した編纂物であるため、後世の編纂者の北条氏観に基づく記述の可能性も捨てきれないが、頼朝や時政が頼義と直方にはじまる鎌倉の歴史を重視していたことは、頼朝の長男が「義家」を意識した「頼家」と名付けられていることからも窺うことができる。

ところで、直方はなぜ鎌倉に屋敷をもっていたのだろうか。先に、維将が相模介として赴任したことに触れたが、このときに鎌倉を私領とし、在地武士の郎等化をはかった可能性がある。あるいは、それ以前から南関東（東京湾沿岸諸国）を押さえることのできる位置に所在する鎌倉は、貞盛流平氏の私領であったのかもしれない（野口二〇一二A）。要するに、直方は都で摂関家に仕える一方、鎌倉にも先祖伝来の私領・屋敷・郎等を有しており、これらを娘婿の頼義に譲ったのである。

北条氏の成立

直方から時政にいたるまでの流れは、系図の間で混乱が激しく、確定することが難しい。共通するのは、時家を北条氏の初代とし、時家から北条氏が始まったとする点である。

佐々木紀一氏は、この時家に関する新しい知見を提示した（佐々木一九九九）。すなわち、『平家物語』の異本のひとつ『源平闘諍録』一之上「桓武《かんむ》天皇より平家一胤の事」に、時家は伊勢平氏庶流の出身（維盛―盛基―貞時―時家）で、「北条介」の婿になったとみえることから、時家が娘婿として入り、伊豆に土着して北条氏が成立したのではないか、と。

この「北条介」の一族は、南北朝～室町時代に成立した系図集『尊卑分脈《そんぴぶんみゃく》』に、直方の子としてみえる阿多見聖範《あたみせいはん》の子孫であると想定される。したがって、聖範が伊豆国の阿多見（熱海）に進出を遂げ、その子孫が田方郡の方にも勢力を伸ばし、伊豆の在庁官人の地位を得ていた。ここに、伊勢平氏庶流の時家が婿入りし、北条氏を名乗るようになったというわけである。

さらに、佐々木氏は、『尊卑分脈』よりも信頼のおける北酒出本《きたさかいでぼん》『源氏系図』（秋田県公文書館佐竹文庫所蔵）に注目。時家を「伊豆国の住人」と記していること、大和源氏の出身で、十二世紀半ばに興福寺の僧兵を率いたことで有名な悪僧信実《しんじつ》の母が時家の娘であることを指摘し、時家は十一世紀後半から十二世紀初めの人物で、時政の祖父にあたると結論付けた。

この指摘によって、時政以前の北条氏の系譜の一端が明らかとなった。系図に表すと次のようになる（24頁参照）。では、この時家が属する伊勢平氏庶流とは、どのような一族なのだろうか。

伊勢平氏は承平《しょうへい》・天慶《てんぎょう》の乱の立役者貞盛の子維衡《これひら》に始まる。時家の祖維盛は、維衡の孫にあたる伊勢平氏庶流で、『尊卑分脈』に検非違使・駿河守とみえる。その子盛基は、右衛門尉《うえもんのじょう》を経て検非違使をつとめ、永久《えいきゅう》二年（一一一四）正月二十七日には、欠員になっている駿河守への補任を希望している（『除目大成抄』第五）。また、『中右記《ちゅうゆうき》』元永《げんえい》元年（一一一八）閏九月九日条に、「信乃守盛基五条烏丸宅」が焼亡したとみえ、彼が結局、信濃守に任じられていること、京の五条烏丸に邸宅を有していたことがわかる。

こうした経歴は、時家の属する伊勢平氏庶流が、京都で活動する軍事貴族、すなわち「京武《きょうむ》者《しゃ》」的存在であったことを示している（院政期の軍事貴族は、一般貴族とは異なる武者・武士と認識され、当時の史料では「京武者」と呼称される。元木一九九四を参照）。

残念ながら、時家が「北条介」の婿に入った経緯はわからないが、時家もまた都で活動していた京武者で、十二世紀初め頃までに伊豆の在庁官人をつとめる「北条介」の一族に婿入りし、伊豆に土着。北条氏が成立したと考えてよいだろう。

この推測に従えば、北条氏は、十二世紀初めまで受領に任官可能な京武者の家を出自とする存在だったということができる。時政以前に分派していない北条氏は、千葉氏や三浦氏などのように所領を開発して、大規模な同族武士団を形成していたわけでもないため、小規模な勢力の存在として評価されてきた。しかし、時政の祖父時家に始まるのであれば、そもそものスタートが異なるのであるから、小規模なのは当然である。むしろ、伊豆への土着が新しく、京都の事情にも明るいことが、北条氏が勢力を拡大する上では重要だったのである。

北条氏と京都

北条氏が幕府権力を掌握し得た背景としては、京下りの吏僚である大江広元らと手を結んで協力関係を築いたことや、実朝が暗殺された後に、源氏一門の武士ではなく、皇族や藤原氏から将軍を迎えようとした非凡な着想をもつ点があげられる。これらについて、上横手雅敬氏は、北条氏は京都との関係が深く、思想・行動上、大変かわった存在であることから、伊豆への土着はそう古くないのではないかと推測した（上横手一九五八）。これは、誠に卓見というべきで、先の推測に従えば、北条氏が伊豆に土着したのは時政の祖父の代にすぎない。

北条氏は、中央の情報に通じ、貴族社会にあつい人脈を有するなど、京都と密接な関わりをもつ。たとえば、時政が伊豆に建立した願成就院には、中央で活躍する仏師運慶作の造仏が安置されていたり、時政は京都のしかるべき僧を鶴岡八幡宮寺の供僧《ぐそう》に推挙したりしている。

もっとも京都との密接な関係を示すのは、時政が池禅尼《いけのぜんに》の姪にあたる牧の方を後妻に迎えていることである。池禅尼こと藤原宗子は、平清盛の継母で、院や女院に仕える院近臣を輩出する一族であった（24頁系図参照）。したがって、中央の政治に明るく、幅広い人脈をもつことはいうまでもない。そのような中級貴族を出自とする女性の牧の方が、伊豆の田舎武士に嫁ぐことを、父宗親が許すはずもない。北条氏が京武者的な一族であり、牧氏との家格の釣り合いがとれたからこそ、この婚姻が成立したと考えられるのである。のちに牧の方とのあいだに生まれた娘たちが、貴族に嫁いでいることも注目される。

北条氏は、平安以来在地に根を生やした所領開発型の武士ではない。先祖は都で活動し、京都とは別に地方の鎌倉にも所領や屋敷をもつような軍事貴族で、熱海から北条へと進出し、伊豆の在庁官人としての地位を築いた在地武士と、都で活動し受領に任官可能な格の高い伊勢平氏庶流の京武者が婚姻関係を通じて成立した、新しい武士の家なのである。

したがって、京都の情報や文化と深い繋がりをもつ一族であるといえる。所領の広さや軍事力こそ他の武士団には劣るが、京都政界との緊密なネットワークは、北条氏の強みであり、鎌倉幕府という新しい政治権力を創出し、発展させるうえで強力な武器となったのである。

北条一族の分業体制

京都との関わりの深い時政が何の朝官にも任ぜられておらず、無位無官であった点について触れておきたい。この問題については、時政の七つ下の弟と推定される時定の存在が見逃せない。時定は『吾妻鏡』に、「北条介時兼男」とみえ、彼を北条氏嫡流とみる研究者もいる。文《ぶん》治《じ》二年（一一八六）三月、上洛していた時政は、京都守護などの職務を「腹心」の時定に委ねて鎌倉に戻るが、このとき洛中警衛を担うために選定された武士たちの筆頭に「平六傔仗《けんじょう》時定」の名がみえる。「傔仗」とは、陸奥守や大宰帥《だざいのそち》・大弐《だいに》が自ら申任することのできる護衛官で、永万《えいまん》二年（一一六六）に平頼盛が大宰大弐となり、現地に赴任したときの申任である可能性が指摘されている。要するに、時政と時定は、時政が本拠地である伊豆北条で在地経営を行ない、時定が在京活動を担うという分業体制をとっていたのである（野口二〇一二A）。

　確かに、時政が無位無官なのに比べ、時定は「傔仗」を称し、ついで左兵衛尉→左衛門尉を経て、建久《けんきゅう》四年（一一九三）二月に京都で死去している。時政が叙爵・任官（遠江守）を果たしたのは、正治二年（一二〇〇）であるから、官位でみれば時政は劣っているといわざるをえない。

　ただし、この経歴は時定による在京活動の結果である。一般に当時の地方武士の家においては、在地における族長（家督）の地位は国衙の在庁官人としての所職や本拠地の荘官職などと相関関係を持つ一方、在京と在地の分業活動の結果、庶子の方が嫡子よりも高い官位をもつこともあった（貫一九六八A）。したがって、時政の無位無官の背景には、一族の分業活動があり、伊豆随一の水陸の要衝を押さえる時政が嫡流であったことは、間違いない（野口二〇〇七A）。

北条氏と藤原・源・平氏との関係（野口二〇〇六より）

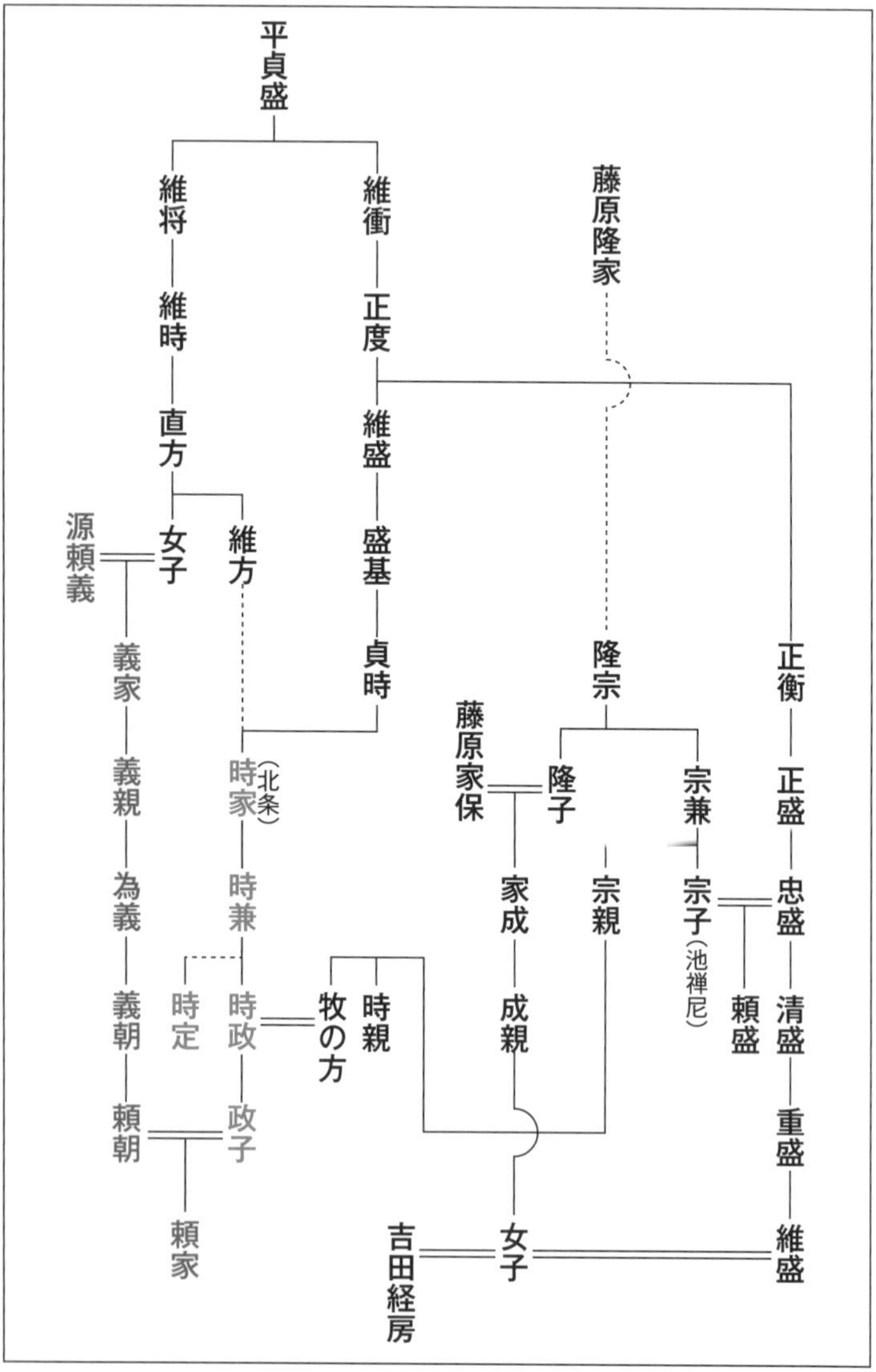

なお、時定亡き後、北条氏の在京活動を担ったのは、義時の弟時房である。たとえば、建保《けんぽう》六年（一二一八）政子が熊野参詣に向かい、京都で卿二位藤原兼子と実朝の後継者選定などについて交渉した際には同行し、政子が鎌倉に戻った後も院御所での鞠会に参加するために留まっている。在京経験の豊富な時房は、京文化にも精通していたのであろう（野口二〇〇五）。

こうした在京活動の成果は官職にも表れている。建保二年（一二一四）、時房は、将軍実朝に三位昇進を願い、公卿昇進を果たそうとしている。結局、時房の最終的な位階は正四位下であったが、鎌倉時代を通じて御家人でこの位階まで到達できた者は六名しかいない（野口二〇一二A）。

在庁官人北条氏

ところで、ここまで北条氏を伊豆の在庁官人といってきたが、このことが確定したのは、ここ三十年ほどのことである。森幸夫氏によって新たに注目された史料『吉口伝《きつくでん》』から、挙兵前の時政が伊豆の国衙《こくが》に出仕していたこと、すなわち伊豆の在庁官人であったことが裏付けられた（森一九九〇）。

先述した通り、『吾妻鏡』は、「北条四郎時政」は伊豆の「豪傑」と記すのみで、在庁官人とは明記しない。時政を在庁官人と記すのは、わずかに元弘《げんこう》の乱の際に下された護良《もりよし》親王の令旨《りょうじ》（皇族が発給する奉書形式の文書）で、「伊豆国在庁北条遠江前司時政」や「伊豆国在庁時政」

と記載されるが、鎌倉末期の史料であるうえ、令旨の性格上、地方武士にすぎない在庁官人の北条氏を蔑視するため、ことさらに「伊豆国在庁」を強調して使っていると考えられる。先行研究は、本史料や時政が伊豆の国衙に近い田方郡北条に邸宅を構えていたことを証左として、北条氏を在庁官人と見なしてきた。

　しかし、疑問がないわけではなかった。①『吾妻鏡』に「豪傑」としかみえないこと、②時政がただの「四郎」にすぎず、無位無官であること、③時政以前に枝分かれした庶家の存在がほとんどみられないこと、などである。①については後述するとして、②については先述した通り、北条氏の分業活動が背景にあると考えられる。③については、北条氏の成立が十二世紀に入ってからのことなのであるから当然である。

　このように北条氏が在庁官人であることは、可能性の指摘に留まり、確定していなかった。それだけに、森氏の紹介した『吉口伝』「元弘二年、四、二一、相語らるの条々」の内容は、中世史研究者を驚かせたのである。『吉口伝』は、吉田（甘露寺《かんろじ》）隆長《たかなが》が兄の吉田《よしだ》定房《さだふさ》から受けた教えや定房の日記を抄出したものである。頼朝と朝廷の実務官僚をつとめる吉田経房の交流について記した部分があり、おおよそ次のような内容である。

　吉田経房が伊豆国を知行していた時、北条時政は在庁官人として「奇怪の事」をはたらいたため、国司（実際は現地に下っている目代）によって召し籠められた。その時、経房の対応を時政が非常に感心した。のちに時政がその出来事を頼朝に話したので、頼朝は経房を賢人と認め、頼りにした。
源重泰（定房の家人）がやって来て申すには、先年、使者として関東に下向した際、「大方禅尼」が申すことには、頼朝と経房が古い好《よし》みであることはみな知っていることである。平清盛が出世した時、天下の人々は媚び諂ったが、経房だけは一切しなかった。平家と一体の人ではないかと思っていたところ、そうではなかったので、頼朝は経房を賢人と思い、とりわけ頼りにしたのであると承った、と重泰に申した。

ここから、時政が在庁官人をつとめた時に吉田経房の対応に感心したこと、またその話を頼朝に話したところ、頼朝も経房を信用するに足る人物と判断したことがわかる。実際、幕府成立後、吉田経房は朝廷側の窓口をつとめる関東申次に就いており、これは時政の進言によるところが大きい。

森氏は、「伊豆国を故大納言殿（吉田経房）知行せしめ給う」とみえることから、経房が伊豆の知行国主

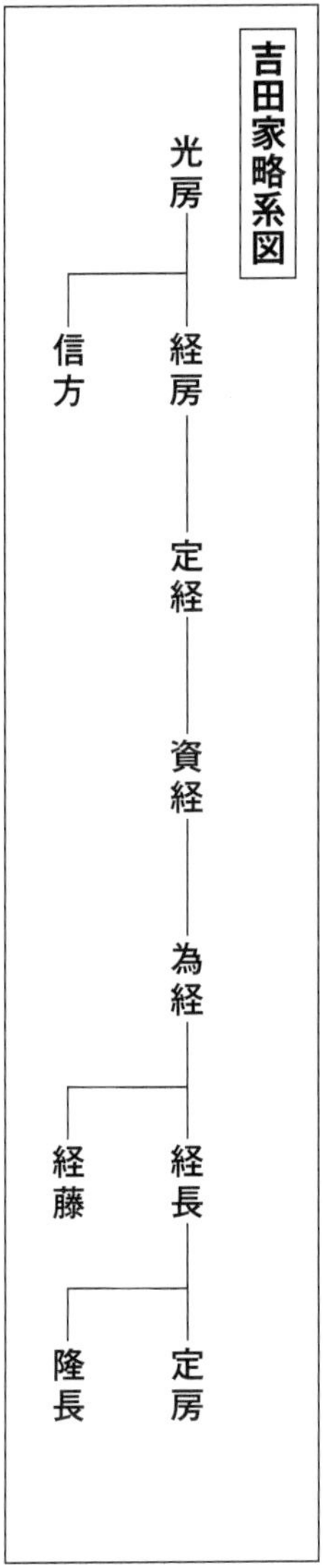

であったかどうかを吟味し、経房が伊豆国を知行していたことは確認できないものの、経房が仁平《にんぴょう》元年（一一五一）七月伊豆守に任じ、重任されて、保元《ほうげん》三年（一一五八）十一月まで、七年四か月のあいだ伊豆守であったこと、このとき経房は十歳〜十八歳で、在庁官人との結びつきが生まれたことを指摘している。

また、経房の父光房が『尊卑分脈』に「伊豆弁」とある点に注目し、光房は伊豆国の知行国主であったと推定した。その理由として、伊豆守となった経房はまだ若く、光房が没する久寿元年（一一五四）まで光房が経房を後見して国務を執っていた可能性が高いこと、また経房の前には兄信方が伊豆守に任ぜられており、合わせて十一年間、光房の子息二人が伊豆守であったことを挙げる。

この推定にしたがえば、伊豆国は知行国主光房―国守信方のち経房―在庁官人北条氏という体制が続いていたわけで、この時、時政と経房は関わりをもったとしても何ら不思議はない。経房が伊豆守をつとめた仁平元年（一一五一）から保元三年（一一五八）、経房は十歳〜十八歳、時政は十四歳〜二十二歳である。時政は同年代ということもあって、国守経房の対応に感服し、印象に残っていたのであろう。

さて、『吉口伝』の解釈に紙幅を割いてきたが、とくに重要なのは、時政を「在庁」と明記する点である。これによって、『吾妻鏡』では「豪傑」とされた時政が、実際には在庁官人であったことは明白な事実となった。

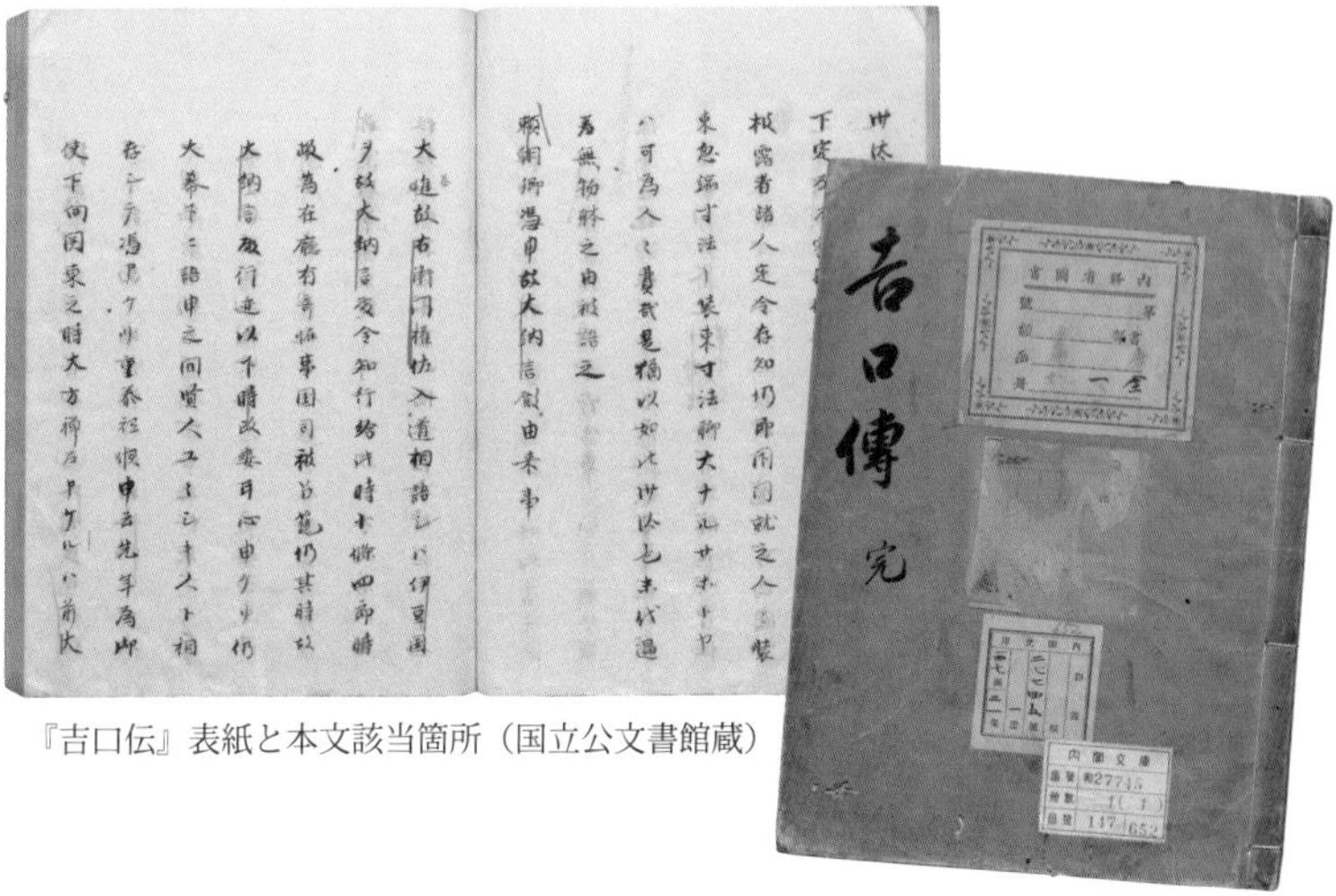

『吉口伝』表紙と本文該当箇所（国立公文書館蔵）

それにもかかわらず、『吾妻鏡』があえてその事実を記さなかったのはなぜかというと、一つは、地方武士に過ぎない在庁官人を軽視する見方が存在したためと考えられる。こうした認識のあったことは、先に触れた護良親王の令旨からも窺うことができる。

もう一つは、『吾妻鏡』が在庁官人であることよりも、平直方の子孫であることを強調すべきであると判断したからである。繰り返しになるが、直方が源頼義を婿に迎えたことによって、鎌倉は源氏ゆかりの地となった。そして、のちに彼らの子孫である時政の娘が頼朝と婚姻を結んだことで、鎌倉に武家政権が築かれた。したがって、北条氏の系譜を語るうえでも、鎌倉幕府の樹立を述べるうえでも、二重の意味で直方の存在は重要なのである（元木二〇一二）。

詳しくは後述するが、平家打倒の兵を挙げた頼朝が、その拠点として鎌倉を選んだ理由のひとつに鎌倉が源氏ゆかりの地であったことが挙げられる。鎌倉と河内源氏を結んだ直方の功績は大きく、その重要性は鎌倉時代を通して揺らぐことはなかったのである。

青年期の江間小四郎

伊豆国北条の光景

義時の生まれ育った北条の地は、どのような場所であったのだろうか。伊豆国田方郡北条（静岡県伊豆の国市）は、相模湾・駿河湾に挟まれた伊豆半島の付け根辺りにあり、山がちな伊豆半島のなかでも農業生産力の高い平野部に位置する。南伊豆や東伊豆に至る陸上ルートの交錯するまさに伊豆一国をおさえる上では絶好の地点にあった。ちなみに、鎌倉とは六十キロほど離れた距離である。

北条氏邸の建つ田方平野《たがたへいや》は、北に三嶋大社が位置し、その向こうに雄大な富士山がそびえる。東には、多賀山地と呼ばれる山々が連なり、山を越えた向こうが熱海である。南にも多賀山地から突出した台地が続く。一方、西には静浦《しずうら》山地と呼ばれる低い山並みが続き、これを越えると駿河湾や狩野川の河口のある沼津に出る（池谷二〇一〇）。

この田方平野の中央に位置する韮山《にらやま》に、守山《もりやま》と呼ばれる独立丘がある。北条氏邸は、この守山の北の山裾に、山の頂上から延びる二本の尾根に囲まれるように位置した。西側には伊豆半島の大動脈である狩野川が流れている。狩野川は、天城山から北流して駿河湾へと注ぐ全長四十六キロの一級河川で、川の流路は、条里制制定後よりほとんど変わっていないと考えられている（岡一九九五）。したがって、北条氏邸は、すぐに駿河湾にでることができる船の便のよいところに位置した。さらに、沼津からは駿河国に進出することができ、中央からの情報を得るのにも便宜な場所であったといえる。

また、東側には三嶋大社の鳥居前から、天城山を越えて下田にいたる下田街道が通る。さらに、鳥居前から十キロほど北を、伊豆半島の東西を結ぶ幹線道路東海道の箱根路と足柄路が走っている。伊豆国の国府は三島にあったから、国衙の在庁官人をつとめる北条氏は、日々、富士を眺めながらこの道を北へ向かったことだろう。

以上より、北条氏邸は、下田街道と狩野川に挟まれた場所に位置し、北条氏が伊豆国の水陸交通の要衝を押さえていたことがわかる。加えて、国衙のある三島にも近接し、坂東諸国の中でもっとも京都に近く、中央の情報を得るにも便利な場所に居住していたといえる。

北条氏邸の発掘調査

さらに、発掘調査の成果に導かれながら、義時が青年期を過ごした北条の地に想いを馳せてみよう。伊豆韮山に北条氏邸跡に比定される遺構がみつかったのは、一九九二～三年のことである。以下、発掘調査を担当された池谷初恵氏の研究成果を参考に、検討を進めたい（池谷二〇一〇）。

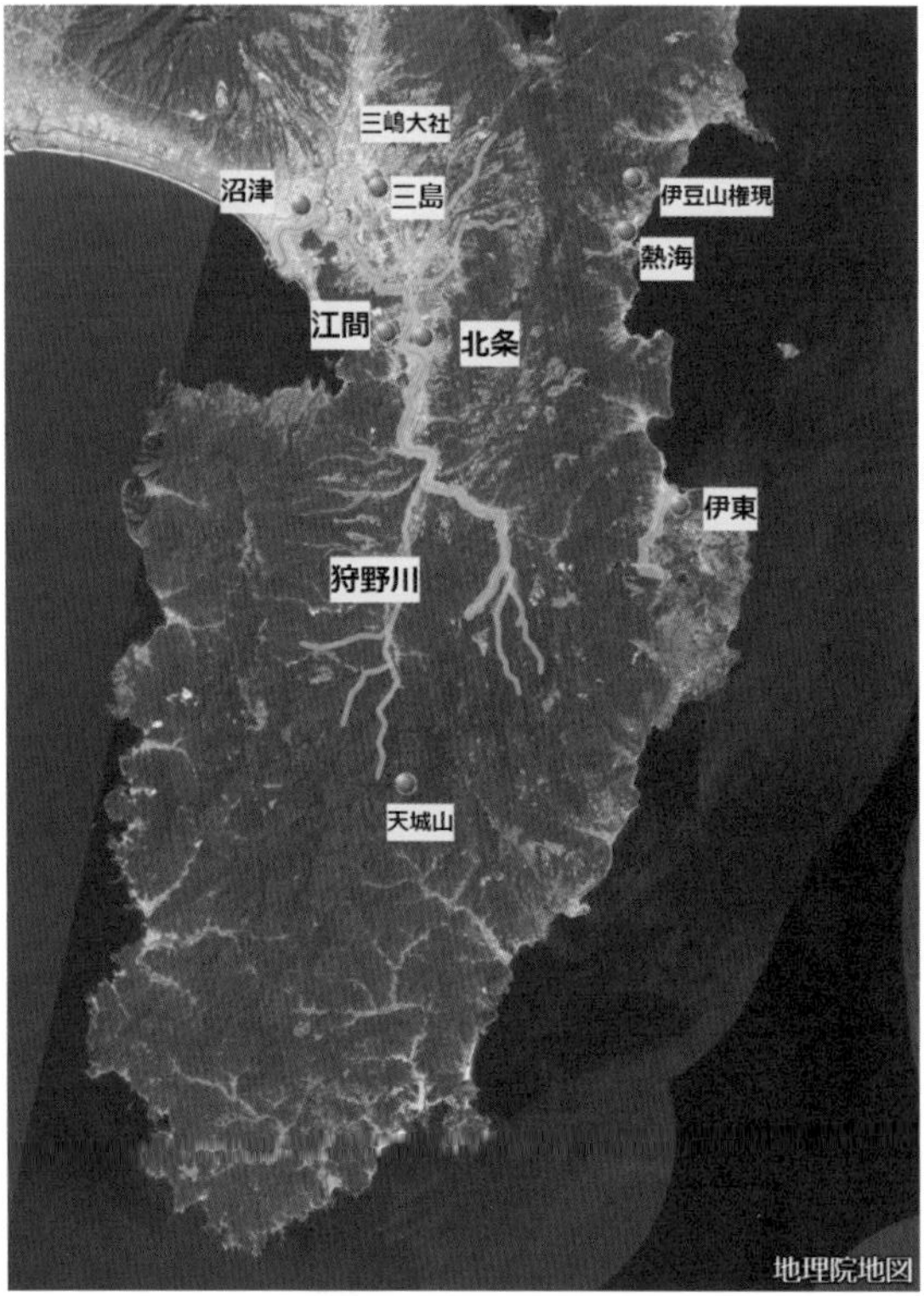

北条氏邸跡の周囲には、時政の建立した願成就院とその史跡や伝堀越御所跡、頼朝が屋敷を構えたという伝承の残る光照《こうしょう》寺《じ》遺跡、御所之内《ごしょのうち》遺跡、廃寺である満願寺跡の五つの史跡が集中し、守山中世史跡群と呼ばれている。

北条氏邸跡の調査では、鎌倉時代前期の建物群や井戸が発見され、大量のかわらけや青磁・白磁な

北条氏邸跡（伊豆の国市）

北条氏邸跡空撮（伊豆の国市教育委員会提供）

どの貿易陶磁がみつかっている。

まず、建物跡については、総柱建物十五棟が確認され、総じて、次の四期にわたる変遷を確認できる。一期（十二世紀中～後半）には、建物跡二棟と溝や井戸があり、ここから北条氏邸跡でもっとも古いかわらけや東遠江地方で十二世紀に生産された山茶碗が出土している。十二世紀末～十三世紀前半に設定される二期は、もっとも多くの建物跡が確認されており、北条氏邸の全盛期といえる。三期（十三世紀中頃）になると、建物跡もわずかとなり、四期（十三世紀後半）には土壙墓が造られていることから、屋敷地ではなくなり、墓地に姿を変えたと推測される。

建物跡の成果で注目されるのは、柱間の平均が二・一メートルであったという点である。鎌倉市内の発掘調査でも、武家屋敷や寺院と想定される建物跡の柱間は二・一メートルである。たとえば、二〇一九年に調査した勝長寿院《しょうちょうじゅいん》（頼朝が父義朝の菩提を弔うために建立）の堂舎と思われる総柱の建物跡も、柱間二・一メートルであった。単純に結びつけることは、なお慎重を要するが、鎌倉との共通性を示すものとして興味深い（原一九九五）。

次に、遺物（出土品）については、大量の貿易陶磁の出土が目を引く。青磁・白磁・青白磁といった陶磁器類は、日本ではまだ生産されておらず、中国や東南アジアから輸入するしか入手する方法はない。したがって、誰でも容易に入手できるものではなく、「威信財《いしんざい》」（権威や財力の象徴）と呼ぶべきステイタス品である。北条氏邸跡では、破片数にして一六六一点もの貿易陶磁がみつかっており、北条氏の権力や財力を窺うことができる。

また、大量のかわらけもみつかっている。かわらけは、漢字で「土器」とも書く、素焼きの器であるが、『枕草子』（第一四二段）に「清《きよ》しと見ゆるもの、土器《かわらけ》」とみえるように、清浄な器として、儀式や酒宴の場で大量に使用された。吸水性に優れ、一度使うと汚れてしまうため、再利用することなく、投棄された。したがって、建物跡から大量のかわらけが出土することは、そこに人の営みがあったことを示す。鎌倉でも市内各地で膨大な数のかわらけが出土している。

北条氏邸で出土するかわらけの多くは、この地域に古代から伝わるロクロ成形の技法によって作られているが、一部「京都系かわらけ」と呼ばれる手づくねのかわらけも混在している。この京都系かわらけは、京都で行なわれた宴会儀礼を東国の武家儀礼に応用するために必要とされたものである（藤原一九九七）。京都のイメージを具現化し、東国に流入することを目的としていたため、正確な技術の伝播や継承は行なわれなかったと考えられている。伊豆の場合は、ロクロ成形かわらけと手づくねかわらけの職人または製作の場が分業されておらず、同一の職人の手によるものである。したがって、伊豆の手づくねかわらけは、在地の職人が見聞きした京都系かわらけを模倣し、これまでの製法を応用して製作したものであった（池谷二〇一六）。

この手づくねかわらけが北条氏邸跡で発掘されるのは、十二世紀末のことである。時政が頼朝を娘婿とし、牧の方を後妻に迎えるなど、京都との関係を強固にしていた時期に相当するこ

史跡北条氏邸跡から発掘された出土品。貿易陶磁（上）とロクロ成形の「かわらけ」（下左）、手づくね成形の「かわらけ」（下右。すべて伊豆の国市教育委員会提供）

とはいうまでもない。頼朝、あるいは時政の要求によって、京都系のかわらけが北条氏邸周辺でも使用されるようになった可能性がある。

また、貿易陶磁、かわらけともに出土量のピークは、十二世紀の終わりごろから十三世紀の初め頃であることが判明している。これは、建物跡がもっとも確認された時期とも重なる。まさに、時政や政子、義時が生きた時代であった。時政や義時は、鎌倉に入った後も、頻繁に伊豆に下向しており、文治二年（一一八六）には願成就院を建立するなど、依然として本拠地としての伊豆を重視していた。ただし、嘉禎《かてい》二年（一二三六）、泰時によって、父義時の十三回忌供養が願成就院で行なわれたのを最後に、『吾妻鏡』では北条の地に関する記事はみえなくなる。このことは、北条氏が本格的に拠点を鎌倉に移したことを意味し、これに伴い、北条の邸宅としての機能も縮小し、伊豆との関わりは希薄になっていくと考えられる（池谷二〇一〇）。

守山中世史跡群地図（池谷二〇一〇を参照）

江間の地と狩野川

北条氏邸と狩野川を挟んだ対岸に位置するのが江間である。義時は、この江間を苗字の地とし、同地に邸宅を持っていたと考えられる。その場所は明らかとなっていないが、現在の江間公園の辺りであったとする伝承が残っている。ただし、北条氏邸が守山の麓であったことを考えると、義時の邸宅も山を背にした場所にあった可能性がある。現在、北条寺などが建つ巨《こ》徳《とく》山《さん》の麓に義時も邸宅を構えたのかもしれない（池谷初恵氏のご教示による）。

ところで、中世の狩野川水運については、『吾妻鏡』承元《しょうげん》二年（一二〇八）閏四月二日条が参考となる。これによれば、鎌倉に神宮寺を造営する際の材木は、伊豆国狩野山の奥より沼津に出て、鎌倉に搬入されたという。狩野山は、天城山に比定されることから、この辺りで材木が切り出され、狩野川を通って、沼津の海に出、伊豆半島の沿岸に沿って相模湾経由で鎌倉に運び込まれたと考えられる。また、先ほど北条氏邸跡で大量の貿易陶磁が発掘されたことに触れたが、こうした重い陶磁器を大量に運ぶためには、陸上よりも船の方が便がよく、搬入の際には太平洋岸を駿河湾まで進み、沼津で荷物を川船に積み替え、狩野川を遡ったであろうことが想像できる（岡一九九五）。

以上、狩野川の具体的な利用方法についてみてきたが、伊豆の武士にとって、伊豆国の大動脈である狩野川を押さえることが重要であったことはいうまでもない。おそらく、北条氏には兄宗時が北条氏邸を継承し、弟の義時が対岸の江間に居住することによって、北条氏が完全に河川交通を押さえるという目的があったのだろう。

流人源頼朝と姉政子の婚姻

頼朝の助命

永暦《えいりゃく》元年（一一六〇）三月、源頼朝は遠流《おんる》の刑に処せられて伊豆へ流された。流人となったのは、この前年、父義朝とともに平治の乱に参戦し、平清盛に敗れたからである。京からの逃亡中、近江国で義朝一行とはぐれ、義朝は長田忠致に殺害された。もし同行していれば、頼朝の命もなかったであろうから、結果的には幸運だったのである。その後、単身東国を目指したが、美濃国で平頼盛の家人に捕縛され、京に連行された。

本来、死刑になるはずの頼朝が、池禅尼（清盛の継母）の嘆願によってその命を生かされたのは、有名な話である。『平治物語』は、池禅尼が夭折した平家盛と頼朝を重ね、助命を嘆願したことや頼朝と対面した清盛が急に仏心を起こしたことを記すが、あくまで物語であるため、すべてを信用することはできない。ただし、天台座主《ざす》の慈円が著した歴史書『愚管抄《ぐかんしょう》』（巻五）にも、「この頼朝はあさましくおさなくて、いとおしき気したる者にてありけるを、『あれが頸をばいかゞは切んずる。我にゆるさせ給へ』となく〳〵こひうけて、伊豆には流刑に行ひてけるなり」とみえるから、まだ幼い少年頼朝（当時十三歳）が、池禅尼の嘆願によって助命されたことは間違いない。

池禅尼からの助命要請の背景には、後白河院《ごしらかわいん》や上西門院《じょうさいもんいん》からの働きかけがあった可能性が高い（角田一九七七）。頼朝の母は院近臣を輩出する熱田大宮司家《あつただいぐうじけ》で、待賢門院《たいけんもんいん》とその子後白河院・上西門院らに仕えていた。頼朝も、幼いころより上西門院に仕えており、平治元年（一一五九）には上西門院の蔵人《くろうど》（取次や身辺の世話などを行なう側近）になっている。

要するに、頼朝の母方の実家である熱田大宮司家→上西門院→池禅尼というルートを通して、平清盛に助命要請があったと推定されるのである。

この結果、頼朝は、命を救われて配流に処せられ、弟たちもそれに準じた。同母弟の希義《まれよし》は土佐国へ流され、異母弟の今若・乙若・牛若は出家を前提に、都から近い醍醐寺《だいごじ》・園城寺《おんじょうじ》・鞍馬寺《くらまでら》に入った。彼らは、それぞれ(阿野)全成・義円・義経と名乗ることになる。

義朝の息子たちが刑を免れた背景には、貴族社会の寛刑主義《かんけいしゅぎ》も影響している。ケガレ意識が肥大化し、血の流れる斬首や罪人をもっとも清浄であるべき天皇の住まう都に置いておくことは忌避《きひ》される傾向にあった。また、平治の乱そのものが院近臣同士の私戦という側面のあったことから、義朝方の武士に対する厳しい追及はなされなかったとも考えられている(元木二〇一九)。

ただし、いくら貴族社会が処刑に寛容であろうと、戦闘員として参加した以上、清盛の命により斬首に処せられる可能性は十分にあった。ゆえに、熱田大宮司家は上西門院に協力を求めたわけだが、清盛が池禅尼の要請を受け入れたのはなぜだろうか。

池禅尼は、忠盛との間に家盛・頼盛を儲けており、清盛の継母にあたる女性である。仁平三年(一一五三)、忠盛が五十八歳で亡くなってからは、後家(未亡人)となっている。平安後期ころより、後家は次の家長への中継ぎとして亡き夫の持つ家長権を代行し、子どもたちを監督する権限をもった(飯沼一九九二)。

したがって、忠盛亡き後、平家一門を率いるのは総帥の清盛であるが、池禅尼は忠盛の後家で、清盛の継母という立場から、清盛に意見することもできたのである。一方の清盛にとっても、これは決して悪い話ではなかった。継母の背後に後白河院や上西門院がいることを見越し、

北条政子（左）と源頼朝像（伊豆の国市）

恩を売る好機と捉えた可能性があるといわれている（角田一九七七）。まさか義朝の息子たちがこのあと再起するなどとは、ゆめゆめ想像もしていなかっただろう。

ちなみに、池禅尼は応保《おうほ》二年（一一六二）に危篤状態に陥ったことが史料にみえており、応保二、三年頃に亡くなったと考えるのが妥当であろう。頼朝の流刑からわずか二年後のことであり、頼朝の強運を感じずにはいられない。

のちの寿永《じゅえい》三年（一一八四）、頼朝は池禅尼の息子で都落ちに同行しなかった頼盛を鎌倉に招き、翌年四月には所領を返付し、本位本官に復するよう朝廷に奏請している。こうして六月に正二位・権大納言に復した頼盛は京へと戻った。こうした手厚い対応は、他の平家一門への扱いとは比べものにならない。頼朝は、池禅尼への恩を生涯忘れることはなかったのである。

伊豆への流刑

かくして、斬首を免れた頼朝は、流刑地伊豆に向けて京を出立した。ときに永暦元年（一一六〇）三月十一日である。『平治物語』によれば、頼朝は陸路で伊勢国へ下り、阿濃津《あのつ》から船に乗り、伊豆へ到着。同国在庁の工藤一族（伊東氏）と北条氏に身柄を引き渡されたという。頼朝の配流地としては、北条氏邸からも近い蛭《ひる》ヶ《が》小島《こじま》が知られるが、当初からこの場所に流されたのかは不明である。

最初に主として頼朝の監視役をつとめたのは、平氏家人たる伊豆の豪族伊東氏で、流刑地もその本拠地である伊豆の伊東であったと考えられる（坂井二〇一二）。配流時の伊東氏を率いたのは、内裏を警固する滝口の武士をつとめるなど在京経験の豊富な工藤祐継《すけつぐ》であったが、ほどなくして四十三歳という若さで亡くなってしまい、その跡を異母弟の伊東祐親が継ぐこととなった。頼朝は祐親の監視下で、大半の流人生活を送ることになる。

流人生活のはじまり

頼朝の流人生活は、結果的に二十年にも及んだ。十四歳から三十四歳という壮年期を伊豆で過ごしたのである。

頼朝は罪人であったが、その生活は、比較的自由な行動が許されていたと考えられている。

『源平盛衰記』や『曽我物語』などの物語には、日課の読経のほか、近隣諸国の武士たちと狩猟にいそしみ、時には監視役の伊東祐親の娘との恋愛を楽しむなど、青春を謳歌していた様子がみえる（大山一九七四、野口一九九四）。頼朝と交流をもった武士としては、伊豆の工藤茂《くどうもち》光《みつ》・宇佐美祐茂《うさみすけもち》・天野遠景《あまのとおかげ》や、相模の在地武士である岡崎義実《おかざきよしざね》・土肥実平《どいさねひら》が知られる。

一方、頼朝の流人時代を伝える信憑性の高い史料、すなわち一級史料として注目されてきたのが、吉見《よしみ》氏の系譜を伝える『吉見系図』である。吉見氏は、源範頼《みなもとののりより》（頼朝の異母弟）を祖とする一族で、平治の乱後、範頼は比企氏の庇護のもと成長したと伝わる。本系図の冒頭には、平家の権威を恐れた伊豆の人々が頼朝に一食も与えず、困窮していたため、頼朝の乳母《めのと》である比企尼《ひきのあま》とその夫が経済的な支援を行なったことがみえている。したがって、配流当初の生活は相当苦しかったことが想像されるが、これについては慎重に考えなければならない。

佐々木紀一氏は、『吉見系図』が一級史料ではなく、『曽我物語』や『吾妻鏡』に共通する伝承・史料より作成された可能性を指摘し、頼朝支援者の周辺で、英雄頼朝の不遇時代の困窮とその支援者の奉公を強調する伝承が生まれたのではないかと推測する（佐々木二〇〇八）。比企氏の支援を強調するためには、頼朝は甚だ困窮していなければならなかったのである。

頼朝が決して周囲の人々から見捨てられた存在ではなかったことは、多くの支援者がいたことからも明らかである。母方の熱田大宮司家をはじめ、頼朝の乳母とその一族、所領を失って伊豆近辺に寄宿している武士や京下りの下級貴族、浪人・流人などが頼朝を陰に日向に支えた

（野口一九八九）。

ここで、一人ひとりを紹介することはできないが、三善康信《みよしやすのぶ》の献身的な奉仕は特筆に値する。彼は母が頼朝の乳母の妹であったという関係から、毎月三度も使者を遣わして刻一刻と変わる京都の政情を頼朝に伝えていた。以仁王《もちひとおう》の挙兵の後、平家が諸国源氏追討の方針をとった際には、頼朝の身の安全を心配し、奥州へ逃れるよう進言している。頼朝はのちに、問注所《もんちゅうじょ》執事（訴訟事務を扱う機関の長官）の要職を用意して、康信を鎌倉に迎えることになる。

伊東から北条へ

頼朝は、長く伊東氏の監視下にあったが、ある出来事を契機として伊東の地を追われる身となった。真名本『曽我物語』によれば、事の発端は、祐親の在京中、頼朝が祐親の三女と恋仲となり、男子千鶴《せんづる》が誕生したことにあった。都から戻ってきた祐親は二人の仲を知ると激怒し、まだ幼い千鶴を川の底に沈めて殺したうえ、娘を強引に他の武士に嫁がせてしまったという。祐親がここまで徹底した態度をとったのは、彼が平家家人であり、もし娘と流人頼朝との婚姻が平家の耳に入れば、咎めを蒙ることは避けられないと考えたからである。

さらに、祐親は一連の対応を頼朝が恨むことを恐れ、頼朝の命までをも奪おうと企んだ。しかし、幸いにもこの企みを知った息子の祐清が北条氏のもとへ逃げるよう勧め、事なきを得た。祐清は、頼朝の乳母比企尼の娘婿であった関係から、頼朝を救ったのではないかといわれてい

かつて伊豆山権現とも呼ばれた伊豆山神社本殿（熱海市）

る（坂井二〇一二）。

かくして、頼朝は命の危機を脱し、北条氏に保護を求めた。このとき、時政が頼朝の要請を聞き入れ、彼を保護した背景には、伊豆国の知《ち》行国主《ぎょうこくしゅ》源頼政と時政の関係があったと考えられる。

伊豆国の知行国主

頼朝が流人生活を送った期間の大半は、摂津源氏の源頼政が知行国主、その息子仲綱が伊豆守をつとめ、ここに時政が在庁官人として仕えていた。

頼政は、大江山の鬼退治伝説で有名な源頼光の子孫で、平治の乱の際には、当初義朝と行動をともにしていたが、二条天皇が六波羅に脱出すると、平清盛に味方した。この結果、都での地位を維持することができ、治承《じしょう》二年（一一七八）には従三位に叙され、公卿への昇進を果たしている。これは清盛による推挙で、頼政が清盛の信頼を得ていたことがわかる。加えて、頼政は源氏一門の孤児を養子に迎えるなど、一門の不遇な者たちに目を掛けていた。そのうちのひとりに流人の頼朝も含まれ、在庁の時政と連携して頼朝を保護した可能性がある（元木二〇一九）。平家一門ではなく、摂津源氏の支配する伊豆国の環境は、頼朝を守り、在地の人々との交流や比較的自由な生活をもたらしたのである。

頼朝と政子

　北条氏の保護下に入った頼朝は、時政の長女政子と恋仲になる。真名本『曽我物語』には、「安元二年丙申年三月中半のころより、兵衛佐《ひょうえのすけ》殿は北条の妃《ひめ》に浅からぬ御志に依て、夜々通はんとせし程に、姫君一人御在《おわしま》す。これに依て、いよいよ昵《むつ》び思《おぼ》し食《め》されければ、北条の妃も類なき契となりけり」とみえ、安元《あんげん》二年（一一七六）三月半ばの頃より頼朝が政子のもとに通い、女子（長女の大姫）が誕生したという。

　大姫は治承二年（一一七八）か同三年の生まれだから、安元二年頃より二人は親密な関係になったと考えてよかろう。すでに頼朝が伊豆に流されて十六年が経とうとしていた。ときに頼朝三十歳、政子二十歳、義時十四歳である。

　ところが、これも時政在京中の出来事で、『源平盛衰記』によれば、都からの帰路で二人のあいだに恋が芽生えたことを知った時政は、平家の威勢を恐れ、政子と伊豆の目代《もくだい》山木《やまき》兼隆《かねたか》の縁談を進め、強引に政子を山木邸に嫁がせたという。しかし、政子はこれを拒否。山木邸を脱すると、夜道を駆けて、頼朝と伊豆山で落ち合ったのであった。伊豆山権現は、武力を有する治外法権的な霊場であったため、時政も容易に手を出すことができず、結局二人の仲を黙認した。

この「愛の逃避行」の話は、非常にドラマチックではあるが、伝承の域をでない。ただ、先にも触れた通り、頼朝は頼政と時政の連携のもとに保護されており、時政も平家の存在を気にかけつつも、最終的には婚姻を認めたのではないだろうか。

いずれにせよ、頼朝と政子が結ばれたのは事実である。『源平盛衰記』に描かれるような困難を乗り越えた末の婚姻であったのならば、政子は情熱的・主体的な女性であったということができる（野村二〇〇〇）。親権が絶対の中世において、政子は頼朝を選び、自らの人生を切り開いたのであった。そして、政子のこの選択が、北条氏を、そして義時を歴史の表舞台へと誘うことになる。

起ち上がる頼朝

山木兼隆の討伐

治承四年（一一八〇）八月十七日、頼朝はついに挙兵する。最初に血祭りにあげられたのは、平家家人で、伊豆目代の山木兼隆と後見をつとめる堤信遠であった。

午前〇時を過ぎたころ、北条時政、工藤茂光、浪人の佐々木兄弟（盛綱は頼朝の警固）らが北条邸を出立し、ここに弱冠十八歳の義時も含まれていた。『吾妻鏡』によれば、軍勢は騎馬で進むことのできる牛鍬《うしくわ》大路を通り、時政の指示により肥田原《ひたはら》で二手に分かれたという。佐々木兄弟は信遠の邸宅を攻撃し、白昼のごとき明月に照らされながら、佐々木経高が矢を放った。『吾妻鏡』は「これ源家、平氏を征する最前の一の箭《や》なり」と印象的に記している。

一方、時政・義時らは兼隆の邸宅を攻めたが、兼隆勢の抵抗もあって、勝負は容易に決しなかった。北条氏邸に残った頼朝は、縁側に出て、山木の邸宅から火の手が上がるのを今や遅しと待っていたという。しかし、家人を庭の木に登らせても一向に煙が見えないので、身辺を警固していた加藤景廉や佐々木盛綱らを戦場に向かわせた。彼らが山木邸に急行すると、信遠を討った佐々木兄弟も駆け付け、ついに景廉が兼隆の首を討ち取った。戦いが終わりを迎えたのは、明け方であったという。その後、軍勢は北条氏邸に凱旋し、頼朝が庭で兼隆の首実検を行

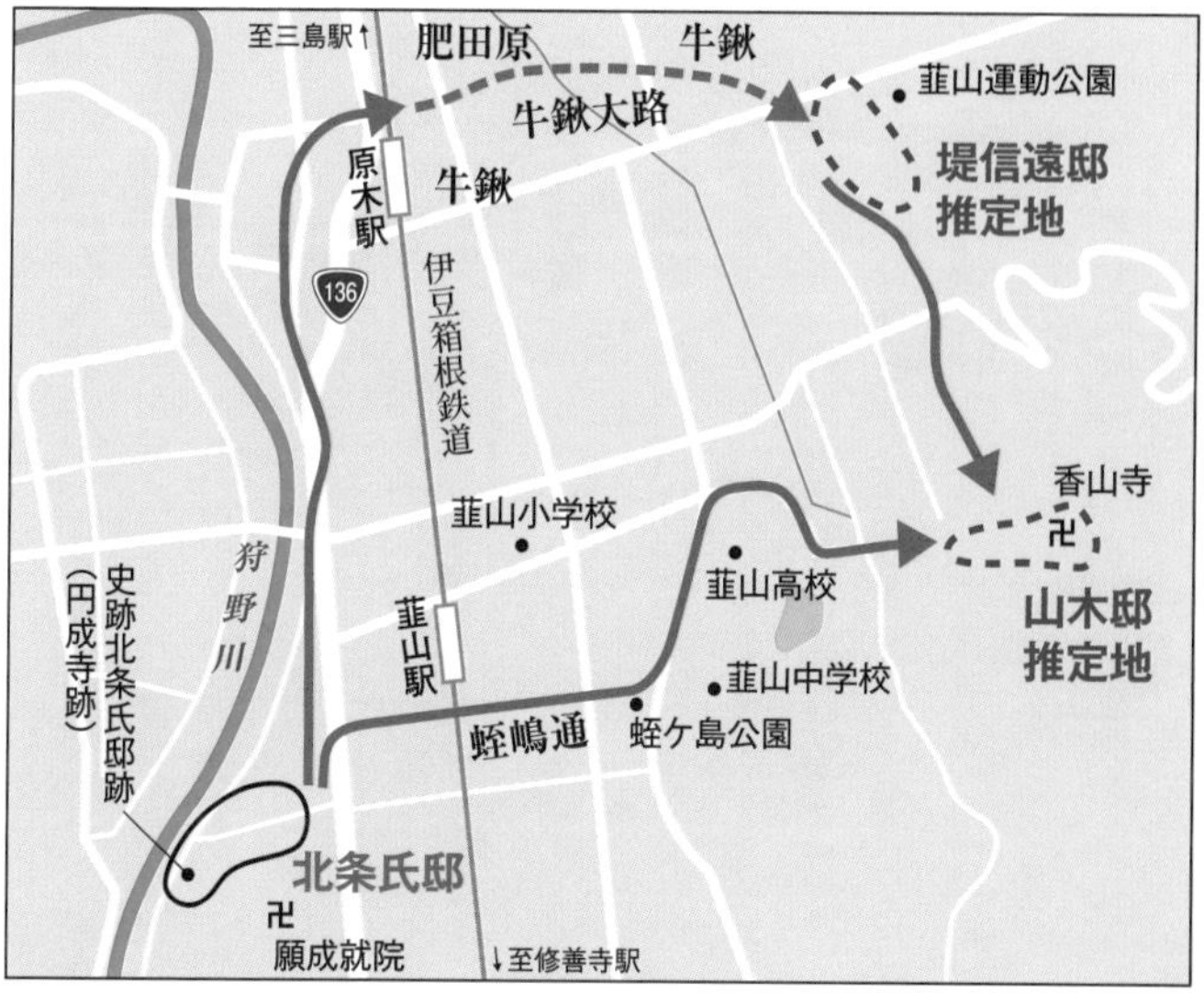

北条氏邸から山木邸へのルート（【伊豆国市】大河ドラマ「鎌倉殿の13人」推進協議会twitterを参考に作成）

なった。

　北条氏邸から山木邸までは、およそ四キロ。目と鼻の先に位置していた。徒歩でも四十分ほどの距離であるから、騎馬であれば三十分もかからず、到着することができる。したがって、山木討伐は、限られた範囲で行なわれたきわめて小規模な戦闘であったといわざるをえない。加えて、当日は伊豆国の一宮である三嶋大社の祭礼があり、兼隆の郎従の多くは出払っていた。ゆえに、山木方の軍勢も少なかった。不意打ちによる夜討ちが功を奏し、なんとか勝利を収めることができたのである。義時にとっては、初陣を勝利で飾ることができたという点で意味のある戦いであったといえる。

　頼朝挙兵の報は、すぐさま京都の平家や坂東諸国の平家家人たちに知れ渡ることになる。頼朝軍は、平家方の大軍との戦いに備えて、いち早く三浦軍と合流する必要があった。そこで、八月二十日、伊豆を立ち、相模国土肥郷をめざして東へ向かった。義時は、父時政や兄宗時とともに、十八年間を過ごした北条の地を離れたのであった。

　頼朝軍は、三浦軍との合流を急いでいたが、三浦は豪雨による酒匂川の氾濫で間に合わず、八月二十三日、平家方の大庭景親《おおばかげちか》軍と石橋山（小田原市）で激突することとなる。

治承三年政変

　山木討伐後、頼朝軍はわずか四十六人であった。この先援軍が見込まれるとはいえ、少人数であったにもかかわらず、頼朝が挙兵を決意したのはなぜだろうか。挙兵の背景を探りたい。

治承三年（一一七九）、平清盛は軍事クーデターを起こし、後白河《ごしらかわ》院を幽閉して院政を停止した。世にいう治承三年政変である。翌年には、外孫の安徳《あんとく》を即位させ、娘婿の高倉を院に擁立すると、清盛は事実上の独裁者として政治の主導権を掌握した。清盛を頂点とする武家政権が樹立されたのである。

　政変に至った経緯は、元木泰雄氏の研究に詳しい（元木 二〇〇一）。清盛は、後白河院と協調関係にあったが、安元二年（一一七六）に後白河の寵愛を受けた建春門院《けんしゅんもんいん》（清盛の義妹）

が亡くなると、政治の主導権や院近臣と平家一門の官位をめぐる対立が表面化した。さらに翌年に起こった鹿ケ谷《ししがたに》事件で両者の関係は破綻を迎える。後白河とその近臣が清盛の暗殺を企てていたことが発覚したのである。

このときは、後白河院政を停止した場合、その代わりとなる院がいなかったため、清盛が強硬手段にでることはなかった。しかし、治承二年（一一七八）、高倉天皇に皇子が誕生したことで、高倉院政が可能になる。ここにきて後白河は、関白松殿基房《まつどのもとふさ》と連携し、平家の持っていた知行国を奪うなど、清盛に圧力を加えたため、両者と対立は決定的となった。

治承三年（一一七九）十一月、武力を率いて京に入った清盛は、関白基房を解官・配流に処すと、院近臣たち四十名も解官。ついには、後白河院を鳥羽離宮に幽閉し、院政を停止した。さらに、院や院近臣たちが有した知行国や所領も奪い取り、平家一門やその関係者に分け与えた。この知行国主の交代劇は、地方にも大きな衝撃を与えることになる。

挙兵の背景

知行国主が平家一門に交代した結果、坂東諸国にも目代として平家家人が派遣され、現地の平家家人と結んで国内を支配することになる。逆に、それまで院や院近臣と結んで、在庁官人として支配に携わっていた在地武士たちは、特権を失い、平家家人たちの圧力を受けることになった。のちに頼朝に味方する相模国の三浦氏や上総国の上総広常《かずさひろつね》は、みな平家家人によって存在を脅かされた者たちである。

頼朝や北条氏の暮らす伊豆国には、まだその影響は及んでいなかった。しかし、政変の翌年、知行国主源頼政《よりまさ》・国守仲綱《なかつな》が敗死したことで、事態は一変する。頼政は、後白河の第二皇子である以仁王から挙兵をもちかけられ、従うことを決意したのである。平家追討を命じる以仁王の令旨（皇族が発給する奉書形式の文書）は、源行家によって全国の源氏に届けられた。『吾妻鏡』によれば、頼朝は時政とともに令旨を拝見し、挙兵を決意したという。このときすぐに挙兵することはなかったが、頼朝は令旨を得たことによって、後白河院の救済という大義名分を得たといえる。

宮島に建つ平清盛像（廿日市市）

しかし、追い込まれた以仁王はすぐに兵を挙げ、頼政一族とともに滅亡した。亡くなった頼政・仲綱に代わり、「平家に非ずんば人に非ず」の台詞で知られる清盛の義弟平時忠《ときただ》が知行国主に、その息子時兼《ときかね》が伊豆守に就任したことによって、伊豆国にもいよいよ時代の波が押し寄せることになる。

時忠の知行国となった伊豆には、平家家人の山木兼隆が目代として派遣された。さらに現地では、平家家人の伊東祐親らが大きな力を得、国内の支配にあたった。逆に、頼政に仕えていた北条氏や工藤氏が特権を失い、存続の危機に瀕したことはいうまでもない。ここに、北条氏が頼朝の挙兵に味方した最大の理由がある。

また、頼朝自身にも命の危険が迫っていた。治承四年（一一八〇）六月十九日、京都の三善康信から、以仁王の令旨を受けた諸国の源氏を追討する命令が出されたことが知らされる。ここに至って、頼朝はついに挙兵を決意した。

源頼朝らに平氏追討の令旨を下した以仁王（東京国立博物館蔵。ColBase）

さらに、『吾妻鏡』は記さないが、『平家物語』（巻第五、福原院宣）によれば、文覚《もんがく》が平氏追討を命ずる後白河院の院宣を獲得し、頼朝に渡して挙兵を勧めたという。頼朝が令旨を得てから挙兵までに三か月を要していることを鑑みれば、むしろ頼朝に挙兵を決意させたのは後白河からの救済要請であった可能性がある（上横手一九八一）。

要するに、挙兵の背景には、以仁王の令旨だけでなく、平家による頼朝追討の動きや後白河の密旨、知行国主の交代による北条氏の危機があった。加えて、平家家人による在庁官人の圧迫は、坂東諸国で発生しており、平家に不満を持つ武士たちが頼朝に味方することが予想された。頼朝は、こうした政治状況を総合的に判断し、わずかな人数であっても、挙兵に踏み切ったのである。最初に血祭りにあげたのが、新しく伊豆の目代となった山木兼隆であったことは、先に触れた通りである。

石橋山の敗戦と兄宗時の死

治承四年（一一八〇）八月二十三日、山木討伐後、東に進んでいた頼朝軍は石橋山（小田原市）で平家方の大庭景親の軍勢と激突する。しかし、頼朝軍の奮戦むなしく、惨敗を喫し、箱根の山中を彷徨うことになった。『吾妻鏡』によれば、頼朝軍は北条時政と宗時・義時ら伊豆の武士たちと、土肥・岡崎ら西相模の武士ら合わせて三百騎にすぎず、一方の大庭軍は相模や武蔵の武士三千騎を率いており、背後からは伊東祐親の軍勢三百騎も迫っていた。頼朝軍は、袋のねずみとなり、圧倒的な兵力の差を前に散り散りとなる。

結局、酒匂川の氾濫で頼朝軍に合流できなかった三浦義澄らは、本拠の衣笠城を目指して引き返すが、途中の由比浦《ゆいがうら》で武蔵の武士畠山重忠《はたけやましげただ》軍と鉢合わせ、合戦に及んだ。この時は五十騎あまりを討ち取ったが、二十六日、重忠は衣笠城を攻撃し、三浦一族は家長の義明が敵を引き付けて討死するあいだに、泣く泣く脱出し、安房に向かった。義明は、「われ源家累代の家人として、幸にその貴種再興の秋に逢うなり。盍《なん》ぞ之《これ》を喜ばんや。保つ所已に八旬有余なり。余算を計るに幾《いくばく》ならず。今老命を武衛《ぶえい》（頼朝）に投じ、子孫の勲功を募らんと欲す」と語り、一族を逃がしたという。源氏の再興を喜びながら、壮絶な最期を遂げたのであった。享年八十九。

さて、時政・宗時・義時たち北条一族も、大庭軍と戦い、頼朝が背後の峰に逃れるのを援護したが、疲労から頼朝に追いつくことができず、一旦は頼朝とはぐれてしまった。ここで時政は、二男義時を連れて箱根経由で甲斐国（山梨県）に向かうことを決め、長男宗時と行動を別にする。しかしこの後、宗時は伊東祐親の軍勢に囲まれ戦死し、再び親子・兄弟が相見《あいまみ》えることはなかった。

一方、甲斐に向かうはずの時政・義時父子は、途中で頼朝と合流できたため、頼朝に従って行動する。頼朝一行は、真鶴《まなづる》岬から船で安房国（千葉県南部）に渡り、海上で三浦氏と合流。さらに、房総半島を北上するなかで、上総氏や千葉氏と合流し、武蔵国（埼玉県）を通って、十月ついに相模国鎌倉に入ることになる。

安房への上陸

頼朝が安房を目指したのは、敗戦の結果ではなく、当初からの予定であったとみてよい。その理由は、頼朝が千葉氏・上総氏といった房総半島の武士たちを頼りにしていたこと、安房には河内源氏の所領である丸御厨《まるのみくりや》があり、在地の武士安西景益《あんざいかげます》らの支援が期待できたこと、頼朝に呼応して相模国衣笠城に籠もった三浦氏も安房を目指していたこと、そして安房の知行国主

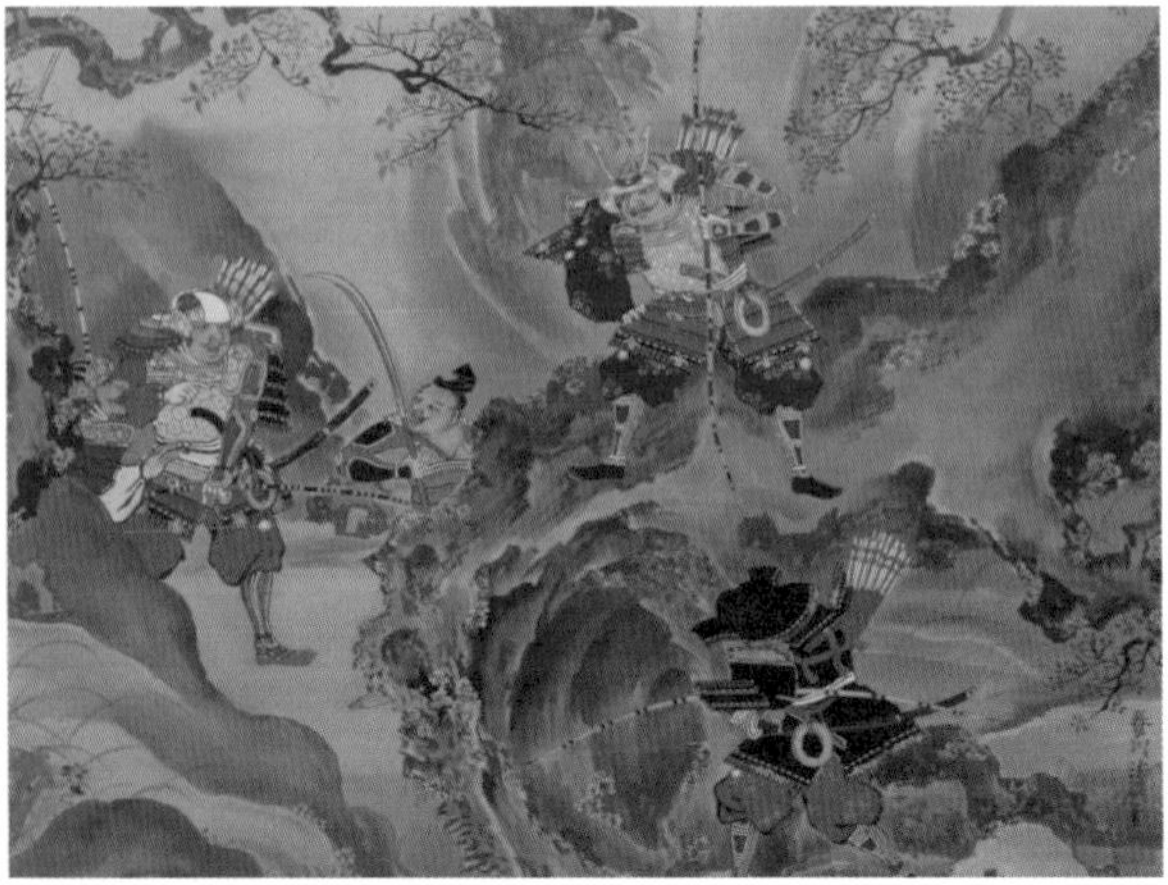

石橋山の戦いで頼朝を捜索する大庭勢らを描く
『石橋山・江島・箱根図』（東京国立博物館蔵。ColBace）

が、伊豆を長く知行していた吉田経房であったことである。先述した通り、吉田経房と在庁官人の北条時政は、旧知の仲であった。経房は、頼朝の挙兵と安房上陸の情報を得ており、これに対して看過ないしは容認する立場をとった可能性がある（野口二〇一七）。頼朝や時政は、安房の知行国主が平家一門ではなく、院近臣の経房であったからこそ、安房を目指したといえよう。

我々が想像する以上に、頼朝や時政は挙兵後の計画を綿密に練っていたといえるし、中央の情勢は地方に大きな影響を及ぼしていたということができる。また、京都に人脈を有し、刻一刻と変わる中央の情勢を把握することが、在地の武士たちにとってどれほど重要であったか。そのことは、この一件を例にとっても明らかであろう。

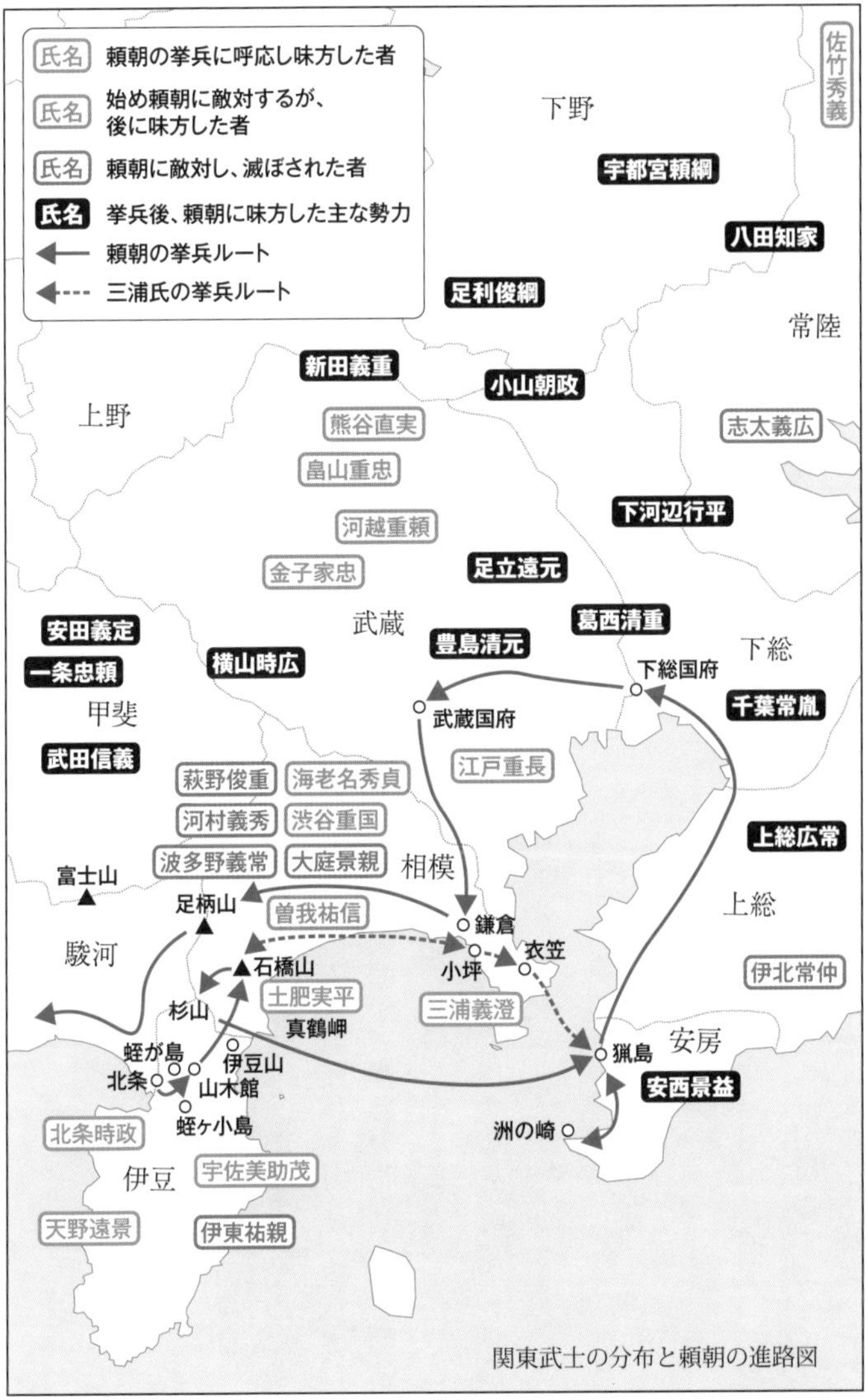

関東武士の分布と頼朝の進路図

房総半島の北上

安房に上陸した頼朝一行は、ここで上総広常・千葉《ちば》常胤《つねたね》に使者を派遣し、合流を呼び掛けた。『吾妻鏡』は、広常が常胤のあとに合流すると答えたのに対し、常胤は直ちに合流の意志を示し、「当時の御居所指《さ》したる要害の地にあらず。また御嚢跡《ごのうしき》にあらず。速やかに相模国鎌倉に出《い》でしめ給ふべし」と語って、要害の地かつ源氏ゆかりの地でもある鎌倉へ向かうよう勧めたという。結局、広常は常胤が合流した後に兵を率いて参戦したが、遅参したばかりか、表向きは頼朝に従いつつも、内心では頼朝殺害を企んでいた。しかし、頼朝から遅参を叱責され、頼朝の威厳に心打たれて、従属することにしたという。いかにも頼朝の威厳を讃える美談だが、これについては、野口実氏の研究によって、広常は当初から頼朝の味方についていたことが明らかとなっている。広常もまた、知行国主の交代によって平家の圧力に苦しんでいた武士の一人であった。

鎌倉入部

千葉常胤の助言にもあった通り、頼朝一行は、房総半島を制圧したあと、武蔵国を通って鎌倉に入ることになる。ときに治承四年（一一八〇）十月六日。八月十七日の山木討伐からひと月半ほどが経っていた。十一日には、伊豆山権現の僧坊に避難していた北条政子も鎌倉へ入っている。政子は、頼朝との再会を喜んだことであろう。

鎌倉に入った頼朝は、まず鶴岡八幡宮を遙拝し、父義朝の邸宅があった亀ケ谷《かめがやつ》に御所を築こうと考えた。しかし、土地は狭く、岡崎義実が義朝の菩提《ぼだい》を弔うための草堂を建立していたことから、大倉の地に建てることとした。鶴岡八幡宮は、康平《こうへい》六年（一〇六三）に河内源氏の祖源頼義が石清水八幡宮を勧請《かんじょう》して鎌倉に建立し、永保《えいほう》元年（一〇八一）、その子義家に修造された寺社である。海岸に近い材木座の地にあったが、頼朝が現在の地に移し、社殿を整備した。

ちなみに、頼義が建立した場所には、現在も由比若宮（元八幡）と呼ばれる社殿が建っている。

十二月十二日には、大倉の御所が完成し、頼朝が有力御家人たちを従えて入御した。その中には、「同四郎主」として義時の名も見える。『吾妻鏡』は次のように記す。


天晴れ風静か。亥剋、前武衛（頼朝）新造の御亭に御移徙《おんわたまし》の儀あり。景義（大庭）奉行たり。去る十月事始めあり。大倉郷に営作せしむるなり。時剋、上総権介広常の宅より新亭に入御《にゅうぎょ》す。御水干。御騎馬〈石禾《いさわ》栗毛〉。和田小太郎義盛最前に候ひ、加々美次郎長清御駕の左方に候ふ。毛呂冠者季光同じく右に在り。北条殿、同四郎主、足利冠者義兼、（中略）佐々木太郎定綱、同三郎盛綱以下供奉す。畠山次郎重忠最末に候ふ。寝殿に入御するの後、御共の輩《ともがら》侍所に参り〈十八ヶ間〉、二行対座す。義盛その中央に候ひ、着到すと云々。凡そ出仕の者三百十一人と云々。また御家人等同じく宿館を構ふ。爾《しかり》より以降《このかた》、東国皆その有道を見、

由比若宮。元鶴岡八幡宮ともいう（鎌倉市）

推して鎌倉の主《あるじ》となす。所は素《もと》より所辺鄙《へんぴ》にして、海人野叟《かいじんやそう》の外、卜居《ぼっきょ》の類これ少し。正にこの時に当たるの間、閭巷《りょこう》路を直にし、村里号を授け、加之《しかのみならず》家屋甍《いらか》を並べ、門扉軒を輾《きし》むと云々。

頼朝は千葉常胤の邸宅より、和田義盛を先頭として新造の御所に入った。まず寝殿に入り、その後、十八間にも及ぶ侍所に御家人三百十一名が二行対座で座った。ここで和田義盛が着到をとっているのは、彼が御家人統制の要である侍所の初代別当（長官）に任じられたからである。義盛は安房で頼朝を迎えた際に、自身を別当に据えるよう訴えており、頼朝はその願いを聞き届けたのであった。

また、御家人たちも同じく宿館を構えたとみえることから、北条氏も鎌倉に邸宅を築いたことが想定される。いつの段階で建てられたのかを特定することは難しいが、時政は名越《なごえ》に、義時は大倉や小町に邸宅を有していたことが『吾妻鏡』にみえている。

なぜ鎌倉なのか

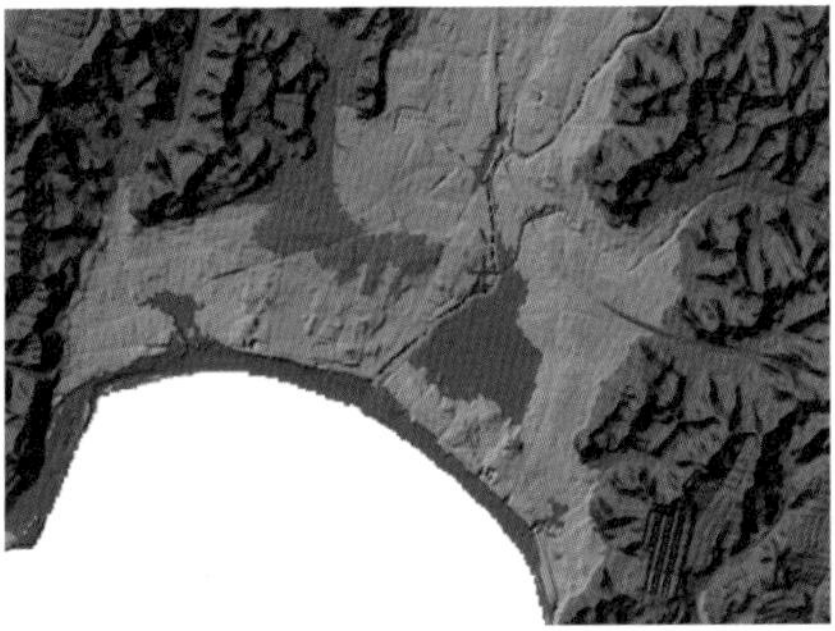

古代鎌倉のラグーン地図

先の記事で重要なのは、傍線部を引いた後半部分である。これによれば、鎌倉はもともと辺鄙なところで、漁師や農民のほかに住む者は少なかった。この時に当たって、路をまっすぐにし、村里に名前を与えた。それだけでなく、家屋が軒を連ねて立ち並ぶようになったという。要するに、辺鄙な場所であった鎌倉が、頼朝が入ってきたことによって発展したことを強調しているわけであるが、これは『吾妻鏡』の編者が、頼朝以前と以後の鎌倉の変化を劇的に描こうとした結果にすぎない。頼朝以前の鎌倉が決して辺鄙な場所でなかったことは、鎌倉市内の発掘調査の成果からも裏付けられる（大澤二〇二一）。戸塚区から藤沢市にかけて流れる柏尾川を臨む丘陵地帯の台地上からは旧石器から弥生時代の遺構・遺物が発見され、また鎌倉市山崎《やまさき》一帯には古墳時代から平安時代の住居跡がみつかり、原始・古代から人々の営みのあったことがわかっている。

また、由比ヶ浜の砂丘上に位置する長谷小路周辺遺跡でも、弥生時代に集落ができ、古墳時代には墓地となり、奈良・平安時代には再び集落となる変遷を辿ったことがわかっている。平成二十八年（二〇一六）に実施された発掘調査では、古墳時代の箱式石棺墓がみつかっており、この地域の有力者の存在を窺わせる。

もっとも重要な発掘成果は、古代の役所である郡家《ぐうけ》（郡衙）が発見されたことである。昭和五十九年（一九八四）から平成四年（一九九二）にかけて行なわれた御成《おなり》小学校（今小路西遺跡）の発掘調査では、大規模な建物跡や天平《てんぴょう》五年（七三三）の銘をもつ木簡がみつかり、この場所が鎌倉郡（現在の鎌倉市と藤沢市・逗子市・横浜市の一部）の郡家であったことが明らかとなった。郡家には、支配域の人々が税を収めるために集まってくる。

したがって、郡家は当然、辺鄙な場所ではなく、交通の便が良い陸上交通・河川交通・海上交通の結節点に置かれる。鎌倉の場合は、足柄山《あしがらやま》を越えて相模国に入り、鎌倉郡家を通って三浦半島へ至り、そこから海路で房総半島の上総国に向かう古東海道が通っていた。さらに、郡家の目の前まで河川が迫っていた。現在の鎌倉の町からは想像もできないが、古代の鎌倉の海岸線は、現在よりも内陸にあり、材木座地区には浅い海（ラグーン）が入り込んで滑川《なめりがわ》に通じ、鎌倉駅の辺りに物資を集積する津があったと推測されている。ちなみに、現時点でこのラグーン跡からは鎌倉時代の建物跡は発見されておらず（大澤泉氏のご教示による）、古い寺社もまったく建っていない。ラグーンが完全に埋め立てられるのは、明治初期に入ってからである（斎藤一九九五）。したがって、頼朝や義時が暮らした鎌倉のまちの景色にも、この広大なラグーンは存在したのであった。

鎌倉が海上交通の要衝でもあったことは、すでに先行研究の指摘するところである（野口一九九三）。とりわけ河内源氏は、河海交通の掌握に積極的で（岡二〇〇二）、相模湾から房総半島にかけての東京湾沿岸ルートを押さえることのできる場所に位置する鎌倉も重視していたに違いない。

以上、発掘調査の成果を交えながら、頼朝が鎌倉を選んだ理由を考察してきた。鎌倉が決して辺鄙な場所でないことは、明白である。往々にして、頼朝が鎌倉を選んだのは偶然だという意見があるが、これもまた誤りである。頼朝は、水陸交通の要所であったからこそ、鎌倉を選び、ここを拠点としたのである。加えて、やはり鎌倉が源氏ゆかりの地であったことも重要である。鎌倉は頼義以来の由緒を持つ場所であり、父義朝の館がある場所でもあった（『天養記』）。頼朝は、交通の要衝で、源氏由緒の地である鎌倉を、武家の都に選んだのである。

長谷小路周辺遺跡から出土した古墳時代の箱式石棺墓（鎌倉市教育委員会提供）

源平の争乱

富士川合戦

治承四年（一一八〇）九月三日、京都に頼朝挙兵の報せが入った（『玉葉《ぎょくよう》』・『山槐記《さんかいき》』同日条）。平清盛は、反乱を鎮圧すべく、孫の維盛《これもり》を大将軍とする追討軍の派遣を決定する。この追討軍と頼朝・甲斐源氏連合軍との衝突が富士川合戦である。

同月二十二日、追討軍は福原を発し、翌日六波羅に入ると二十九日まで逗留。駿河国に到着したのは、十月十八日以降であった。なぜ追討軍は早急に進行しなかったのだろうか。そこには、平家の戦闘形態が関係している。

平家軍制は、精強だが小人数の家人と、強制的に動員される「かり武者」の二元構成であっ

水道山遺跡出土の弥生土器（上）と今小路西遺跡出土の天平５年銘木簡（鎌倉市教育委員会提供）

た。通常は家人がまず出撃して敵を倒し、「かり武者」が残敵を掃討するのが一般的な戦闘形態である。当然、前衛部隊である家人たちに比べ、京都から向かう追討軍の士気は低い（元木二〇〇一）。したがって、維盛率いる追討軍は、前衛部隊の働きを期待し、急ぐことはなかったのである。

しかし、富士川合戦の場合は違った。前哨戦となった鉢田《はちた》合戦で前衛部隊が甲斐源氏によって壊滅したのである。加えて頼朝軍は、平家側の予想をはるかに超えて数万の大軍に膨れ上がり、追討を受けた相模の波多野義常《はたのよしつね》は自害に追い込まれ、大庭景親は逃亡ののち処刑され、伊東祐親も捕らえられて処刑された。挙兵の当初、頼朝の行く手に立ちはだかった平家家人たちは、悉く姿を消したのである。

これにより、追討軍の士気が下がったことはいうまでもない。さらに、この状況を見た「かり武者」たちは、もともと強制的に動員されたこともあって、合戦準備の最中にもかかわらず数百騎が源氏側に降伏した。それでも大将軍の維盛は強引に合戦を行なうべきだと主張したが、賛同する者は少なく、その最中、甲斐源氏の動きに驚いた多数の水鳥が富士川から飛び立った。その羽音を敵方の襲来と錯覚した追討軍は、一目散に敗走してしまった。かくして、頼朝軍は戦わずして勝利を収めたのである。

甲斐源氏との同盟

富士川合戦において、反乱軍の主力となったのは、頼朝軍ではなく、甲斐源氏（総指揮官は武田信義）であった。京都の貴族九条兼実の日記『玉葉』にも、反乱軍の中心は甲斐源氏であったとみえ、頼朝の名はみえない。よって、主力となった甲斐源氏との連携が頼朝軍に勝利をもたらしたといえる。

甲斐源氏とは、新羅《しんら》三郎義光を祖とする一族で、北巨摩《きたこま》から中部を押さえた武田信義・一条忠頼父子、東郡の安田義定、西郡を押さえた加賀美遠光《かがみとおみつ》の三つの勢力に大別することができる（秋山二〇〇三）。このうち、加賀美氏の系統は在京しており、合戦で活躍したのは、総指揮官の武田信義と安田義定である。

『吾妻鏡』によれば、この甲斐源氏と同盟を結ぶという重責を担った人物こそ、北条時政であった。義時も父と行動を共にしていたと考えられる。父子の動向を『吾妻鏡』から追ってみよう。

治承四年九月八日、安房を出発し、十五日に甲斐国逸見山の武田邸に到着。共に平家を迎え撃ちたいという頼朝の意向を伝え、同盟を結んだ。十月十三日、二万騎を率いて駿河へ向かい、十四日駿河・甲斐の国境に近い鉢田において駿河国目代の橘遠茂《たちばなのとおもち》、長田《おさだ》入道以下の平氏家人二〜三千騎と激突し勝利する（鉢田合戦）。十六日、維盛率いる追討軍が駿河国高橋宿に到着。

しかし、前衛部隊は壊滅し、維盛軍を恐怖の底に陥れた。一方、頼朝は同日に鎌倉を発し、十八日、黄瀬川に到着。その日の夜には酒宴が催され、北条父子は伊豆・相模の武士とともに、これまでの労をねぎらわれ、頼朝から馬や直垂《ひたたれ》などを賜わった。二十日、頼朝軍は甲斐源氏とともに陣を布き（平家は富士川の西岸、甲斐源氏・頼朝は東岸）、その夜、甲斐源氏が背後から追討軍を討とうと密かに動いたところ、水鳥が起ち、突如追討軍が撤退。戦わずして勝利した。

このように『吾妻鏡』は、甲斐源氏と行動をともにし、頼朝軍との連携を仲介した北条父子の役割を特筆する（延慶本『平家物語』第二末十三では、時政は石橋山合戦の直後に、甲斐へ向かっている）。しかし、『吾妻鏡』の内容については、なお検討を要する。甲斐源氏は独立性が強く（彦由一九五九）、実際には頼朝軍との連携などしていなかった可能性も考えられるからである。

ここで注目すべきは、『吾妻鏡』の描く武田信義と叔父の安田義定の動向である。両者は、甲斐源氏ではあるが、それぞれ別の行動をとっていた。すなわち、武田信義は信濃に侵攻して、平家家人を討ち甲斐に凱旋したところで時政と対面しているのに対し、安田義定は、富士北麓の波志太山で俣野景久《またのかげひさ》（大庭景親の弟）や橘遠茂（駿河目代）と対戦し、勝利している。しかし、鉢田合戦には、武田信義・一条忠頼・安田義定・伊沢信光らが参戦していた。したがって、それまで別々の行動をとっていた武田・安田が鉢田合戦で連携しているのである。こうした状況の背景には、頼朝から派遣された北条父子らの働きがあったとみてよい（野口二〇一一）。要するに、北条時政・義時父子は武田と安田という甲斐源氏内部の連合、そして甲斐源氏と頼朝軍の同盟という二つの仲介に関わり、鉢田合戦および富士川合戦を勝利に導いたのであった。この結果、平家政権の権威は墜落し、源平の内乱は全国に拡大する。

合戦後、甲斐源氏は木曽義仲と連携し、上洛を目指した。頼朝軍との連携は一時的なものにすぎなかったのである。さらに、信義は駿河を、義定は遠江を実質的な支配下におくが、頼朝はそれを黙認せざるを得なかった。

一方の頼朝は、平家軍を追撃し、上洛しようと目論んだが、上総広常・千葉常胤・三浦義澄《よしずみ》らの反対にあい断念。東国経営に専念することになる。彼らが反対した理由は、常陸国の佐竹氏といった反頼朝勢力が東国にいたためである。頼朝が上洛を断念するのも当然であった。

義経との対面

上洛を諦めた頼朝は鎌倉に戻るが、途中、黄瀬川駅《きせがわのしゅく》（静岡県沼津市）で源義経と感動の対面を果たす。頼朝と義経は、腹違いの兄弟で、ひと回りもの年齢差があった。頼朝が義経の来訪を喜んだのは、長く不遇な時代を過ごしてきた最愛の弟との対面だったからであるが、義経が平泉の藤原秀衡《ふじわらのひでひら》の支援を受けて参上したことは、何よりの朗報であった（元木二〇一九）。

奥州は後白河院の知行国であり、秀衡は院と緊密な関係を有したため、平家の横暴を制止し、後白河の救済を図るために、頼朝に協力したのである。鎌倉を拠点とする頼朝にとって、背後に控える平泉の藤原氏との関係性は、大きな課題であったはずである。頼朝が秀衡の支援を受けた義経を優遇したことはいうまでもない。義経は頼朝と「父子の義」、すなわち猶子《ゆうし》関係を結んでいたが（『玉葉』文治元年十月十七日条）、それはこの対面の時に結ばれたと考えられている（元木二〇〇七）。

注意すべきは、この父子の契りにより、義経が場合によっては頼朝の後継者となり得る立場を手に入れたことである。頼朝と政子のあいだには、未だに男子が生まれていなかった。したがって、状況によっては、義経が次の将軍になる可能性もあったのである。時政と義時は、表向きは義経の来訪を喜びながらも、その心中は複雑だったのではないだろうか。さらに、政子に対し、相当な精神的圧力がかかったであろうことも想像される。頼朝の長男頼家が誕生したのは、およそ一年半後。寿永元年（一一八二）八月のことである。

平清盛の死

治承五年（一一八一）閏二月、平清盛がこの世を去った。死の翌日には、後継者の宗盛が後白河院に政権を返上した。これにより、後白河院政が復活し、平家政権は消滅する。ただし、宗盛は源氏追討の継続だけは譲らなかった。清盛が頼朝の首を必ず墓前に供えるよう遺言を遺した以上、中断はあり得なかったのである。しかし、院の命令を蔑《ないがし》ろにした宗盛の態度は、後白河や貴族たちを敵に回すことになる。

一方、後白河院救済を名目に起ちあがった頼朝は、その目標を失い、東国経営に専念することになる。頼朝にとっての課題は、反乱軍の立場を脱し、本位に復することにあった。そこで、後白河に平家との和平案を提示し、自身が後白河救済のために挙兵したことや東国を源氏、西国を平氏が支配し、乱を平定すべきであることなどを進言している。頼朝が本当に和平を望んでいたとは思えず、宗盛がこの提案を受け入れることもなかったが、これによって頼朝に敵対する意志のないことが貴族社会に伝わったことは重要である。後白河は頼朝が院宣によって挙兵したと捉え（上横手一九八一）、貴族たちも、源氏は後白河幽閉、福原遷都といった清盛の暴走を止めるために挙兵したと考えた。この結果、平家が都落ちして木曽義仲が入京した際には、頼朝が勲功第一という評価を得ることになる（元木二〇一九）。

木曽義仲の上洛

義仲が反乱軍として信濃で挙兵したのは、頼朝挙兵の翌月のことであった。当初は上野国《こうずけ》（群馬県）に進出したが、頼朝との衝突を避け、北陸に向かっている。治承五年（一一八一）六月、信濃北部の横田河原《よこたがわら》で平家方の越後を本拠とする城氏を破ると、寿永二年（一一八三）五月には、越中の倶利伽羅《くりから》峠、加賀の篠原でも平家方に圧勝し、ついに同年七月に上洛、平家を都落ちに追い込んだ。

黄瀬川の対面石（沼津市）

義仲の入京後に行なわれた院御所議定《いんのごしょぎじょう》において、源氏の勲功は、第一が頼朝、第二が義仲、第三が源行家であった。後白河や貴族たちからすれば、後白河救済の旗印をいち早く掲げたのは頼朝であり、義仲や行家は頼朝の代官にすぎなかったのである。当然、義仲は、この決定に抵抗し、頼朝の恩賞は見送られた。さらに、この恩賞をめぐっては、義仲と行家までもが対立し、上洛という共通目的を失った義仲軍は早くも分裂してしまう。

ちなみに、行家は以仁王の令旨を頼朝に届けた人物としてすでに登場したが、その後、以仁王の挙兵で敗れ、一時は鎌倉の頼朝を訪ねて相模国松田郷に住んでいた。しかし、困窮を理由に頼朝に一国を要求したところ断られたため、信濃の義仲を頼り、共に入京を果たしたのである（長村二〇一一）。

『天子摂関御影』に描かれた後白河院
（宮内庁三の丸尚蔵館蔵）

義仲は、入京直後から孤立を深めていった。配下の武士たちの多くが都や畿内近国で乱暴狼藉を働き、後白河や貴族、寺社は、この乱行に頭を悩ませていた。義仲は、東大寺領や興福寺領で狼藉を働くのを停止するよう命じる下文《くだしぶみ》を出しているが、結局これを止めることはできなかった（長村二〇一三）。さらに、後白河との溝が深まる問題が起こる。義仲が皇位選定権に介入したのである。

院政というのは、王家の家長である上皇が天皇の人事権を完全に掌握することで、確立した政治体制である。基本的に天皇の即位を決定するのは、天皇の父、祖父などの直系尊属にあたる上皇のみに許された（美川二〇〇六）。したがって、安徳天皇が平家と共に西国へ赴き、都に天皇が不在となった今、次の天皇を選定するのは、後白河院その人に他ならない。後白河は、亡き高倉上皇の第三皇子惟明《これあきら》親王（五歳）と第四皇子尊成《たかひら》親王（四歳）、どちらにすべきか思案を巡らせていたが、ここにあろうことか義仲が介入し、以仁王の遺児北陸宮の践祚《せんそ》を訴えた。この宮は、以仁王の戦死後、京を脱し義仲が匿っていた男児で、義仲は北陸宮の擁立を最大の目的として上洛したのであった。

しかし、皇位選定権は院政の根幹をなす重大な権限であるだけに、後白河は激怒した。最終的に、皇位の問題は後白河の思い通りになったが、その権限を侵害したことによって、両者の関係は修復不可能となった。なお、このとき皇位についた尊成親王こそ、のちに義時と激しく対立し、未曽有の大乱承久の乱を起こす後鳥羽《ごとば》天皇である。

さて、義仲はついに京を離れ、平家追討のため西国へと赴くことになる。しかし、備中国水島合戦では、平家方に大敗を喫し、いよいよ追い込まれる。

一方、義仲不在の都では、後白河院が頼朝を頼り、上洛を切望していた。十月には、上洛の前提として、頼朝を従五位下《じゅごいのげ》の位階に復帰させ、十月宣旨《せんじ》を下している。この結果、頼朝は謀反人の立場を脱し、挙兵以来、実質的支配下に置いていた東海道・東山道諸国の国衙指揮権、すなわち事実上の東国支配を認められたのであった（佐藤一九九〇）。ただし、この宣旨に不満がなかったわけではない。宣旨の効力は、諸国に新たな受領《ずりょう》が補任《ぶにん》されるまでの一時的なものにすぎず、北陸道の支配権が直前になって認められなかったからである（元木二〇一九）。これは、京に戻ってきた義仲が反発したためで、後白河は目前の武力を恐れ、義仲の意見に従ったのであった。頼朝は、再び義仲の妨害によって公的な権限を得ることができなかったのである。かくして、義仲追討の軍勢を京に差し向けることを決意した。

義仲討伐と平家追討

頼朝が遣わしたのは、源義経である。義経は中原親能《なかはらのちかよし》ら僅か五、六百騎を率いて、一路京を目指した。しかし、このような僅かな軍勢で義仲に太刀打ちできるはずもなく、伊勢や近江付近に留まることを余儀なくされる（『玉葉』十一月七日条）。この間、都では十月宣旨に激怒した義仲が、後白河の院御所法住寺殿《ほうじゅうじどの》を襲撃していた。法住寺合戦である。後白河側は、義仲軍にまったく歯が立たず、惨敗を喫した。後白河を屈伏させた義仲は院を幽閉したが、清盛のように独自の王権を樹立することはせず、むしろ院の権威を利用して自身の行動を院の命令というかたちで正当化している（元木二〇一九）。

院敗北の知らせが伊勢の義経にも届くと、伊勢の在地武士をはじめとする多くの武士たちが合流し、義経軍は急速に勢力を増した（『玉葉』十二月一日条）。さらに、鎌倉から源範頼《のりより》の軍勢も加わり、義仲から離反した京武者の協力もあって、翌寿永三年（一一八四）正月二十日、ついに入京を果たす。義経軍は、直ちに六条殿に幽閉された後白河の救出に成功した。

一方の義仲は、義経・範頼軍が京に迫ると、後白河を拉致し、北陸に逃れようと画策するが失敗。結局、今井兼平《かねひら》らを率いて逃亡を図るが、近江国粟津《あわづ》（滋賀県大津市）で討死した。『平家物語』によれば、死に場所を求めて松原に踏み込んだところ、馬の脚が田に取られて動けなくなり、そこを顔面に矢を射られて討死するという、壮絶な最期であった。享年三十一。

今井兼平の墓（大津市）

その頃、平家は讃岐国屋島（香川県高松市）を発ち、正月二十六日には福原に到着。再び京へ戻る可能性がみえてきていた。しかし、新しく後鳥羽天皇を即位させ、院政を布く後白河院にとって、安徳天皇と三種の神器を擁する平家一門の入京は、後白河院政の崩壊を意味する。したがって、何としても平家の入京を阻止する必要があった。

二月七日、義経・範頼の大軍は、息つく暇もなく平家を摂津国一ノ谷で襲撃する。源氏方は大手の範頼と搦手の義経の二手に分かれ、範頼が東側から海岸沿いに進軍し、義経が西側から奇襲を仕掛けた。戦いは、源氏方の圧勝に終わり、平家方は多くの死傷者を出し、屋島へ敗走するに至った。この結果、再度の上洛は不可能となり、後白河院政は安泰となる（元木二〇一九）。なお、一ノ谷合戦では、『平家物語』に描かれる義経の鵯越《ひよどりごえ》の逆落としの話が有名であるが、これは多田行綱《ただゆきつな》の鵯越付近からの中央突破と一ノ谷付近での義経の逆落としが混同されて生まれた合戦譚と考えられている（元木二〇〇七）。

源氏の軍勢は、総勢二、三千騎に及んだというが（『玉葉』二月六日条）、この軍勢の中に、北条時政や義時の名は見当らない。義時は頼朝の傍近くに仕え、事の成り行きを静観していたのであろう。或いは、戦場に赴く好機を窺っていたのかもしれない。

そんな義時にもようやく出陣する機会が訪れた。一旦鎌倉に戻り、再び平家追討へと向かう範頼軍に従軍することとなったのである。元暦《げんりゃく》元年（一一八四）八月八日正午、義時は範頼に従って鎌倉を出立し、遠く西国を目指した。この軍勢には、錚々たる東国武士たちが名を連ね、三浦義澄・八田知家《はったともいえ》・比企能員《ひきよしかず》・和田義盛ら、のちに二代将軍頼家を支える「十三人」も含まれていた。頼朝は稲瀬川の辺りに桟敷を構え、範頼軍の門出を見送っている。

壇ノ浦合戦の前提

一般に、平家追討の立役者は、源義経と認識され、源範頼はその陰に隠れている。ここには、『平家物語』（巻第十「大嘗会《だいじょうえ》の沙汰」）が英雄義経とは対照的に、範頼を無能な凡将として描き、各地で遊女と戯れ、進軍が遅れたかのように記したことが大きく影響している。しかし、近年の研究では、平家追討における範頼軍の役割が見直されている（元木二〇一三など）。

範頼軍は、同月二十七日に入京したのち、山陽道を迅速に進み、戦果を挙げている。十月初めには、安芸国（広島県西部）を制圧し、戦功者に恩賞が与えられた。さらに、長門国（山口県西部）の制圧を目指すが、範頼軍の前衛部隊をつとめる京武者の葦敷重隆《あしきしげたか》が平教盛《のりもり》軍に敗北しており、平知盛《とももり》の知行する同国の抵抗は強固であった（元木二〇一三）。このため、範頼軍は長期戦を余儀なくされ、次第に現地での兵糧の徴収も困難となる。十一月、範頼は、兵糧や船の欠乏に加え、配下の武士が東国を恋しく思い、逃げ帰りたいとの気持ちをもっていることを報告している。この窮状に対し、頼朝も船を用意し、兵糧を送るよう東国に命じているが、事態はすぐに改善しなかったようである。ただ、十二月七日には、頼朝の命を受けた佐々木盛綱が備前国児島を拠点としていた平行盛《ゆきもり》軍の攻略に成功し、行盛軍を屋島に追いやった（平田一九九〇）。この勝利は、平家方の瀬戸内海における自由な移動を封じる重大な意味を持っていた（野口二〇一二B）。この結果、平家の勢力範囲は、四国と九州北部に限られることになる。

そこで、頼朝は範頼軍に九州への渡海と九州の武士の組織化、さらに平家を包囲し降伏に持ち込むよう指示を下す。ただし、九州北部もまた平家家人による激しい抵抗が予想され、彼らを組織し、兵糧や船を調達することができなければ、平家を包囲することは困難であることも事実であった。そこで、九州武士の組織化が上手くいかない場合は、屋島の平家を直接攻撃するよう命じている。

翌元暦二年（一一八五）正月、範頼軍は赤間関から九州への渡海を試みるが、依然として船も兵糧も不足しており、侍別当の和田義盛でさえ故郷を恋しく思うほど、東国武士たちの士気は低下していた。残念ながら、義時の動向は史料にみえないが、範頼を支えながらも、同様に東国の地を恋しく思っていたのではないだろうか。

しかし、暗雲立ち込める範頼軍にも、ようやく一筋の光が差した。周防国の在庁官人宇佐那木《うさなぎ》遠隆《とおたか》から兵糧が献上されたのである。同国は、後白河院の知行国であったため、平家に対する反発が強く、源氏に協力的だった（元木二〇一三）。さらに、豊後国の緒方氏・臼杵氏からは八十二艘の船が献上された。彼らが範頼軍に味方したのは、平家方の宇佐氏と対立関係にあったためである。

こうして、ついに範頼軍は、豊後に上陸を果たした。このとき先陣となって上陸したのが、義時・下河辺行平《しもこうべゆきひら》・渋谷重国《しぶやしげくに》らであった。そして、二月一日には、筑前の葦屋浦《あしやうら》で九州最大の平家方である原田種直《はらだたねなお》・賀摩種益《がまたねます》らと戦い、これを退けた。この結果、長門・豊前・筑前も制圧し、平家は長門国彦島に孤立することになる。

豊後制圧の報せは、頼朝を大いに喜ばせた。このことは、義時ら十二名の御家人に対して慇懃《いんぎん》の御書《おんしょ》を遣わし、それぞれの西海における大功、とくに範頼と同心して豊後に渡ったことを褒め称えていることから窺える。この書状は、義時だけに与えられたものではないが、先陣として上陸し、蘆屋浦の戦いで勝利に貢献した義時を、頼朝は頼もしく思ったに違いない。

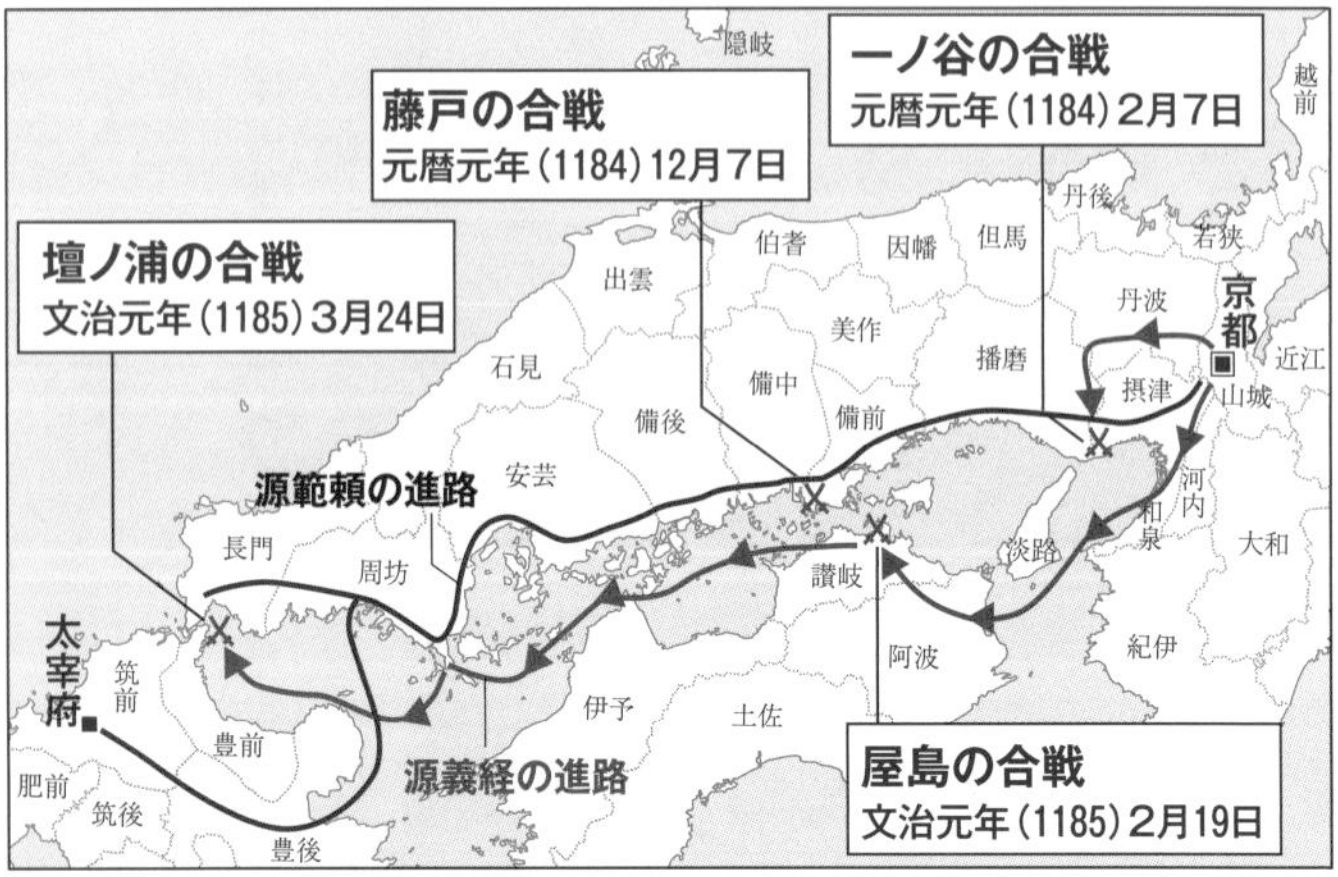

平家追討ルート

一方、義経軍は屋島合戦に勝利して屋島の内裏を奪い、さらに讃岐国塩飽庄《しあくのしょう》（香川県丸亀市）に逃れた平家を攻撃した。平家は僅か百艘余りで厳島に退くこととなる（『玉葉』元暦二年三月十六日条）。この屋島の戦い後、源氏方は梶原景時《かじわらかげとき》率いる水軍を主力部隊として、平家軍を西方へ追撃した（菱沼二〇〇五）。三月二十一日には、周防国の在庁官人船所正利から船を献上され、翌二十二日、周防に残留していた三浦義澄を先導役として壇ノ浦に出立し、満珠島《まんじゅしま》にほど近い奥津に到着するに至る。

かくして平家軍は、四国を義経に占領され、九州に渡ることもできず、瀬戸内海を転々として海上を彷徨っていたが、長門国彦島へ辿り着いた。決戦の時は目前に迫っていた。

平家滅亡

壇ノ浦の戦いは、たった半日で幕を閉じた。合戦で活躍したのは、やはり義経である。『吾妻鏡』に源氏方として名がみえるのは、義経とその配下のみであり、東国武士たちは、水上戦には不慣れなこともあり、陸上を固めていたようである。義時も陸上を固めていたのか、九州に留まっていたのかわからないが、義経に平家討滅の戦功を奪われたことには変わりない。このときに味わった屈辱や頼朝の後継者と目される立場にあった義経に対し、北条一族は強い敵意を抱いていた可能性がある（元木二〇〇七）。

さて、平家方の敗戦が濃厚となると、亡き平清盛の正妻二位尼《にいのあま》平時子は、三種の神器のうちの宝剣を腰に差し、神璽《しんじ》を脇に挟み、安徳天皇と共に入水した。時子は、頼朝や後白河院がもっとも欲した三種の神器を道連れにすることで、最期に一矢報いたのである（近藤二〇〇五）。その後、捜索も行なわれたが、ついに宝剣だけは最後まで発見されなかった。神器は、王権の正統性を可視的に表すシンボルであり、天皇の行なう朝儀においても必須のものである。したがって、宝剣を失った後鳥羽天皇は、歴代の天皇に比してコンプレックスがあったといわれる。この「神器不帯コンプレックス」は、やがて義時追討を全国に命じた承久の乱の遠因となる（谷二〇〇八）。

合戦後、頼朝から、義経には神器を奉じて帰京するように、範頼には九州に留まり戦後処理を行なうよう命が下った。義時については、次に『吾妻鏡』に登場するのが、十月二十四日の勝長寿院《しょうちょうじゅいん》供養の記事であるため、およそ半年ほど、その動静は不明である。十月二十日に鎌倉に戻った範頼と行動を共にしていたか、或いは範頼軍に属していた結城朝光《ゆうきともみつ》が五月五日に鎌倉に戻ってきており、義経に付いて帰京し、鎌倉に戻ったと推測されることから、義時も同様に九州には留まらず、ほどなくして鎌倉に帰ってきていた可能性がある。

頼朝と義時

家子専一

ここで、頼朝と義時の関係に触れておきたい。頼朝が妻政子の弟として、義時に目を掛けていたことを示す出来事を二つ紹介しよう。

一つは、治承五年（一一八一）四月七日、頼朝の近辺に伺候し、寝所を警固する十一名に、義時が「家子専一《いえのこせんいつ》」（家人の筆頭）として選ばれたことである。選出の条件は、「殊に弓箭《きゅうせん》に達するの者、また御隔心《ごかくしん》なきの輩《ともがら》」、すなわち弓矢の達者で、頼朝との間に隔たった心のない者であった。義時が一御家人として扱われるようになったこと、武芸に優れ、頼朝の信頼を得ていたことがわかる。

義時の他には、和田義茂《わだよしもち》・梶原景季《かげすえ》・千葉胤正《たねまさ》などが含まれ、彼らはいずれも有力御家人の子息たちであった。彼らは、頼朝親衛隊であり、頼朝が直属軍として育成しようとした存在であったといわれる（細川・本郷二〇〇一）。この中で義時の名が筆頭に記されていることは、彼がとりわけ頼朝の信頼を得ていたことを示すだろう。

頼朝の浮気騒動

もう一つは、寿永元年（一一八二）十一月のこと、父時政が頼朝に思うところがあり、無断で伊豆に帰ってしまったときの話である。政子が第二子を妊娠中、頼朝は亀の前という女性と親密になった。無事に男子（のちの頼家）を出産した政子は、継母の牧の方からこの事実を聞き憤慨すると、牧の方の兄大岡時親に命じて、亀の前の住む伏見広綱の家を破壊させた。これは「うわなり討ち」といって、こなみ（前妻のこと）がうわなり（後妻のこと）に対し制裁を加える乱暴行為である。伏見は亀の前を連れて大多和義久の屋敷に逃げ込んだという。

この一件を聞きつけた頼朝は、大岡時親を連れて大多和の屋敷に駆けつけ、時親に「政子の命令に従うのはよいが、こういうことは内々に私に報告すべきだろう」と責め立て、髻《もとどり》を切った。当時の人々にとって頭髪を他人に見られることは恥ずべきことであり、髻は成人男性の証でもあった。頼朝はその髻を切ることで、時親に最大限の恥辱を与えたのである。この話を聞いて、頼朝のふるまいに怒った時政は、勝手に伊豆国北条へ戻ってしまった。時親は時政の後妻牧の方の兄であるから、親族に恥辱を与え、政子と北条一族を蔑ろにした頼朝への怒りを抑えきれなかったのである。なお、『吾妻鏡』には、伏見の家を破壊し、髻を切られたのは牧宗親（牧の方の父）であったと書かれているが、さすがの頼朝も年上の牧氏の家長にこのような恥辱を与えるとは考え難いため、時親の誤りであると考えられている（野口二〇〇七A）。

さて、時政の下向を聞いた頼朝は、「穏便な性格の義時は、父親が身の暇を申さずに伊豆に帰ったとしても、きっと一緒に帰っていないだろう。様子をみてこい」と梶原景季に命じ、義時の様子を見に行かせた。景季は義時が鎌倉にとどまっていることを確認し、報告すると、頼朝は再び景季を遣わし、義時を呼び出した。頼朝は側近の藤原邦通《ふじわらのくにみち》を通して、「時親が奇怪な行動をとったから責め立てたのに、時政は憤慨して伊豆に帰ってしまった。これは私の本意ではない。しかし、汝（義時）は私の気持ちを察し、父に従って伊豆に下向しなかった。とても感動している。きっと汝が私の子孫の護りとなってくれるに違いない。この度の件、賞を追って与えよう」と仰せられた。義時は頼朝の味方も時政の味方もせず、「畏まりました」とだけいって退出したという。

以上が、『吾妻鏡』に描かれる事の顛末である。『吾妻鏡』の編纂者は、のちに時政が退き、義時が将軍を補佐しながら幕府政治を主導することを知っている。ゆえに、義時の行動を顕彰する意図から、多少の脚色がなされている可能性はある。ただし、頼朝が義時に息子たちを支え、幕府の守護者となることを期待していたことは、他の事例からも窺えるため（86頁を参照）、ある程度の事実を反映した記事とみてよかろう。

この記事から、義時が成長する過程で、ただ父親に従うのではなく、時の情勢をみて冷静に判断する目を持つようになってきていることがわかる。もしこの時、義時までもが伊豆に下向してしまえば、北条氏と頼朝の溝は深まったであろうし、鎌倉に残された政子も心細かったに違いない。頼朝にも時政にも味方せずして、頼朝の信頼を得るバランス感覚の良さは、彼が政治家としての能力に長けていたことを窺わせる。

ところで、今回の一件は、気性が激しく、嫉妬深い女という伝統的な北条政子像の形成に大きな影響を与えている。とくに、亀の前の居所を破壊させた乱暴行為は、近世史家の注目を集め、政子が「悪女」と呼ばれる一因になっている。しかし、うわなり討ちというのは、平安中期から江戸初期まで長く日本社会で行なわれた慣習の一つであり、決して政子だけが行なったわけではない。したがって、政子の特異な個性として考えることはできないのである。

加えて、長男頼家は、頼朝との出会いから五年以上が経過するなかで授かった待望の男子であった。先述した通り、頼朝の猶子となった義経の存在を感じながらの出産であったため、政子には相当なプレッシャーがかかっていたと想像される。にもかかわらず、頼朝が他の女性にうつつを抜かしていたのだから、政子が腹を立てるのも当然ではないか。何より、今後亀の前との間にも男子が生まれれば、息子の脅威になる可能性がある。頼朝の血を引く男子の誕生は、将軍候補者の出現を意味する。正妻の子に万が一のことがあれば、妾の子が後継者となる可能性もあった。

実際、政子が恐れていたことは、現実になっている。文治《ぶんじ》二年（一一八六）、政子が第三子を妊娠している期間、頼朝は大進局《だいしんのつぼね》という幕府女房とのあいだに、男子（のちの貞暁）をもうけている。この男子は、政子の第四子懐妊が確認される建久三年（一一九二）四月まで、頼家に次ぐ第二の将軍候補者として遇されていた（三好二〇一六）。周知の通り、二代将軍には頼家が就任するが、政子の産んだ男子が次の将軍になり得るかどうかは、北条氏の命運はもちろん、幕府の将来を左右する一大事である。頼朝や時政たちの期待を一身に背負い、政子は命がけで二人の男子を出産したのであった。

義時が、生涯の大半を頼家と実朝を支えることに費やしたことはいうまでもない。文治四年（一一八八）七月に頼家が初めて甲冑を着する「着甲始の儀」が行なわれたが、この際には頼朝の着座の後、御簾《みす》を上げる役をつとめている。また、建久三年八月、二男実朝が誕生した時には、護刀《まもりがたな》を献じた御家人の筆頭に義時の名がみえ、頼朝から実朝の補佐を期待された存在であったことを窺わせる。頼朝の死後、頼家、次いで実朝が将軍に就任するが、義時はその政権を支えていくことになる。

奥州合戦と上洛

奥州合戦

義時が再び戦場に出陣する機会を得たのは、文治五年（一一八九）の奥州合戦であった。周知の通り、平家追討後、頼朝と義経の関係は悪化の一途をたどり、都落ちした義経は平泉にたどり着く。平泉藤原氏を警戒し、攻撃の糸口を探していた頼朝にとって、義経の平泉亡命は、絶好の機会となった。朝廷に謀反人の義経および彼を匿った藤原泰衡《ふじわらのやすひら》の追討宣旨の発給を要請すると、宣旨の到着を待たずして鎌倉を進発した。義時は、父時政とともに、頼朝の率いる大手軍に従軍している。

軍勢は、白河関を越えて、陸奥国阿津賀志山《あつかしやま》に至り、泰衡の異母兄藤原国衡《くにひら》軍と合戦に及んだ。勝利を収めた大手軍は、平泉に侵攻するが、ここで家人の裏切りによって討ち取られた泰衡の首と追討宣旨が届くことになる。こうして目的を達成した頼朝は、数日のあいだ平泉に滞在して無量光院などを見学したのち、鎌倉に向けて出発した。

頼朝軍の遠征は三か月以上に及んだが、ここでも義時の戦功は『吾妻鏡』にみえない。戦場の第一線に出ていたというよりは、大将軍たる頼朝の近くにあって、護衛する役割を担っていたのであろう。

頼朝の死後、鎌倉では御家人同士の内紛が相次ぐが、その中には義時が大将軍をつとめて勝利を収めたものもある。したがって、決して戦闘を不得手としたわけではないが、戦時においては、むしろ軍を指揮し戦略を練る軍略家としての能力に秀でていたと考えられる。平時においては、有能な政治家であったことは間違いない。平家追討や奥州合戦では、すでに軍略・軍政の面に、その役割を見出していた可能性もあるが（安田一九六一）、いずれにせよこの二つの大戦を経験して得たものは多く、御家人同士の内紛や承久の乱を指揮する際に活かされたと考えられる。とりわけ、身内であっても、一度敵対すれば、冷酷な態度を貫く頼朝の姿勢は、青年義時に武士社会の厳しさ、人の上に立つ者の覚悟を知らしめたのではないだろうか。

頼朝軍の上洛

合戦後も、義時は頼朝の側近として活動していたと推測される。建久元年（一一九〇）十一月、頼朝はついに上洛を果たすが、先陣の随兵の一人として義時の名がみえる。こうした行列の供奉・随兵の形態は、当時の義時の立場や御家人内での序列を示す。安田元久氏は、義時の立場に若干の変化がみえるとし、頼朝の祗候衆の一人として、有力御家人の息子たちからなる若手御家人グループに属していた義時が、幕府の中堅的な有力御家人と肩を並べるようになったと指摘する。たとえば上洛した頼朝は、十二月一日に右大将拝賀のため院御所に参内するが、この際の随兵七騎は、義時をはじめ、小山朝政・和田義盛・梶原景時・土肥実平・比企能員・畠山重忠という錚々《そうそう》たる面々であった。このことは、義時がこれら有力御家人に仲間入りしたことを示すものである（安田一九六一）。傾聴すべき意見である。義時も二十代後半に差し掛かり、頼朝政権を支える一員として存在感を増してきたといえよう。

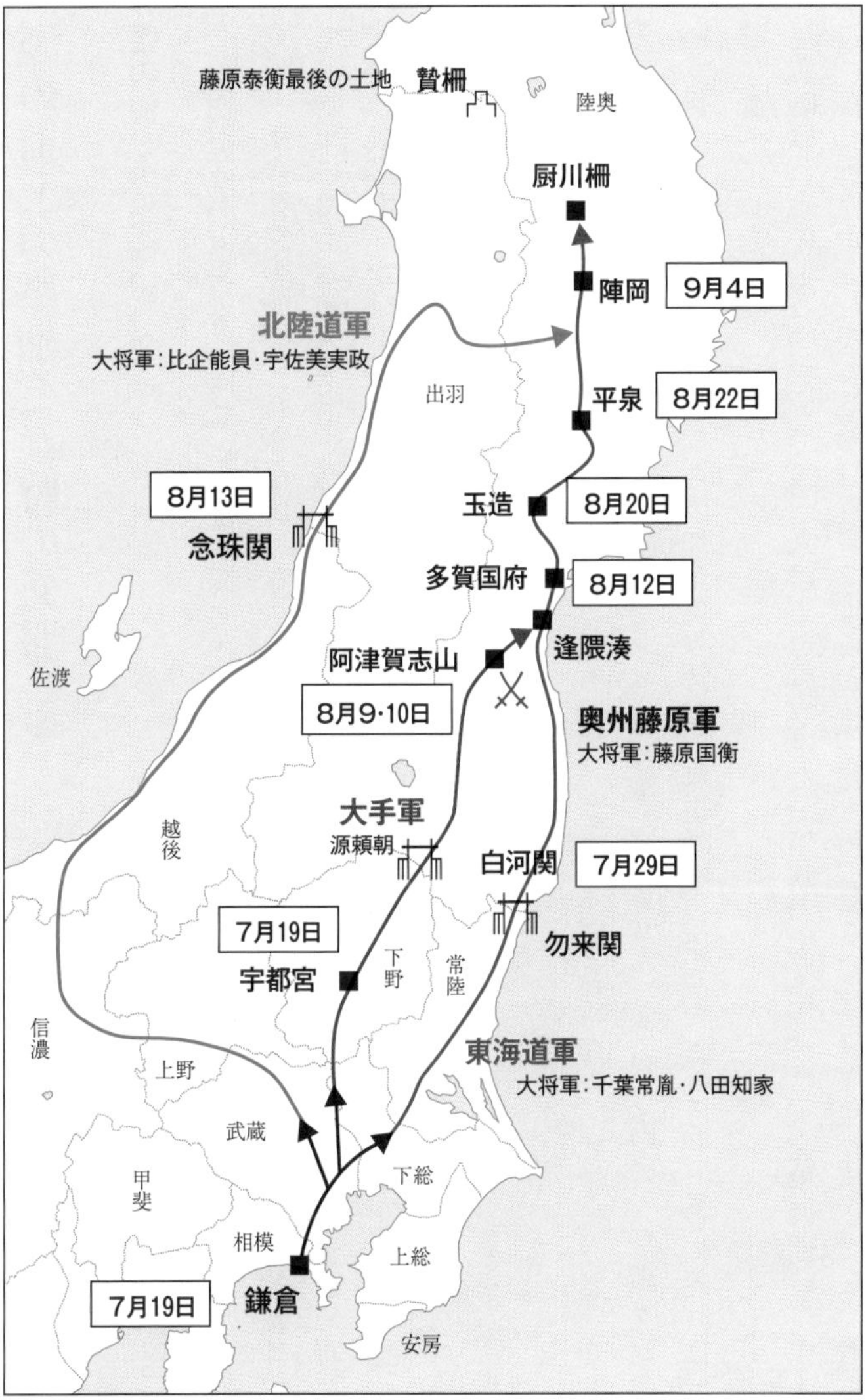

藤原泰衡最後の土地
贄柵
陸奥
厨川柵
陣岡
9月4日
北陸道軍
大将軍：比企能員・宇佐美実政
出羽
平泉
8月22日
8月13日
玉造
8月20日
念珠関
多賀国府
8月12日
逢隈湊
阿津賀志山
佐渡
8月9·10日
奥州藤原軍
大将軍：藤原国衡
大手軍
源頼朝
越後
白河関
7月29日
7月19日
勿来関
宇都宮
下野
常陸
信濃
東海道軍
上野
大将軍：千葉常胤・八田知家
武蔵
下総
甲斐
相模
上総
7月19日
鎌倉
安房

奥州合戦関係地図

姫の前との婚姻と泰時の元服

姫の前との出会い

頼朝が征夷大将軍に任じられた建久三年（一一九二）、義時は姫の前を正妻に迎えた。姫の前は、比企朝宗《ひきともむね》の娘で、将軍御所で女房をつとめていた女性である。周知の通り、頼朝は伊豆で二十年におよぶ流人生活を送るが、その間、頼朝を支援していたのが、乳母《めのと》をつとめる比企尼の一族であった。朝宗は、この比企尼の近親者といわれる。

御所ではたらく姫の前は、格別に頼朝のお気に入りで、また大変美しい容姿の持ち主であったという。『吾妻鏡』には「権威無双の女房なり。殊に御意に相叶ふ。また容顔太《はなは》だ美麗と云々」とみえている。

彼女のことを見初めた義時は、一、二年もの間、恋文を送り続けたが、相手にされなかった。そこで、見かねた頼朝が義時に「姫の前と絶対に離別しません」という内容の起請文《きしょうもん》（今でいう誓約書）を書かせて、二人の仲を取り持ち、無事婚姻に至ったという。ときに義時は三十歳になっていた。

義時は、姫の前とのあいだに三人の子をもうけた。婚姻の翌々年には、長男の朝時《ともとき》が生まれている。朝時は、のちに鎌倉の名越《なごえ》に邸宅を有したことから、名越朝時とも呼ばれる。承久の乱では、北陸道の大将軍として活躍することになる。

二男の重時《しげとき》は、建久九年（一一九八）に誕生した。重時は、のちに六波羅探題《ろくはらたんだい》北方となり、その在職は十七年にも及ぶことになる。鎌倉に極楽寺を開いたことでも知られる。

娘の竹殿は、生没年未詳である。大江広元の息子親広《ちかひろ》と結ばれたが、承久の乱で親広が京方に付いたため、離別して内大臣土御門定通《つちみかどさだみち》と再婚し、男子を出産した。鎌倉後期に成立した『百練抄《ひゃくれんしょう》』や京都の貴族葉室定嗣《はむろさだつぐ》の日記『葉黄記《ようこうき》』によれば、息子の顕親《あきちか》は承久《じょうきゅう》四年（一二二二）に誕生しているため、乱後程なくして再婚したとみてよかろう。なお、『公卿補任《くぎょうぶにん》』に従えば、顕親の生年は承久二年（一二二〇）となるが、『公卿補任』はきわめて重要な史料である一方、誤りも多く、他の史料で確認しながら使う必要がある。ここでは、一次史料である『葉黄記』に従うのが妥当である。

このように、三人の子宝にも恵まれているところをみると、義時と姫の前は琴瑟相和《きんしつあいわ》する夫婦であったといえよう。

婚姻の意義

頼朝が義時の婚姻に関与したことは、重要な政治的意義をもつ。頼朝がもっとも頼りとしていたのは、妻方の北条氏と流人時代を支えてくれた比企氏であった。したがって、頼朝は、比企と北条両氏の連携による幕府運営を期待していたと考えられる（元木二〇一四）。ゆえに、

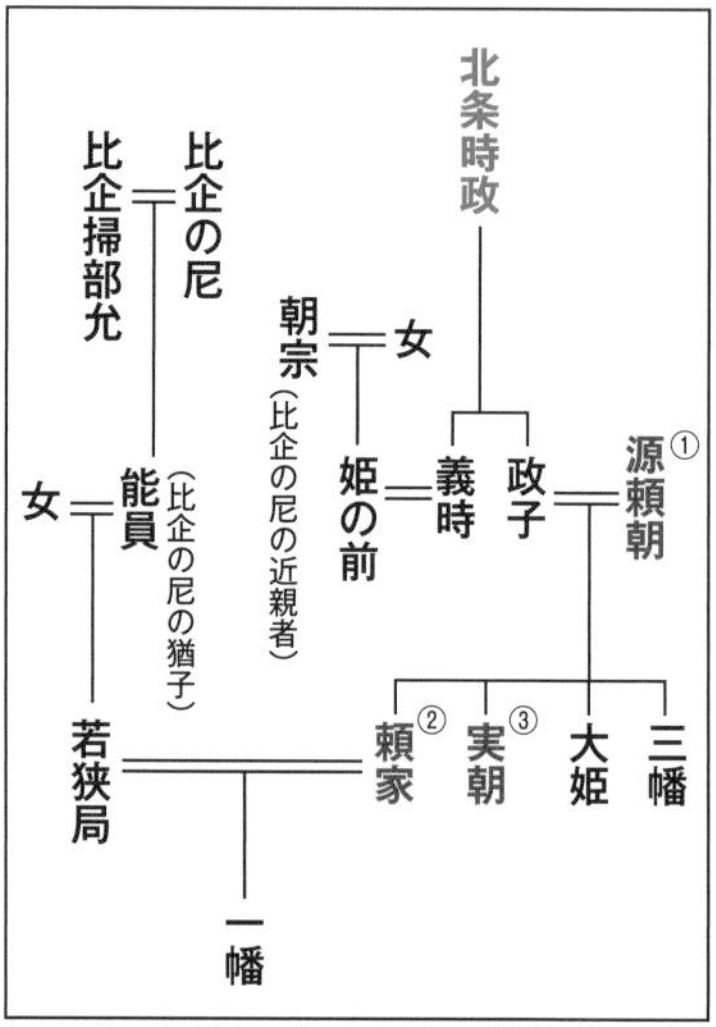

北条氏・比企氏関係系図

頼朝が比企の娘と北条の息子の仲を取り持ったのも、不憫な義時を憐れんでという恩情ではなく、両氏の結びつきを強固にするためであったとみてよい。

さらに、踏み込んで考えると、頼朝は、義時に北条氏と比企氏を繫ぐ架け橋としての役割を期待し、両氏をまとめながら、次世代の幕府を支えていくことを望んでいたのではないだろうか。頼朝が義時を信頼し、目を掛けていたことは、親衛隊に選ばれたことや時政と行動を別にした際に慇懃の言葉を掛けられたことからも察せられるが、この婚姻こそ、頼朝が義時に期待していたことを示す何よりの証拠である。

義時自身も頼朝の意図や婚姻の意義を自覚していたに違いない。架け橋としての役割を全うするつもりでいただろう。しかし、頼朝の死後、北条氏と比企氏は次の将軍候補をめぐって対立し、武力衝突することになる。この結果を招いた理由として、頼朝が両氏の連携を十分になし得ぬまま急死してしまったことが挙げられるが、義時が頼朝の期待を裏切った事実は変わらない。このとき、義時は何を思ったのであろうか。詳しくは、第二章で考察したい。

長男泰時の元服

ところで、義時には、姫の前との婚姻以前に男子が誕生していた。のちに三代執権となり、初めての武家法「御成敗式目《ごせいばいしきもく》」を制定したことでも知られる北条泰時《やすとき》である。その母・阿波局は『系図纂要』の注記に「御所の官女」と記されるのみで、出自はわからない。身分が低かったため、妾にすぎなかったと考えられる。

泰時は、義時二十一歳のときの子で、朝時が生まれた建久《けんきゅう》五年（一一九四）には、十三歳を迎え、元服を遂げている。元服の儀は、将軍御所で執り行なわれ、烏帽子親《えぼしおや》となった頼朝から一字を拝領して、「頼時」と名乗った。頼朝の死後、「泰時」に改名するが、その理由は不明である。本書での表記も便宜上、泰時で統一する。

元服は、成人男性になるための通過儀礼であり、髻《もとどり》を結い、烏帽子を被る。この烏帽子を被せるのが、烏帽子親であり、これ以降、後見人として烏帽子子《えぼしご》を庇護することになる。したがって、烏帽子親には、主君や信頼の置ける有力者に依頼することが多い。泰時の場合は、他でもない将軍頼朝がつとめた。頼朝が義時・泰時父子に目を掛けていたことが窺える。

二度目の上洛と入内工作

再び京へ

建久六年（一一九五）二月、頼朝は二度目の上洛を果たした。前回とは異なり、今回は政子・大姫・頼家たち家族を伴っている。供奉人の顔ぶれは前回と同様で、もちろん義時の名も見える。義時は、三月十二日の東大寺供養や二十七日の参内、四月十五日の石清水八幡宮参詣など、頼朝の随兵として供奉しているのが確認でき、およそ四か月を京都で過ごしている。

大姫入内工作

今回の上洛の目的は、東大寺落慶供養への参加、大姫の入内工作の布石、後継者頼家のお披露目にあった。東大寺供養には、当時十六歳の後鳥羽天皇も行幸しているが、義時もまさか二十六年後に、朝廷と武力衝突に至るとは、露ほども思うまい。頼朝は、この若き帝王後鳥羽天皇の後宮に娘の大姫を入内させ、王家との婚姻関係を結ぶことを望んでいた。

そのため、上洛中には、後鳥羽の後宮を支配する後白河院の皇女宣陽門院《せんようもんいん》に接近を試みている。この大姫入内工作は、北条氏にとっても重要な意味を持つ。政子の血を引く娘が入内すれば、北条氏もまた王家の縁戚となるからである。頼朝は北条氏と比企氏を将軍家の支柱とし、その一体化を目指していた。そして、比企氏を頼家の外戚とする一方、京都との人脈を有し、強い家格上昇志向をもつ北条氏と王家を結びつけようと考えたのである（元木二〇一九）。

しかし、頼朝や北条氏の願いもむなしく、入内が実現することはなかった。建久八年（一一九七）、大姫は亡くなった。頼朝や政子の悲嘆は、想像に難くない。次いで、二女三幡《さんまん》の入内工作を進めるが、ついに娘の入内を叶えることはなかった。頼朝自身がこの世を去ったのである。

第二章　武家政権の中枢に

源頼朝木像（甲斐善光寺蔵）

将軍頼朝の死

頼朝の死とその影響

建久十年（一一九九）正月十三日、源頼朝が急逝した。頼朝は、稲毛重成《いなげしげなり》亡妻（政子の妹）の追善のために相模川に架けた橋の供養に臨み、その帰途に落馬。ほどなくして亡くなったという。『吾妻鏡』は、頼朝が没した建久十年（正治元年）の部分が欠巻であり、『猪隈関白記《いのくまかんぱくき》』・『明月記《めいげつき》』・『百練抄《ひゃくれんしょう》』等によって、病死であったことはわかるが、詳細は不明である。

十四歳で伊豆へ流された頼朝は、二十年もの流人生活の末、鎌倉に入った。それから十九年、武家政権の礎を築いたことは確かだが、頼家への将軍権力の継承や幕府の組織・機能の確立、朝廷工作など未完成のものも多く、途半ばでの死去であった。その死の影響は大きく、鎌倉では有力御家人たちによる内紛が相次ぐことになる。

しかし、頼朝の遺したものも多い。頼朝時代の決定事項は、「右大将家《頼朝》の例」として、たびたび尊重された（飯田一九五二）。また、頼朝の持つ将軍家の家長権は、妻政子に移った。平安後期ころより、後家は次の家長への中継ぎとして亡き夫の持つ家長権を代行し、子どもたちを監督する権限をもった（飯沼一九九二）。したがって、出家を遂げた政子は、頼朝の後家で鎌倉殿（将軍）の母という立場から、幕府の政治にも関与することができた。頼朝の権威は幕府を守り続けたのである（元木二〇一九）。

突然、主を失った鎌倉の動揺は、想像に難くない。頼家が鎌倉殿を継承することは決まっていたが、まだ十八歳の若年である。若き鎌倉殿を支える政治体制が求められていることは、明らかであった。

二代将軍頼家と十三人の合議制

頼家は暗君か

頼朝の急死によって二代将軍に就任した頼家は、『吾妻鏡』では無能な人物として描かれる。しかし、『六代勝事記』が「百発百中の芸に長じて、武器武家の先にこえたり」と記すように、実際は武勇に優れ、鎌倉殿にふさわしい人物であったといえる。

古く龍粛《りょうすすむ》氏や目崎徳衛《めざきとくえ》氏も『吾妻鏡』の描く暗君としての頼家像を批判しており（龍一九五七・目崎二〇〇一）、近年では、藤本頼人氏が頼家の政策や幕府発給文書の検討を通して、頼家が頼朝の政治方針を意欲的に継承していたことを指摘している（藤本二〇一四）。『吾妻鏡』は、のちに頼家を廃位し、実朝を擁立する北条氏の行動を正当化するために、頼家を暗君として描く必要があったと考えられる。したがって、『吾妻鏡』の描く頼家像をすべて信用することはできない。

十三人の合議制

頼家は父と同様、将軍独裁政治を目指し、その政治方針を引き継ぐ意思を持っていたが、御家人たちを統率し、政治を主導するだけの力はまだなかった。そこで、頼家政権開始後、すぐに創設されたのが、いわゆる「十三人の合議制」である。二〇二二年のＮＨＫ大河ドラマのタイトルが「鎌倉殿の13人」に決まったことで、ここに選出された十三人が、俄かに注目を集めている。

源頼家（東京大学史料編纂所所蔵模写）

従来、「十三人の合議制」は、頼家の親裁権が停止され、独裁政治に掣肘《せいちゅう》が加えられたことから、合議を本質とする執権政治の嚆矢として高く評価されてきた（杉橋一九八〇）。しかし、近年の研究では、審議の最終判断は頼家が行なっていることから、頼家への訴訟取次を十三人に限定したにすぎず、合議制が布かれていたわけではないことが指摘されている。あくまで、年若い頼家の権力を補完するための措置であったといえよう（五味一九七九・川合二〇〇九・藤本二〇一四）。

確かに、史料上に十三人全員が合議したことを示す記述はなく、加えて中原親能は在京中、さらに同年には梶原景時が失脚、翌年には安達盛長・三浦義澄が死去しており、この体制はすぐに解体したと考えられる。したがって、頼家の親裁権は停止されておらず、頼家は外家の比企氏や梶原氏の意向を重視しつつ、独裁政治を主導していたといえよう。このような状況のなか、実朝を将軍に推す声が高まり、頼家の腹心である梶原景時とその一族が滅ぼされる事件が勃発するのである。

十三人の人物像とその後の人生

十三人の紹介

梶原氏の失脚を論じる前に、十三人について簡潔に紹介しておきたい。その構成員は、京下りの吏僚たちと東国武士の二つのグループに分かれる。前者は、中原親能（五十七歳）・大江広元（五十二歳）・二階堂行政（六十代）・三善康信（六十歳）、後者は北条時政（六十二歳）・

北条義時（三十七歳）・梶原景時（五十代か）・比企能員（五十代か）・三浦義澄（七十三歳）・安達盛長（六十五歳）・八田知家（五十代か）・和田義盛（五十三歳）・足立遠元（六十代か）である。なお、人名の後には一一九九年時点での推定年齢を記した。

京下りの吏僚

前者のグループは、京都から下ってきた吏僚たちで、『吾妻鏡』では「文士」と記される。文字通り、文の士《つわもの》、文筆能力に秀でた者たちである。一般に、鎌倉幕府や武家政権というと、どうしても武士による武士のための政権というイメージが強いが、幕府は彼ら文士の活躍があってこそ、長期政権として存続しえたのである。その職務は、朝廷との公武交渉や財政管理、裁判訴訟など多岐にわたる。北条氏が幕政の主導権を掌握しえた理由のひとつとして、京下りの吏僚たちと手を結び、協力して幕府運営にあたった点があげられる。

四人の吏僚たちは、いずれも頼朝との個人的な縁によって鎌倉に下向し、幕政を支えてきた。このうち、中原親能と大江広元は兄弟である。

中原親能（一一四三～一二〇八）

青年期を相模国で過ごし、頼朝と長年の知り合いであったことから、その縁で鎌倉に下向し、弟の広元と共に幕府運営の中枢を担った。一方で貴族源雅頼の家人となるなど、京都との人脈を持っていたことから、度々京都へ上洛し、頼朝と京都の窓口として活躍している。また、頼朝の二女三幡の乳母夫をつとめており、頼朝からの信頼も厚かった。

大江広元（一一四八〜一二二五）

下級貴族中原広季の養子で、実父は大江維光とされる。朝廷の実務官人であったが、兄に誘われて鎌倉に下向した。兄と同じく、行政の実務能力を持ち、京都に人脈を持っていた広元は、政務処理を行なう公文所や政所が設置されるとその別当（長官）となった。北条氏とは、協調関係を保ちながら将軍の政治を補佐している。

二階堂行政（生没年未詳）

藤原南家の一流で、東海地方を中心に発展した工藤氏の分流になる一族の出身である。父行遠は一一三〇年代後半、遠江守を殺害したため、尾張国（愛知県）に流されている。おそらく、このとき熱田大宮司家との関係ができ、行政が生まれたのであろう。この母方の熱田大宮司家は、朝廷で文章博士や大学頭をつとめる学者の一族で、季範の娘は源義朝の妻となり、頼朝・希義・女子（一条能保の妻）を産んでいる。したがって、行政と頼朝は母方を同じくし、その縁で鎌倉に下向したと考えられる（目崎一九七四・山本二〇一〇）。朝廷の財政に関わっていた経験から、鎌倉でも幕府財政に携わった。さらに政所が設置されると、その令（次官）、のちに別当となり、別当広元のもとで、実務能力を発揮した。また、二階建てにみえるお堂が印象的な永福寺《ようふくじ》の近くに邸宅を構えたことから、二階堂氏を称した。永福寺跡周辺には、現在も二階堂という町名が残っている。

三善康信（一一四〇～一二二一）

下級貴族三善氏の庶流の生まれである。伯母が頼朝の乳母であった縁から、流人時代の頼朝に毎月三回も使者を送り、京都の情勢を伝えていた。鎌倉に下向した時には出家して「善信」を名乗っており、文書作成や寺社関係の職務に携わった。さらに、訴訟機関の問注所が設置されると、初代執事（長官）に就任し、幕府の組織整備に貢献した。

東国武士

次に、北条時政・義時以外の武士たちにも触れておこう。

和田義盛（一一四七～一二一三）

相模国三浦郡和田を本拠地とする武士で、三浦一族の出身である。父は杉本義宗で、三浦義澄は義盛の叔父にあたる。頼朝の挙兵に義澄らとともに参加し、頼朝が安房へ脱出した後は頼朝に近侍してその信頼を得た。のちに御家人の統制を行なう侍所の侍別当（長官）となる。頼朝が死去し、義盛に代わって別当となっていた梶原景時が失脚すると、侍所別当に再任され、その地位を一層強固なものにした。

さらに、元久《げんきゅう》二年（一二〇五）に時政が失脚すると、実朝の信頼を得、最長老として隠然たる力を持つようになる。建暦《けんりゃく》三年（一二一三）、一族の中に北条氏の排斥を企てた者があり、義時の巧みな挑発にのったことで、鎌倉で初めての市街戦（和田合戦）が起こった。義盛は一族の三浦義村の寝返りもあって敗れ、一族とともに敗死した。

足立遠元（生没年未詳）

武蔵国足立郡を拠点とする足立氏の出身で、足立郡司を系譜にする一族とも、藤原氏の一族とも言われているが、定かではない。平治の乱では、頼朝の兄義平に従った一人に遠元の名前が見えるため、頼朝挙兵以前から、源氏の家人であったと考えられる。武蔵国は、平清盛の知行国となって以降、国内の武士たちが平家と強く結びついていたが、遠元は事前に頼朝の命を受け、頼朝軍を迎えている。また、京都との縁もあり、文筆に長けた人物であったと考えられる。元暦元年（一一八四）、平頼盛の帰京を見送る宴会があり、三浦義澄・結城朝光・下河辺行平・畠山重忠・橘公長《たちばなのきんなが》・足立遠元・八田知家・後藤基清らが控えていたが、『吾妻鏡』は彼らを「京に馴《な》るるの輩」と記していることから、京文化や故実に精通した人物であったことが窺える。また、公文所が開設されると、中原親能ら文士とともに寄人《よりうど》に任じられている。

八田知家（生没年未詳）

下野国の有力武士宇都宮氏の出身で、常陸国新治《にいはり》郡八田（茨城県筑西市八田）を本拠とする。兄妹に平家や院に仕えた宇都宮朝綱や頼朝の乳母をつとめた寒川尼がいた。寒川尼は、京都の貴族社会で育った頼朝の養育係をつとめるほどの女性である。知家の一族も京都との人脈をもち、教養をそなえた一族であったと考えられ、知家自身も「京に馴るるの輩」として名を連ねている。兄朝綱に先んじて頼朝のもとに馳せ参じ、重用された。治承・寿永の内乱では範頼軍に従い、奥州合戦では東海道大将軍の一人として活躍している。知家の嫡男知重は小田氏を名乗り、常陸国の守護職や所領を持ち、鎌倉時代を通じて繁栄していく。

比企能員（?〜一二〇三）

頼朝の乳母となり流人時代を支援した比企尼の甥であったが、のちに猶子となった。比企尼を介して頼朝の挙兵に従い、その信任を得ている。寿永元年（一一八二）、政子は比企氏の邸宅を産所として頼家を産み、能員の妻をはじめ、比企尼の娘である河越重頼《かわごえしげより》室や平賀義信室が頼家の乳母に選ばれた。さらに、二代将軍頼家が能員の娘若狭局《わかさのつぼね》を正妻に迎えたことから、頼家は養育者であり妻の実家でもあった比企氏を頼った。しかし、建仁三年（一二〇三）に頼家が重病を患い危篤に陥ると、次の将軍の選出をめぐり北条氏と対立する。能員は、時政から薬師如来供養を理由に名越の邸宅へと招かれたものの、そこで命を落とす。比企一族は、頼家の息子一幡や若狭局とともに小御所に籠もるが、義時や三浦義村、和田義盛らの軍勢が小御所を攻め、一族は自害した。ちなみに、先に述べた北条義時の妻姫の前はこの比企氏の出身である。

三浦義澄（一一二七～一二〇〇）

相模の在庁官人で、三浦郡を本拠とした武士である。三浦氏は桓武平氏の出身と考えられていたが、近年では、その系譜は不明とされている。治承四年（一一八〇）に頼朝が挙兵すると、義澄ら三浦一族は石橋山に向かったが、相模川の氾濫に阻まれ合流できなかった。石橋山の合戦で頼朝が敗戦したことを知ると、三浦へと戻るが、その途中で武蔵国の武士畠山重忠と遭遇し、合戦になる。さらに後日、三浦氏の本拠地衣笠城に攻め込まれると、老齢の義澄の父義明は城に立てこもり、頼朝への加勢を託して自害した。この功により、三浦氏は厚く処遇された。一方、義澄らは海上へと逃れ、頼朝と合流した。頼朝死去の翌年、義澄もまたこの世を去る。息子の義村は和田合戦や実朝の暗殺、承久の乱と相次ぐ事件にも北条氏に協調し、その勢力を強めていった。

安達盛長（一一三五～一二〇〇）

三河国宝飯《ほい》郡小野田庄（愛知県豊橋市賀茂町）を本拠とする小野田氏の庶流であった可能性があるが、明らかではない。藤九郎と称し、流人生活を送る頼朝を側近として支えた。頼朝と同居、またはごく近くに住んでいたと考えられる。頼朝に絵師の藤原邦通を推挙するなど、頼朝に仕える以前から、京都との関係を持っていた。頼朝の挙兵に当たっては、相模の武士たちや下総の千葉常胤のもとを訪れ、参加を呼び掛けている。建久九年（一一九九）、頼朝の死により出家したが翌年四月、頼朝の後を追うかのように亡くなった。なお、甘縄にあった盛長の邸宅には、たびたび頼朝が訪れており、幕府成立後も、頼朝に目を掛けられていたことがわかる。甘縄はとても広い地域で、安達邸は、無量寺谷の入り口付近にあったと考えられている。無量寺谷《むりょうじがやつ》には、安達氏の菩提寺と伝わる無量寿院《むりょうじゅいん》という寺もあった。現在、筆者の勤める鎌倉歴史文化交流館が建つ一帯は、安達氏の邸宅や寺が並ぶ空間であったと推測されている。

安達藤九郎盛長像（放光寺蔵。鴻巣市提供）

梶原景時（?〜一二〇〇）

桓武平氏の一流である鎌倉党を出自とし、鎌倉の梶原を本拠とした。頼朝が挙兵すると、平家方の大庭景親に味方するが、石橋山の合戦で頼朝の危急を救い、以来頼朝の信頼を得た。平家追討の際には、源義経のもとで侍大将として出陣し、朝廷との連絡・調整役を

『十三人の合議制』宿老一覧

人名	出身地	生没年	義時との年齢差	主な役職
中原親能	京都	1143~1208	20歳	公文所別当 → 政所別当
大江広元	京都	1148~1225	17歳	公文所寄人 → 政所公事奉行人 京都守護
二階堂行政	尾張？	生没年不詳	不詳	公文所寄人 → 政所令別当 → 政所執事
三善康信	京都	1140~1221	23歳	問注所執事
和田義盛	相模国	1147~1213	16歳	侍所別当
足立遠元	武蔵国	生没年不詳	不詳	公文所寄人
八田知家	下野国	生没年不詳	不詳	三河守護
安達盛長	三河国	1135~1200	28歳	常陸守護
比企能員	阿波？	？ ~1203	不詳	信濃・上野守護
三浦義澄	相模国	1127~1200	36歳	相模守護
梶原景時	相模国	？ ~1200	不詳	侍所所司 → 侍所別当。 播磨・美作守護
北条時政	伊豆国	1138~1215	28歳	伊豆・駿河・遠江守護
北条義時	伊豆国	1163~1224	——	寝所警固衆（家子）

つとめ、後には侍所所司など幕府の要職についた。「鎌倉の本体の武士」（『愚管抄』）と認識される一方で、有力御家人の反感も強く、頼朝の死後、最初に粛清された。京都の徳大寺家に仕えていた経験から、文化的な素養も高く、『吾妻鏡』は「文筆に携はらずと雖も言語を巧みにするの士なり」と評している。また、京都の公家社会の人々とも交渉があり、歌道や音曲にも通じていた。

十三人を選んだのは誰か

以上、簡単ではあるが、十三人の出自や活動を紹介した。注目すべきは、五～七十代の幕府草創期より将軍を支えてきた御家人たちが名を連ねるなか、北条時政・義時が唯一親子で加わっていること、そして義時だけがひと世代若いことである。

『吾妻鏡』には明記されないが、この十三人を選出したのは、頼朝の後家政子とみてよかろう。政子は父時政と相談のうえ、有力御家人たちと弟義時を選び、頼家が訴訟を裁決する際の助けとしたのである。ここには、頼朝の急死による幕府の動揺を抑え、若くして将軍となった頼家の政権を安定させる意図があったとみられる。先述した通り、政子は後家として、亡き夫頼朝の家長権を代行し、息子の頼家を監督する立場にあった。ゆえに、御家人たちも、この十三人の選出を受け入れたのではないだろうか。

頼朝期、北条氏はついぞ任官・叙位の栄誉に浴することがなかった。幕府内で特別なポストを得ていたわけでもなく、頼朝の正妻の実家であることを拠り所として活動していたのである。しかし、頼朝の死を契機として、将軍を補佐する公的な立場を手に入れ、翌正治二年（一二〇〇）には時政が遠江守に、元久元年（一二〇四）には義時が相模守に叙されている。したがって、十三人への選出は、北条氏にとって大江広元ら有力御家人らと協力しつつ、やがて権力掌握へ進む足がかりを得た一件として評価することができる（杉橋一九八一）。いよいよ義時は、政治家としての本格的な第一歩を踏み出したといえる。

梶原景時の失脚

事件のあらましと先行研究

頼朝の死後、幕府における最初の内紛が、正治《しょうじ》元年（一一九九）末に梶原景時が排斥された事件である。『吾妻鏡』によれば、頼朝の死を偲んだ結城朝光が「忠臣は二君に仕えずというから、出家しておけばよかった。今の政権をみると薄氷を踏んでいるかのようだ」とつぶやいたところ、義時の妹阿波局が「この発言を謀反の証拠であるとして、景時が将軍頼家に讒言し、あなたは討たれることになっている」と告げてきた。慌てた朝光は、三浦義村らに相談し、一夜にして御家人六十六名が連署する景時弾劾状を作成した。これを広元を介して頼家に提出し、梶原氏は鎌倉を追放された。翌正治二年正月、梶原氏は上洛の途中、駿河国清見関で幕府の派遣した討手に襲われ、滅亡する。

『愚管抄』巻六が景時の失脚を「頼家がふかく《（不覚）》」と記すように、景時は頼家を支える無二の重臣であったが、頼家は事態を収拾することができなかった。有能な景時は、なぜ最初に血祭りにあげられたのであろうか。

従来、景時の失脚についての専論はなく、内紛の一つとして扱われるに過ぎない。そのなかで学界の定説的位置にあるのが、上横手雅敬氏の見解である（上横手一九六二）。

上横手氏は、北条時政や政子が景時の事件に関与したと『吾妻鏡』には記されていないが、実朝の乳母である阿波局（時政の娘）が結城朝光に景時の讒言を語り、御家人全体に波紋を広げたことから、北条氏による裏面工作の可能性を指摘し、この事件を北条氏による有力御家人排斥の初例として位置づけた。さらに上横手氏は、『玉葉』正治二年（一二〇〇）正月二日条を重視している。これによれば、景時が頼家に対して、他の武士たちが頼家を廃し実朝の擁立を謀っている旨を言上し、景時と武士たちとは対面することとなったが、すぐに景時の「謀讒」が発覚し追放されたという。上横手氏はこの記事を証左として、早くから頼家派（比企氏・梶原氏）と実朝派（北条氏）の対立があったと指摘する。

『玉葉』の記事に北条氏の動向は現れないが、上横手氏がその関与を指摘した点は重要である。ただし、氏の研究では、その他の御家人の検討は十分になされていない。景時が多くの御家人から反感を買っていたことは確かであるが、御家人たちをまとめ、景時の失脚を画策した人物がいたはずである。そこで注目されるのが、伊藤邦彦氏の研究である（伊藤一九九三）。伊藤氏は、頼家に提出された景時弾劾状に、比企能員とその一族の若狭《わかさ》忠季《ただすえ》の名がみえること、また梶原氏追討の討手が能員嫡男の比企兵衛尉と能員女婿の糟屋《かすや》有季《ありすえ》であることから、能員の関与を指摘している。

伊藤氏が『吾妻鏡』の記事から比企氏の関与を指摘した点は重要であるが、能員が景時を追討した理由については言及がない。

ここで新たに注目したいのが、『六代勝事記』にみえる、「景時と云壮士ありき。権を執り威を振ひて、傍若無人の気あり。比企の判官能員以下数百人の違背によりて、景時が一族を滅し」という記述である。違背した御家人の代表として能員の名を特筆する点は興味深い。『吾妻鏡』においては、能員は弾劾状に連署した六十六名の御家人のうちの一人に過ぎないが、伊藤氏の指摘するように、やはり能員が主導して梶原氏を滅ぼした可能性は高い。

以上を踏まえ、北条氏と比企氏の動向を中心に、梶原氏失脚に至る経緯を解明したい。

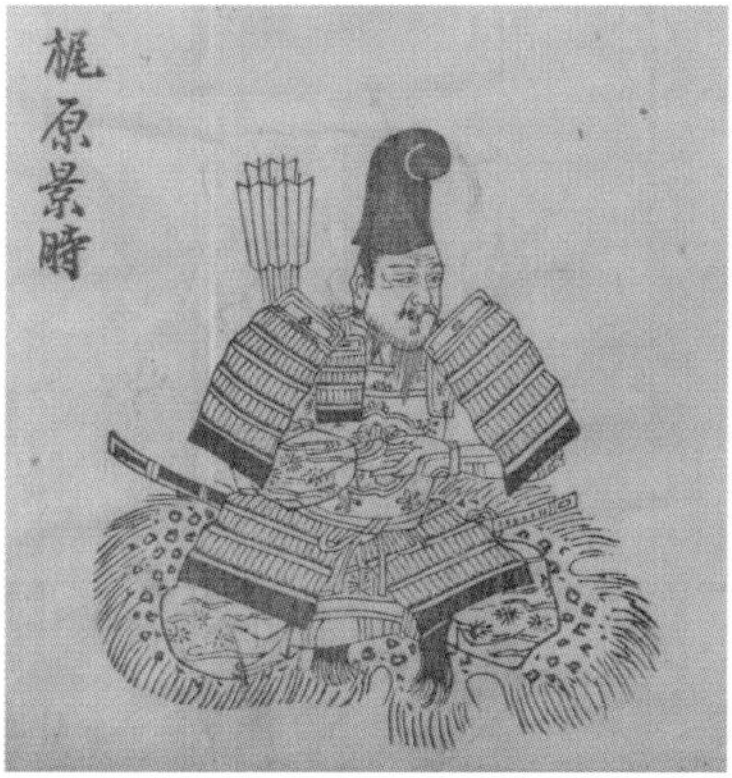

梶原景時（『本朝百将伝』より。国立国会図書館蔵）

景時に対する不満

景時が多くの御家人から不満を抱かれた理由として、第一に、侍所の別当をつとめていたことがあげられる。景時は御家人の監視という職分に忠実であり、鎌倉殿の独裁を支える役割を担っていた。『玉葉』の記事にみえるように、景時は実朝擁立の陰謀もいち早く察知したのであろう。そのため、実朝の擁立を目論む北条氏と対立したと考えられる。

第二に、頼家の乳母夫《めのと》をつとめたことである。頼家は比企氏の邸宅で産まれ、比企能員夫妻と比企尼の娘が乳母をつとめた。加えて、能員の娘若狭局は頼家に嫁ぎ、建久九年（一一九八）には男子一幡を儲けていた。頼家が将軍になると、能員が目代・守護をつとめる信濃国の武士や比企一族の者が頼家の近習に選ばれ、次第に権力を強めている。

景時がいつから頼家の乳母夫になったのかは分からない。『愚管抄』巻六に「これより先に正治元年のころ、一の郎等と思ひたりし梶原景時が、やがてめのとにて有けるを、いたく我ばかりと思ひて、次〳〵の郎等をあなづりければにや、それにうたへられて景時をうたんとしければ、景時国を出て京の方へのぼりける道にてうたれにけり」とみえるから、頼朝生前から引き続きつとめていたのか、或いは正治元年頃からつとめたか、二通りの解釈が可能である。

いずれにせよ頼家が、頼朝の跡を継ぎ、父親の政治方針を継承する上で、実力者であった景時の後見を期待したことは間違いない。一方の景時も、頼家と信頼関係を構築し、その近臣として権勢を強めることを望んでいたと考えられる。しかし、頼家が梶原氏に目を掛けるほど、その存在は、長年、頼家を養育してきた比企氏にとって大きな脅威となったであろう。ゆえに、比企氏は景時が実朝擁立の陰謀を察知しても、景時を擁護することはなかったのである。

なお、『吾妻鏡』・『玉葉』・『愚管抄』・『六代勝事記』などの史料で共通するのは、御家人たちが景時の専横に不満を抱いたとあることである。このうち、『玉葉』には頼家の廃立を想起させる内容が記されており、他の史料とは異なっている。ただし、頼家廃立の計画と結城朝光が「今世上を見るに、薄氷を踏むがごとし」と語ったという挿話は、御家人が頼家政権に不満を抱いていたという点で通底するのであり、景時追放の原因をその讒言に求める点でも共通している。頼家の独裁に対する御家人の不満は、まず頼家の独裁を支える景時への攻撃という形をとって現れたといえよう。

要するに、頼家側近と有力御家人という対立の構図が存在したが、頼家派は決して一枚岩ではなく、内部に梶原氏と比企氏の抗争が熿《くすぶ》っており、その結果、梶原氏が多くの御家人の標的になったのである。

追討に至る経緯

次に梶原氏追討の経過をみていきたい。正治二年（一二〇〇）正月二十日、相模国一宮に謹慎していた景時に謀反の陰謀ありとの情報が伝わると、幕府はすぐにその追討を決定した。これを沙汰したのは、北条時政・大江広元・三善康信である。このとき、討手として糟屋有季・比企兵衛尉・三浦義村・工藤行光《くどうゆきみつ》の派遣が決定されており、前の二名は比企氏の関係者（能員の娘婿と嫡男）、後の二名は北条氏の関係者（政子の側近と伊豆国の武士）であることが注目される。これは能員と時政が梶原氏追討に関与した痕跡に他ならず、両者の協力によって、梶原氏が滅亡に至ったことは明らかである。景時の権勢を危惧する点で、比企氏と北条氏は一致していた。

梶原景時館跡の碑（寒川町。寒川町観光協会提供）

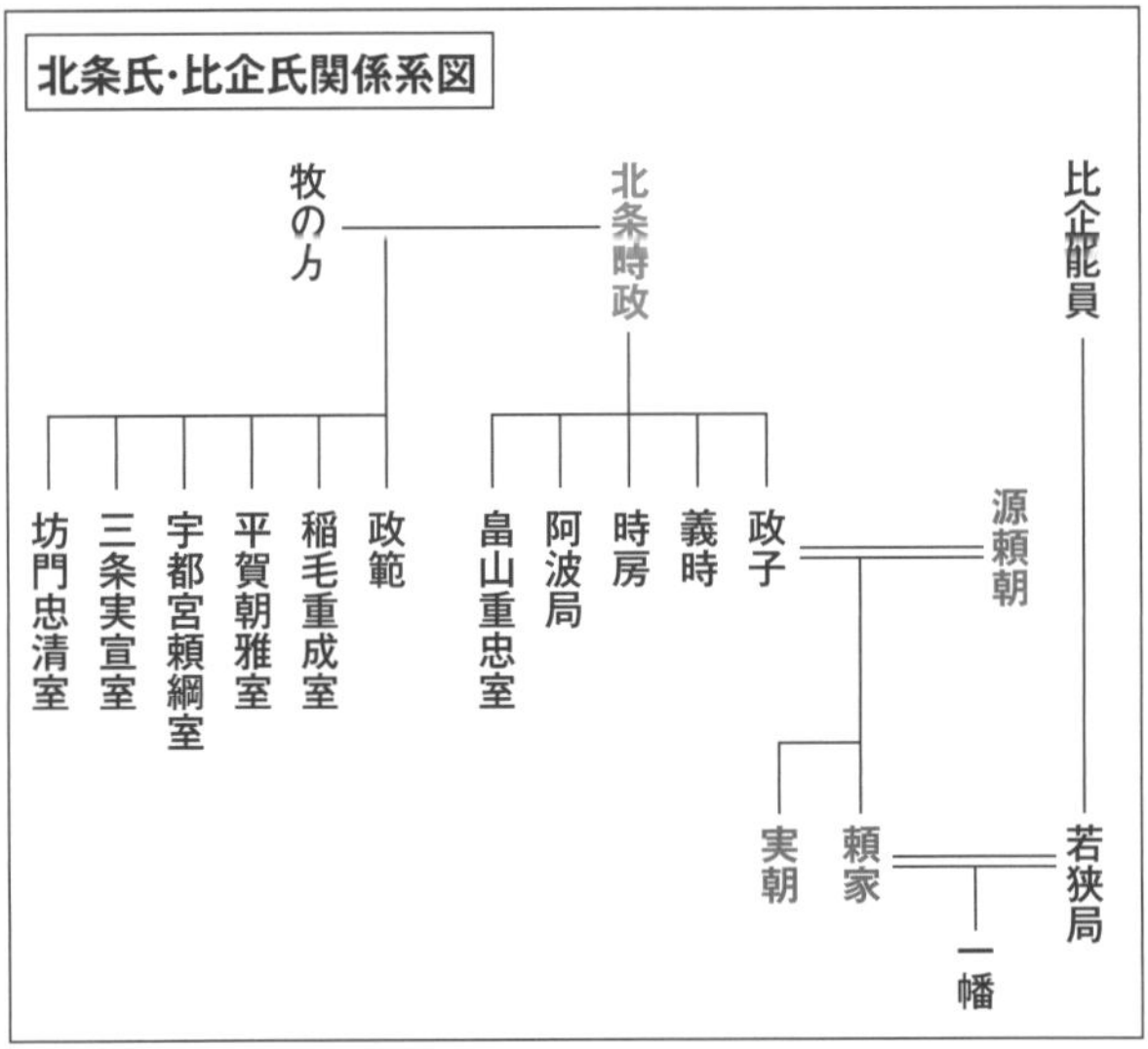

結局、景時は一族を率いて京を目指すが、その途中、駿河国清見関で在地の武士に討たれた。ここで重要なのは、討手の糟屋と比企が到着する以前に梶原氏が討たれたにもかかわらず、彼らが「追罰使の賞」を給わっていることである。これは、梶原氏追討に比企氏が深く関与していたことを示すものである。したがって、梶原氏追討は、比企能員・北条時政主導のもとに実行されたと考えられる。

比企氏の再評価

さて、以上の考察を踏まえると、幕府内部における比企氏の政治的役割は相当に評価すべきであり、有力御家人排斥にうかがえる北条氏の主導性のみに目を向けてきた従来の理解は一面的である。北条氏は、頼家政権期の当初から、強固な権力基盤を確立していたわけではなく、この時期の北条氏を過大視することは実態を見誤るものである。

梶原氏の滅亡から約三年後には、比企氏の乱が勃発する。従来、乱の要因は、比企氏が頼家の外家であり、一幡が成長すると比企氏が幕政を握ることを北条氏が懸念したためと説明されてきた。しかし、景時の排斥に能員が参画していたとなると、すでに北条氏にとって比企氏は警戒すべき存在であったといえよう。

ちなみに、『吾妻鏡』にみえる比企氏関係者の行動については、能員の関与を想定することで、その背景が明瞭になることが多い。とくに注目すべきは、阿野全成・頼全《らいぜん》父子の誅殺事件である。『六代勝事記』は、梶原氏滅亡を述べたのち、「讒に帰して、叔父あの（阿野）、禅師を殺害し」と記すが、頼家に讒言した黒幕こそ能員であったと考えられる。

従来、阿野父子の誅殺については、頼家の命令で実行されたとされるが、全成の謀反に関する情報を聞き出すために、全成妻の阿波局《あわのつぼね》を召し出すよう、頼家が政子に遣わした使者は比企時員《ときかず》（能員の息子）であった。

このことから、阿野父子の誅殺事件にも、能員の関与が窺われるのである。阿波局・全成夫妻は、実朝の乳母をつとめていたから、実朝の擁立を強く望んでいたに違いない。したがって、能員がこれを警戒し、頼家に阿野父子を讒言して討たせたことは十分に考えられる。亡き頼朝のように、頼家が独裁を志向する以上、源氏一門の阿野氏を抑制することは当然であった。しかし北条氏側からすれば、全成は時政の娘婿であり、実朝派の中心人物であった。それが能員の讒言により討たれたとなれば、比企氏への報復を企てることは必定である。

頼家期に入り、相次いで起こった梶原氏の滅亡・阿野父子の誅殺が、能員関与のもとに実行されたとなると、一幡の成長を待つまでもなく、北条氏にとって比企氏の存在が大きな脅威であったことは明白である。かかる状況下において時政は、比企氏を族滅する契機を窺っていたはずであり、比企氏追討は緊迫した政局下での政変であったといえよう。

小御所合戦と頼家・一幡の殺害

『吾妻鏡』と『愚管抄』

『吾妻鏡』において、北条氏に配慮した曲筆がみられることは、八代国治氏の研究以来、学界の共通認識となっている（八代一九一三）。とりわけ比企氏の乱は、時政が能員を殺害し、権力を確立するという北条氏にとって重要な政変であり、この事件に関して曲筆のあることは想像に難くない。『吾妻鏡』よりも『愚管抄』の記述が史実に近いとされている（上横手一九六二・石井一九六五など）。

『愚管抄』の著者である慈円《じえん》は同時代の人物であり、幕府の政変とは関わりのない立場にあった。ゆえに、『愚管抄』の客観性は重視されるべきであり、同書を中心に乱の経過を復元することは重要である。そこで、『吾妻鏡』の曲筆を指摘し、乱の実相を明らかにしたうえで、義時の動向を探っていく。

事件のあらまし

考察を進めるにあたって、『愚管抄』と『吾妻鏡』に記される乱の経過を大まかに確認しておきたい。まず、『愚管抄』では、重病を患う頼家が危篤に陥ったと判断されると家督継承の問題が急浮上し、一幡《いちまん》(頼家息子)を推す能員の優勢が動かし難くなったために、千幡《せんまん》(頼家弟、のちの実朝)を推す時政が能員を謀殺し、さらに比企一族を攻め滅ぼしたとする。

一方、『吾妻鏡』では、頼家の重病により家督継承の問題が浮上すると、時政主導のもと、一幡と千幡による分割相続の決議が行なわれた。この事態に不満を持った能員は、頼家に時政殺害を相談し承諾を得るが、その謀議を立ち聞きしていた政子はこれを時政に伝える。報告を受けた時政は比企氏討伐を決意し、大江広元邸に赴き協力を求める。その後、時政は能員を自邸に呼び出して殺害し、さらに義時らに命じて比企一族をも攻め滅ぼしたとする。

両書は、頼家の病を事件の契機とする点では共通するが、相違点もみられる。具体的にみてみよう。

①家督継承問題と比企能員の殺害

『愚管抄』では、危篤に陥った頼家が出家を遂げ、一幡に家督を譲ろうと考えた直後に、時政の指示で能員が殺害された。一方、『吾妻鏡』では、頼家が重病を患ったのを受けて、時政主導のもと、一幡と千幡に家督を分割して継承させる決議が行なわれ、その事態に能員が不満を抱いて、時政殺害を頼家に相談している。

『吾妻鏡』が分割相続の話を詳しく描くのは、能員に北条氏打倒の意志があったという筋書を設けるためである。先行研究が指摘する通り、乱の勃発は、一幡の家督継承が決定的となり、

大江広元邸跡か
永福寺跡
鶴岡八幡宮
大倉御所跡
宇津宮辻子御所跡
若宮大路御所跡
源氏山公園
寿福寺
今小路西遺跡
鎌倉駅
宝戒寺
勝長寿院跡
東勝寺跡
大慈寺跡
大江広元邸跡
比企谷 妙本寺
安養院
江ノ島電鉄
和田塚
由比若宮
JR横須賀線
名越

鎌倉市内地図

これを阻止すべく時政がクーデターを起こしたというのが真相である。

②頼家の出家

頼家の出家について、『愚管抄』では乱以前の八月晦日、重病を患った頼家は出家したが、その後快復に至ったとする。一方、『吾妻鏡』では頼家の快復を明記せず、乱後、政子の命令によって出家を遂げたとする。

『吾妻鏡』が出家の時期を乱後とするのは、①で取り上げた能員が時政殺害を計画したという筋書に整合させるためであり、信頼を置けない。むしろ、『愚管抄』の所伝が実態に近いとみるべきである。

③頼家の療養場所

『愚管抄』が大江広元邸としているのに対し、『吾妻鏡』は明記しない。しかし、叙述の流れから大倉御所と考えられる。

『吾妻鏡』が、広元邸での療養を記さないのは、以下のような編纂意図であろう。すなわち、頼家が広元邸にいた場合、能員と頼家の謀議を政子が立ち聞きしたり、広元邸に時政が赴いて比企氏追討を広元に相談したりするという重要な場面を描くことができない。したがって、『吾妻鏡』にみえるこれらの挿話は、曲筆の可能性が高い。また、能員と頼家の謀議を時政に伝え、比企氏追討を決意させる役割が政子に託されたのは、頼朝の後家である政子を登場させることによって、時政の行動を正当化する意図によるものであろう。

④一幡の生死

『愚管抄』では、一幡は母親に抱かれて小御所から脱出するが、十一月に義時の郎等によって殺害されたとする。一方、『吾妻鏡』では、一幡は乱の当日に焼死したとする。

先行研究では、『吾妻鏡』にみえる一幡の死亡記事について疑問視していない。しかし、『愚管抄』に従えば、一幡は比企氏滅亡後、二か月ものあいだ生存していたことになり、この相違点は注目に値する。したがって、一幡存命という事態を踏まえて、時政による実朝の推戴を考察する必要がある。

なお、一幡の乳母夫であった新田《にった》（仁田）忠常《ただつね》（『鎌倉年代記裏書』・『保暦間記』）とその一族は、乱後、大倉御所において義時と戦い、討たれている（『愚管抄』巻六）。北条氏が新田一族の報復を受けることは火を見るよりも明らかであり、時政指揮のもと、義時が討伐に向かったと考えられる。

以上、『愚管抄』と『吾妻鏡』における四つの相違点をみてきたが、両書には、能員と時政のどちらが先に仕掛けたのかという点で顕著な違いがある。『吾妻鏡』は能員から仕掛けたように描くために、家督の分割相続や政子の立ち聞きといった劇的な展開を設けているが、これ

妙本寺山門前に建つ比企能員邸跡の碑（下）と、境内にある比企一族の墓（鎌倉市）

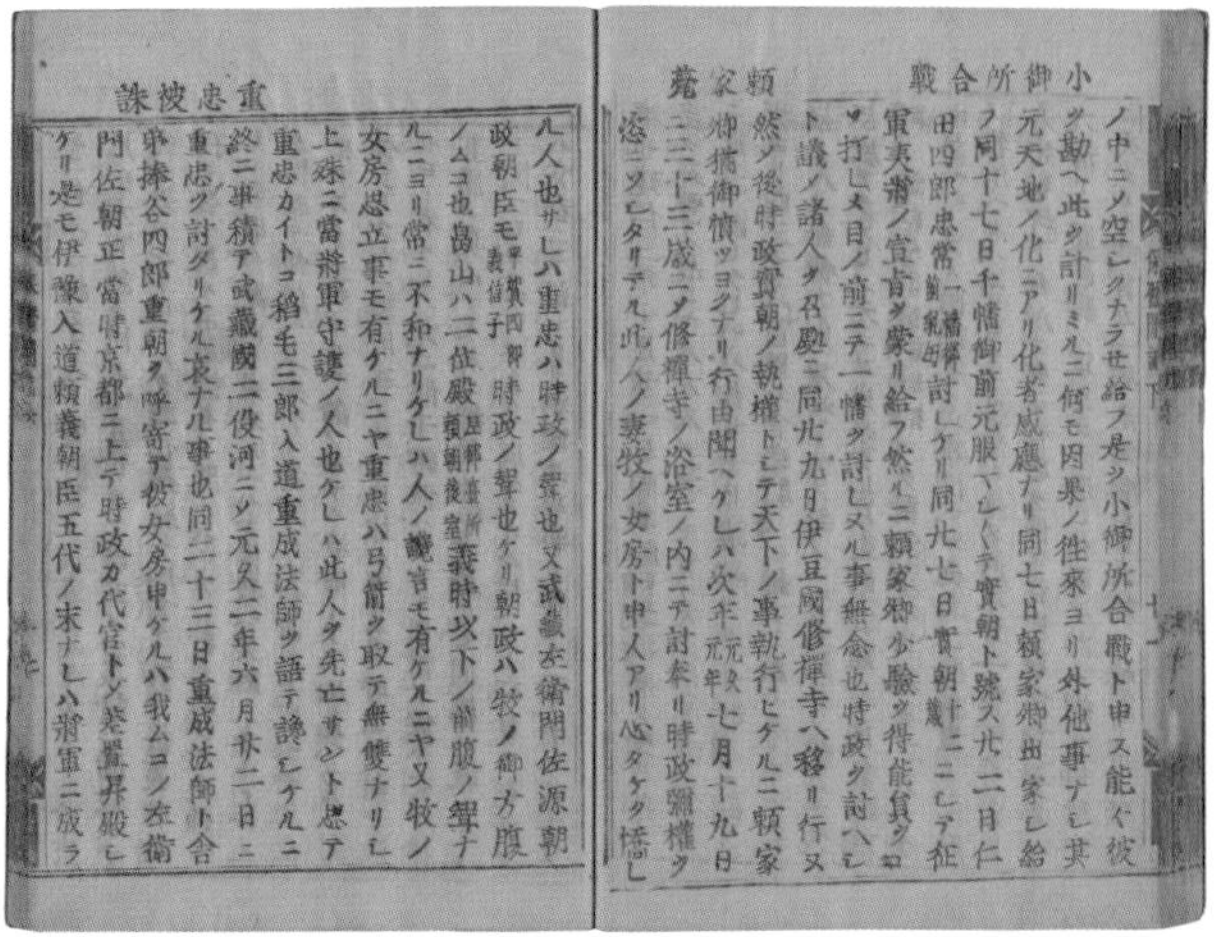
小御所合戰

ノ中ニノ空シクナラセ給フ是ヲ小御所合戰ト申ス能々彼ヲ勘ヘ此ヲ計リミルニ何モ因果ノ往來ヨリ外他事ナシ其元天地ノ化ニアリ化者感應ナリ同七日頼家卿出家シ給フ同十七日千幡御前元服アシヽテ實朝ト號ス九月二日仁田四郎忠常一幡御乳母討シケリ同廿七日實朝十二歳ニシテ征夷將軍ノ宣旨ヲ蒙リ給フ然ルニ頼家卿少驗ヲ得能負ヲ如ヲ打シヽ目ノ前ニテ一幡ヲ討シヽ事無念也時政ヲ討ヘシト議ノ諸人ヲ召聚ニ同廿九日伊豆國修禪寺ヘ移リ行又然ソ後時政實朝ノ執權トシテ天下ノ事執行ヒケルニ頼家卿猶御憤ツヨクナリ行由聞ヘケレハ次年元久元年七月十九日ニ二十三歳ニシテ修禪寺ノ浴室ノ内ニテ討奉ル時政彌權ヲ恣ニソヒタリテル此人ノ妻牧ノ女房ト申人アリ心タケク悟シ

頼家薨

重忠被誅

ル人也サレハ重忠ハ時政ノ聟也又武藏左衛門佐源朝政朝臣モ平賀四郎義信子時政ノ聟也ケリ朝政ハ牧ノ御方腹ノムコ也畠山ハ二位殿頼朝後室北條政子義時以下ノ前腹ノ聟ナルニヨリ常ニ不和ナリケレハ人ノ讒言モ有ケルニヤ又牧ノ女房忌立事モ有ケルニヤ重忠ハ弓箭ヲ取テ無雙ナリシ上殊ニ當將軍守護ノ人也ケレハ此人ヲ先亡サント思テ重忠カイトコ稲毛三郎入道重成法師ヲ語テ讒シケルニ終ニ事積テ武藏國二俣河ニシテ元久二年六月廿二日ニ重忠ヲ討ダリケル哀ナル事也同二十三日重成法師ト舎弟榛谷四郎重朝ヲ呼寄ス彼女房申ケルハ我ムコノ左衛門佐朝正當時京都ニ上テ時政カ代官トシテ差置丹殿ヒケリ是モ伊豫入道頼義朝臣五代ノ末ナレハ將軍ニ成ラ

『保暦間記』に記された「小御所合戦」の記述
（1行目。国立国会図書館蔵）

らは時政によるクーデターであったことを隠すための曲筆に過ぎない。

要するに、比企氏の乱は、まず比企一族を追討し、ついで一幡乳母夫の新田一族を殺害し、さらに逃げ延びた一幡を殺めるという三段階を踏んでいたといえる。そして、このすべての場面に義時は深く関与している。このあと頼家も暗殺されるが、そもそも時政によるクーデターの契機は、頼家が危篤に陥り、次の鎌倉殿の選出に迫られたことにあった。したがって、頼家の早期快復は予想外の事態であり、その処遇には苦慮したものと思われる。母親の政子も、頼家の危篤を受けて廃立に同調したのであって、比企氏滅亡後は頼家を隠棲させる他なかった。

義時の活躍と葛藤

比企氏の乱における義時の活躍は目覚しく、一幡を取り逃がしたものの、比企一族を滅ぼしたばかりか、乱後には新田一族を殺害している。ただし、その胸中は複雑であったに違いない。第一章で述べた通り、義時の妻姫の前は比企氏出身の女性であった。彼女とは、およそ十年連れ添い、朝時・重時・竹殿という三人の子宝にも恵まれていたが、頼家の重篤を契機として、北条氏と比企氏との対立が表面化し、両者のあいだにも暗い影を落としたと考えられる。

乱後、姫の前は上洛して貴族と再婚し、義時も伊賀の方という新しい伴侶を得ている。結局、義時は姫の前と離縁するほかなく、加えて妻の生家の一族を自らの手で殺める、その中心人物として行動することを余儀なくされたのであった。比企氏討伐の指揮者は父時政であり、親権が絶対の中世において父親に背くことはあり得ない。苦渋の決断であったとは思うが、実父の命令に従うほかなかったのである。

義時が何よりも心を痛めたのは、亡き頼朝の期待に応えられなかったことであろう。比企氏と北条氏の一体化は、頼朝の念願であり、両氏を繋ぐ存在として期待されていたのが義時であった。彼自身も、当然そのことを理解していたから、頼朝との誓約を守れなかったという負い目があったのではないだろうか。

ところで、「比企氏の乱」という名称は、明治期の三浦周行《ひろゆき》氏が『大日本時代史　鎌倉時代史』において使用して以後、学界で定着しているが、これは能員が先に時政殺害を謀ったとする『吾妻鏡』の記事を念頭に置いた上での名称である。しかし、本項で検討したように、『愚ら、事件の発端が時政のクーデターであったことは明白である。むしろ、比企氏が一幡を抱えて小御所に集結した事実を重視するならば、『保暦間記《ほうりゃくかんき》』にみえる「小御所《こごしょ》合戦」の名称こそ、乱の実態に即したものであろう。筆者は、「比企氏の乱」に替えて、「小御所合戦」の名称を採用すべきことを提唱したい。

実朝政権の開始と反対派の粛清

頼家の暗殺

実朝の擁立に伴い新体制が発足するが、同時に頼家とその派閥の粛清も進められた。頼家の死について、『吾妻鏡』は多くを語らず、伊豆より頼家の薨去を報せる飛脚が到着したと記すのみである。ただし、古活字本『承久記』・『梅松論《ばいしょうろん》』には時政によって、また『武家年代記』・『増鏡』巻二「新島守」には義時によって殺害されたことが記されている。頼家暗殺の指示者を究明することは、時政・義時の関係を考える上でも重要な問題である。

ここで注目するのは、『愚管抄』巻六の「さてその年の十一月三日、ついに一万若(一幡)をば義時とりてをきて、藤馬《とうま》と云《いう》郎等にてさしころさせ(刺殺)てうづみてけり。さて次の年は元久元年七月十八日に、修禅寺にて又頼家入道をばさしころしてけり」という記述である。一幡殺害に続いて頼家殺害についても述べたくだりであるが、この一見何気ない文章には、興味深い事実を示唆するものがある。古く水戸藩で編纂された『大日本史』巻一八一「源頼家伝」は、頼家の殺害に関して『保暦間記』・『承久記』・『愚管抄』をもとに叙述しているが、その按文で「愚管鈔（抄）義時が一幡を殺しゝ事を載せ、下文《かぶん》之を承《う》けて云はく、『又頼家を殺せり』と。則ち疑ふらくは義時、時政の意を承けて之を殺しゝならん。然《しか》れども、その文明ならず。故《ゆえ》に、姑《しばら》く之を闕《か》く」（読解の便をはかって、適宜、記号を補った）と記している。

北条時政木像（伊豆の国市。願成就院蔵）

すなわち、『大日本史』は、『愚管抄』の「又頼家入道をばさしころしてけり」という部分に注目し、時政の意を受けた義時が一幡のみならず頼家の殺害をも下知したと解釈するのである。『大日本史』は、「然れども、その文明ならず。故に、姑く之を闕く」として、本文では「時政竊《ひそか》に人をして之を殺さしめんと欲す」と、時政が頼家殺害を下知したという『保暦間記』や『承久記』の所説を採用するが、むしろ同時代史料である『愚管抄』を鋭く読み込んだ按文の方が真相を見抜いているように思われる。

この『愚管抄』の記事については、近代以降の研究者は全く注意を払わなかったが、近世史学を代表する『大日本史』がこのような鋭い見解を示していたことは注目に値する。筆者も『大日本史』に従い、頼家殺害を下知したのは、時政の命を受けた義時であったと解釈したい。

小御所合戦は時政が主導したが、その後、時政を中心とする新体制が始動する中で、頼家・一幡・新田忠常の殺害に直接関与したのは義時であった。したがって、義時は時政の成功を背後で支えた功労者として評価することができる。

この事実は、義時の政治的位置を考える上で一つの示唆を与える。のちに義時は時政に対して隠退を迫るが、義時には自身が北条氏の政治的躍進を支えてきたという自負が少なからずあったのではないだろうか。有力御家人が義時を支持した背景には、義時が頼家とその派閥の一掃に大きな役割を果たしたことも影響したと思われる。

時政の専制

建仁《けんにん》三年（一二〇三）九月、北条時政によるクーデターが成功し、実朝を鎌倉殿に据える新体制が開始した。『愚管抄』巻六は、実朝擁立後の幕府を「祖父の北条が世に関東は成て」と記し、時政の専制が布かれたとする。しかし、その専制は不安定なものであった。とくに、武力によって実朝を擁立したことが将軍権威の低下をもたらしたうえ、いまだ一幡が存命していたのも脅威であったと考えられる。従来、執権政治成立の意義が強調される一方で、このような緊迫した政治状況は等閑視されてきた。よって、時政がこれらの政治的課題をいかにして克服したのかについて、考察を加える余地が残されている。

征夷大将軍への就任

小御所合戦後、まず行なわれたのは実朝の征夷大将軍就任である。鎌倉殿に押し上げられた実朝にとって、朝廷の権威は、その権力を支える重要な基盤であった。また、時政にとっても京都との関係を構築することは、幕府内での権勢を拡大させる上で欠かせないものであったと推察される。

比企氏滅亡の報せが京都に届いたのは、事件から僅か五日後の九月七日であった。したがって、その使者は、小御所合戦の直後に鎌倉を出発したと考えられる。しかも、七日には頼家に心を寄せた在京御家人が討たれている（『明月記』同日条）。ここには、頼家派の粛清を目指す時政の周到な計画が窺われるが、時政が最も腐心したのは、実朝を征夷大将軍に就任させ、朝廷の後押しによって鎌倉殿としての権威を定着させることにあったと考えられる。

頼朝の征夷大将軍就任

ところで、鎌倉殿の征夷大将軍就任は、武家政権の研究全体にとって重要な問題である。この問題について、最も議論が集中したのが、頼朝の将軍就任である。『吾妻鏡』によれば、頼朝は当初より「将軍」の任官を希望したが叶わず、後白河院の死後にようやく許されたという。先行研究は、この記事を証左として頼朝が征夷大将軍の任官を強く望んでいたと理解し、その理由について様々な考察を加えてきた（杉橋一九八三など）。

ところが近年、櫻井陽子氏が紹介した『山槐記《さんかいき》』逸文《いつぶん》（『三槐荒涼抜書要《さんかいこうりょうぬきがきよう》』所収）によって、頼朝は「大将軍」への就任を申請し、朝廷では惣官など四つの候補を挙げて審議した結果、征夷大将軍に決したことが明らかとなった（櫻井二〇〇四）。したがって、頼朝は征夷大将軍の任官に固執していたわけではない。僅か二年後に、辞意を示していることからもわかるように、征夷大将軍は元来常置の職ではなく、臨時の職にすぎなかった。

では、頼朝が固執したわけではない征夷大将軍に、なぜ頼家以後の鎌倉殿は代々任ぜられたのか。

頼家・実朝の征夷大将軍就任

建久十年（一一九九）正月、朝廷は頼家に宣旨を下し、頼朝の遺跡を継いで諸国を守護するよう命じた。この宣旨により、頼家は頼朝の後継者として公認され、幕府は引き続き国家的な軍事・警察機能を担うこととなった。頼家が征夷大将軍に就任したのは、これより後の建仁二年（一二〇二）七月、従二位に叙されたときにまで下る。よって、頼家期の幕府にとって、鎌倉殿の将軍就任は急務ではなかったといえる。

将軍就任の事情は判然としないが、当時権勢を極めていた源通親が、幕府との連携を緊密にするために、正二位で征夷大将軍に就任した頼朝の例に準えて頼家を任じたと考えられる。このとき頼家は、すでに左衛門督に任じられ、父頼朝と同じく公卿であったことを踏まえれば、妥当な就任であったといえよう。のちに元服も済ませず、無官で征夷大将軍に就任した実朝とは、その立場は大きく異なっていたのである。

次に、本題の実朝の将軍就任については、『猪隈関白記』・『明月記』・『業資王記《なりすけおうき》』に詳しい。三つの史料を総合すると、以下の解釈が可能である。まず九月七日の朝、頼家薨去の報が後鳥羽院に伝えられ、その夜、ただちに実朝を従五位下に叙し、征夷大将軍に任ずる小除目《こじもく》が行なわれた。また、幕府は実朝の家督相続を公認する宣旨を望んでおり、同夜には実朝に宣旨が下された。以上から、征夷大将軍の補任は除目、家督相続は宣旨によって朝廷に公認されたことが窺える。

実朝の将軍任官が迅速に行なわれた理由は、頼家の場合と同様に、後鳥羽院が幕府を統御し、実朝を諸国守護の任にあたらせようと考えていたためであろう（上横手一九七一）。また、実朝の擁立を報せる使者は、合戦の直後に発遣されており、ここには時政の周到な計画があったと推察される。

鎌倉殿と征夷大将軍

頼朝が右近衛大将《うこのえのたいしょう》の前歴を有し、また頼家が現任の左衛門督《さえもんのかみ》であったのに対し、実朝は従五位下に叙されたが朝官には任ぜられなかった。そこで意味を持つのが征夷大将軍の任官である。北条氏としては、頼家や一幡が存命する中で実朝を擁立しただけに、実朝の将軍就任は、鎌倉殿の権威化という点で重要な意味を持ったと考えられる。とりわけ征夷大将軍は令外官《りょうげのかん》（令の規定にない官職）であったことから、無官の実朝には好都合な官職であった。かくして実朝は、鎌倉殿就任と同時に征夷大将軍となった初例を作ったのであり、以後、これが通例化する。そして、鎌倉幕府の首長を指す「鎌倉殿」と「将軍」は、同じ意味を持つようになる。

ただし、朝官の経歴が皆無の者を征夷大将軍に任じた例はなく、さらに実朝が元服以前であったことを考慮すると、その任官は前例をみない緊急事態の中での特異な措置であったといえよう。すでに公卿であった頼朝・頼家と比べれば、その特異性は明白である。先行研究が指摘するように、鎌倉殿を征夷大将軍と一体視する観念は、実朝期に成立するが、これは幕府の政変による偶発的所産に過ぎなかったのである。

公武融和の象徴として

実朝の正妻選び

翌元久《げんきゅう》元年（一二〇四）には、実朝と坊門信清《ぼうもんのぶきよ》の娘との婚姻が進められた。この婚姻は、公武融和を考え幕府をも取り込みたい後鳥羽院方と、京都との繋がりを背景に権力拡大をねらう時政・牧の方夫妻の利害が一致した結果である（上横手一九七七）。また、婚姻成立の背景には、後鳥羽の女房卿二位藤原兼子と牧の方の尽力があった。当時、時政夫妻は娘たちを貴族と婚姻させていたが（山本二〇一三）、時政の娘と坊門忠清《ただきよ》（信清の息子）との婚姻もその一つであり、この婚姻が実朝の婚姻の前提になったと考えられる。

実朝の正妻選出の事情について詳細に語るのは、『吾妻鏡』元久元年（一二〇四）八月四日条である。これによると、はじめ足利義兼の娘が正妻の候補として挙がったが、実朝が認めず、京都から迎えることになったという。しかし、僅か十三歳の実朝に正妻の選択が一任されたとは考え難い。この人選には時政・政子の意向が含まれていたと考えるのが妥当である（大塚一九四〇）。

正妻の出迎えと北条父子

最終的に坊門家から正妻を迎えることが決まると、十月十四日、鎌倉から北条政範《まさのり》（時政・牧の方の息子）をはじめとする、多くの御家人が出迎えのために派遣された。

『吾妻鏡』では入京した御家人の代表を政範ひとりとするが、『仲資王記《なかすけおうき》』元久元年十一月三日条は「今夜、遠江守時政入洛すと云々」と記す。さらに、同月五日条にも「今日卯剋、遠江守時政の男馬助維政《（政範）》、早世し了んぬと云々〈生年十五歳〉。『去る三日入洛すと云々。路より病有り。是れ母』将軍の北方《きたのかた》〈坊門大納言の女子〉を迎えんがため、数百騎を相具し上洛す」とみえる（『仲資王記』は国立歴史民俗博物館所蔵の写真帳〈請求記号H七四三―二九八〉を参照した。『　』内は墨の濃淡が異なるため、後の加筆と考えられる）。

これによれば、三日の夜に時政・政範父子が入京し、五日に政範が急逝している。時政父子が数百騎を率いて上洛したという事実は、この婚姻を時政夫妻が主導したことを意味する。おそらく、時政が上洛したのは、兼子や坊門家の人々に面謁し、貴族社会との繋がりを深める目的があったのであろう。しかし、政範の急逝によって、時政はその喪に服すため鎌倉へ戻ったと推測される。

一方、『吾妻鏡』同年十一月十三日条は、政範の死を「遠江左馬助、去る五日京都に於いて卒去の由、飛脚到着す。是れ遠州当時寵物の牧御方腹の愛子なり。御台所の御迎えのため、去

坊門家・後鳥羽・実朝関係系図

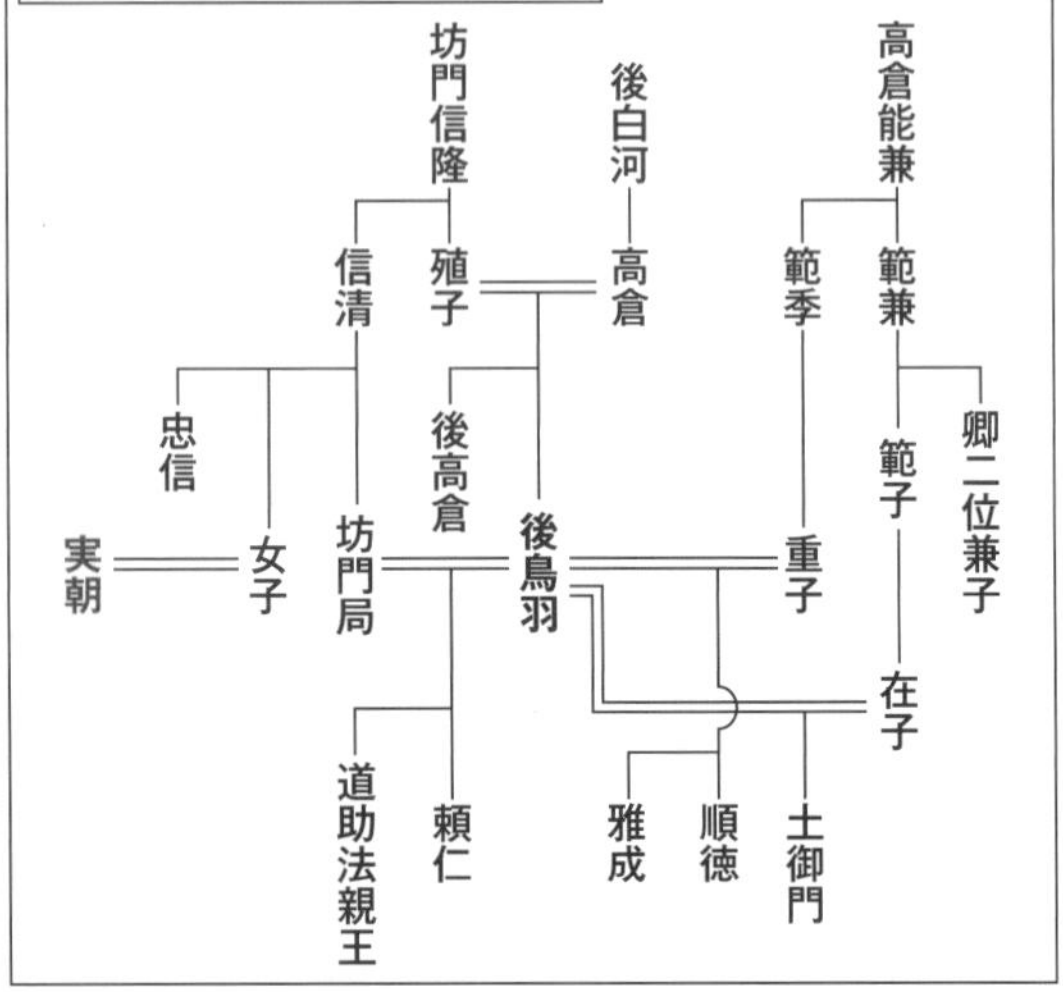

る月上洛し、去る三日京に着す。路次より病悩し、遂に大事に及ぶ。父母の悲歎、更に比すべきも無しと云々」と記す。政範が三日に入洛し、五日に逝去したとする点は『仲資王記』と共通している。ただし、時政については「父母悲歎す」と記すのみで、上洛していた事実を読み取ることはできない。時政は、同年七月二十六日条以降、『吾妻鏡』に登場しておらず、時政の上洛を秘する編纂意図が窺われる。『吾妻鏡』が何故に隠蔽したのかは、後述したい。

正妻の関東下向

結局、時政不在の中、実朝正妻の関東下向は十二月十日に行なわれた。一行は、藤原兼子の岡崎邸から出発しており、この婚姻への兼子の関与が窺われる。最終的に坊門家の娘に白羽の矢が立ったのは、貴族との婚姻によって、実朝の権威を補強することを期待したためと考えられる。とくに、実朝が坊門家の娘を正妻に迎えることで、後鳥羽院と義兄弟の関係を結んだ点は重要である。この婚姻は、院の意向によって進められたに違いないが、幕府にとっても実朝の権威づけが急務であっただけに、非常に好都合であった。

要するに、実朝はクーデターによって擁立されたために、後鳥羽院は幕府側の内情を利用して公武融和政策を積極的に推進することが可能であったと考えられる。そして、この婚姻を実現する上で重要な役割を担ったのは、やはり院の信頼厚い女房の兼子であった。兼子は婚姻の成立だけでなく、先の実朝の征夷大将軍就任にも関与し、時政夫妻の協力者として活躍したと考えられる。

婚姻の成立によって後鳥羽院は実朝と義兄弟となり、かつ坊門家を介して、幕府の実力者である時政との関係も深まった。その意味で、先に指摘した時政自身が上洛していた事実は重要である。時政の上洛には、京都との繋がりを強めることで北条氏の権威を高める目的があったと考えられる。さらに、義時や泰時ではなく、政範を同伴することによって、自身の後継者が政範であることを示す意図を持っていた可能性は高い。

しかし、時政の思惑は皮肉な結果となった。実朝の権威補完には成功したが、政範の急逝という不測の事態によって、北条氏の家督は、先妻の系統が相続することが決定的となったのである。このことは、幕府における時政夫妻の政治的立場に重大な影響を及ぼすことになる。

時政専制の開始と諸政策

元服と政所始

建仁三年(一二〇三)十月八日、実朝が将軍に就任すると、時政は自邸の侍所に御家人を集めて、実朝の元服を執り行なった。これは、時政が実朝の後見人であることを内外に示すためである。また、実朝の諱《いみな》は、征夷大将軍の任官を申請した際、後鳥羽院により決められており、「実朝」の名乗り自体が朝廷の権威を背負う側面もあった。義時は、大江親広とともに、雑具《ぞうぐ》役を務めている。

さらに、元服の翌日には政所始が行なわれた。このとき時政は大江広元と並んで政所別当となり、吉書を実朝の御前に持参し披露する役をつとめている。披露役は、頼朝・頼家期を通して広元がつとめていたが、ここで初めて時政がつとめたのである。これは時政が政所の実質的支配権を掌握したことを意味する。以後、時政は制度的な裏付けを得て、幕府運営を主導していく。具体的に、時政が行なった諸政策を検討してみよう。

単署下知状の発給

　時政専制期の特徴として見逃せないのは、単署下知状《たんしょげちじょう》（将軍の意を受けた執権が奉じて出す文書。書止め文言は「下知件《げちくだん》の如し」）の発生である。時政は小御所合戦後、単署下知状を以て戦後処理を行ない、権力を伸長した。時政による下知状の発給は、実朝の後見人たる立場が可能にしたと考えられるが、さらに時政は政所別当に就くことで、平時における政治運営に関与する立場をも確保したのである。この将軍後見人と政所別当の立場こそ、北条氏が世襲することになる執権職の淵源であるが、「執権」については後述に委ねたい。

　湯山賢一氏は、政所開設後、実朝が袖判下文《そではんくだしぶみ》（文書の右端の余白＝袖に花押を据えた文書）を発給しうる状況にありながら、これを発給しなかったのは不自然であり、時政の単署下知状の発給により、実朝の親裁権は停止されていたと指摘する（湯山一九七九）。実朝による下文発給に必要となるのは、実朝の花押であるが、彼の花押が史料上に確認できるのは、元久二年（一二〇五）閏七月の平賀朝雅追討の書状である（『明月記』同年閏七月二十六日条）。すなわち、実朝の花押が政治的効力を発揮するのは、時政の隠退まで下るのであり、湯山氏の見解は納得できる。時政が実朝の加判を意図的に停めることで、単署下知状を発給していた可能性は十分にある。

文書様式にみる執権権力

ところで、在地領主である御家人たちにとって、将軍に最も強く期待したことが、本領安堵と新恩給与であったことはいうまでもない。この「御恩」こそ将軍と御家人を繋ぎ結び付ける紐帯であり、御家人制の根幹をなすものである。したがって、「御恩」の授給権は、将軍権力の中核であるといえよう（青山一九八六）。

頼朝期には、「御恩」に関する発給文書は下文に限られ、下知状は訴訟裁許に使用されたが、この原則は早くも実朝期に破られる。先述した通り、時政は実朝の加判を意図的に停めることで、実朝の袖判下文の発給を停止し、自身が署名する下知状を発給することで、将軍権力を代行した。

ただし、この体制も元久元年（一二〇四）七月を境に変化をみせる。時政の単署下知状ではなく、政所略式下文（下知状・下文両方の特徴をもつ文書）。開設者が三位以上という政所開設の条件を満たしていない場合の様式）が発給されるようになるのである。時政は訴訟に関しては、依然として下知状（この時期の下知状は下文の代用文書ではない）を発給しつつ、下文の発給機関である政所の執権別当（複数いる別当の上首）として政所下文も発給し、将軍権力を執行したのであった。

この背景には、実朝が十三歳を迎え、成人へと成長を遂げたことがあるとみてよい。おおよそ、武士は十三歳前後で元服を遂げ、成人男子として認められるが、実朝の場合は、特殊な状況で擁立されたため、十一歳で元服を遂げて征夷大将軍に任じられた（131〜132頁参照）。今ようやく元服の年齢に達し、外祖父時政による後見も終わりを迎えたのである。

したがって、時政は、将軍の幼少期は後見人として、成人後は政所執権別当として将軍権力を執行したといえる。時政のこの二つの立場は、執権職の権限行使の二つの法的権原であったということができる（青山一九八六）。これ以降、翌年閏七月の失脚に至るまで、時政が単署下知状を発給することはなかった。

ちなみに、実朝が成人に伴い親裁を志向したことは、『愚管抄』からも窺うことができる。すなわち、「やう〳〵をとなしく成てわれと世の事ども沙汰せんとて有けるに、仲章《なかあきら》とて光遠と云し者の子、家を興して儒家に入て」とみえ、実朝が成人して幕府政治を沙汰しようとしていたところに、源仲章が侍読《じとう》（学問を教授する学者）として下向してきたことがわかる。仲章の『吾妻鏡』における初見は、建仁四年（一二〇四）正月の実朝の読書始（孝経を読む）の記事である。この年は、まさに実朝が十三歳になる年、成人として自立する年であった。時政は弱体化した将軍権力を補完するためにも、わざわざ京都から学者を招いたのであろう。

御家人掌握策

時政は実朝を推戴するにあたり、在京御家人に対して実朝への忠誠を誓う起請文を提出させた。この下知には、一幡が未だ存命していたことも少なからず影響していると考えられる。僅か六歳とはいえ、頼家の正嫡である一幡の身柄を小御所合戦で拘束できなかったことは、北条氏の不覚と言うべきであり、それだけに厳重な警戒が必要であった。実際に、将軍の代替わりに伴う起請文の提出は、鎌倉時代を通してこの時のみであり（佐藤二〇一五）、いかに時政が御家人の掌握に心を砕いたのかが窺える。

また、実朝が将軍に就任した直後の諸政策には、頼朝を意識したものが多くみられる。御家人に「故右大将（頼朝）軍自筆の御書」を提出させ、その書写を命じたり、「右大将家御時の例」に基づいた沙汰を行なったのも、この頃である（飯田一九五二）。このような頼朝を意識した政策が行なわれた背景には、頼朝の威光により実朝の将軍権威を補完することで、実朝が頼朝の政策の継承者にふさわしい人物であることを示す時政の意図があったと考えられる。実朝の正当性を示すことは、実朝を擁立した時政の専制（執権政治）を正当化することでもあった。

時政は、不安定な政治状況の中、さまざまな施策を発して代替わりに伴う御家人の動揺を収拾しているが、自身の権力拡大にも余念がなかった。元久元年（一二〇四）七月には、実朝が直接、御家人間の相論を裁決しており、『吾妻鏡』は「是れ将軍家直に政道を聴断せしめ給ふの始めなり」と評している。ただし、このとき御前には時政と広元が祗候しており、実質的には両人の意向に沿った裁決が下されたに過ぎない。時政は、実朝を表面に押し立てながら、その実、幕政の実権を握っていたのである。

畠山重忠の追討をめぐる父子の相克

武蔵国の支配をめぐる対立

時政の専制が僅か二年で終焉を迎えた契機は、『吾妻鏡』によれば、二つに分けることができる。第一は、畠山重忠の滅亡後にその無実が判明し、追討を主導した時政が御家人の信頼を失ったこと、第二は、実朝を廃して娘婿の平賀朝雅《ひらがともまさ》を擁立するという、時政が牧の方と艶名を走らせた事件である。そこで、これらの政変の実相を浮き彫りにしたい。

『吾妻鏡』によれば、畠山氏打倒の契機は、元久元年（一二〇四）に実朝の正妻を迎えに上洛した畠山重保《しげやす》（重忠男）と平賀朝雅が、酒宴の席で起こした口論であった。朝雅は、すぐに重保の悪口《あっこう》を義母にあたる牧の方に讒言《ざんげん》し、時政夫妻は畠山父子の追討を決意する。

先行研究は、この口論の背景に、武蔵国の支配をめぐる北条氏と畠山氏の対立があったと考えている（野口二〇〇二）。武蔵国は、将軍家知行国のひとつとして相模国と並んで幕府を支える地域であった。それだけに、北条氏にとって、武蔵国の掌握は急務であったと考えられる。

しかし、突発的な口論を契機として、時政夫妻が有力御家人畠山氏の追討を強行したとする『吾妻鏡』の筋書は不自然である。口論の史実性も含めて、畠山氏滅亡に至る政治的背景と合戦後の恩賞について考察を加える必要がある。

まず、追討の政治的背景については、重保と朝雅の口論の様子が、『吾妻鏡』元久元年十一月二十日条にみえる。

又同四日、武蔵前司朝雅六角東洞院第に於いて、酒宴の間、亭主（朝雅）、畠山六郎（重保）と諍論の儀あり。然れども、会合の輩之を宥《なだ》むるに依り、無為に退散し訖《おわ》んぬの由、今日風聞すと云々。

先行研究では、畠山氏の追討を論じる際、必ずこの記事に触れる。しかし、先に指摘した通り、『吾妻鏡』は時政が同年十一月三日に入京した事実を記しておらず、この時期の記事には注意が必要である。口論を描く二十日条についても、信憑性が疑われる。

菅谷館跡に建つ畠山重忠像（埼玉県嵐山町）

そこで注目すべきは、『吾妻鏡』が「牧御方朝雅〈去年畠山六郎がため悪口せらる〉の讒訴を請け、欝陶せらるるの間、重忠父子を誅すべきの由、内々に計議あり」と記し、牧の方が畠山氏追討を強硬に主張する姿を描く点である。ここから、『吾妻鏡』の編纂者には、追討の直接的な原因を牧の方ひとりに集約する意図のあったことが分かる。在京中の時政が口論に関与

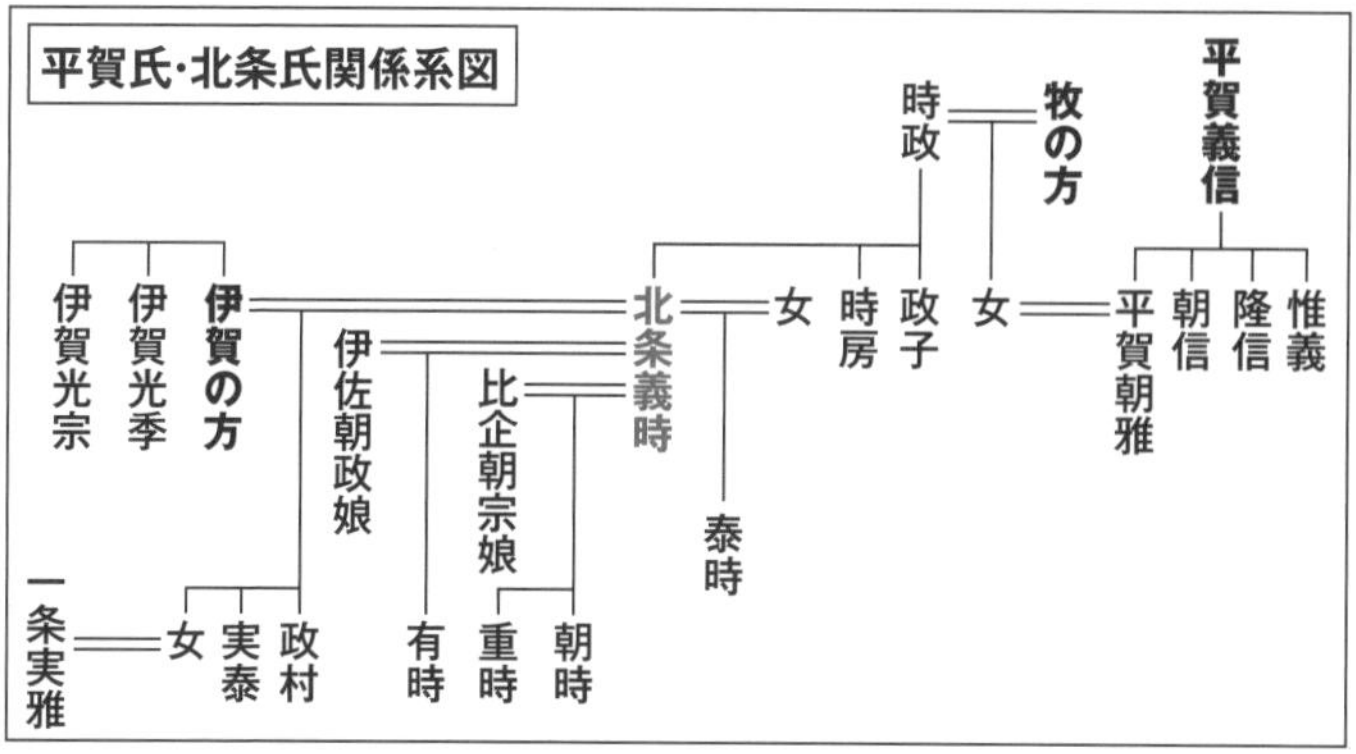

平賀氏・北条氏関係系図

することは、編纂方針にそぐわない。ゆえに、時政の上洛は、隠蔽された可能性がある。

そもそも畠山氏と北条氏との対立は、重保と朝雅の口論のような些細な出来事で浮上したわけではない。前年には、時政が重忠に討たれたという誤報が京都に伝わっており（『明月記』建仁三年正月二十八日条）、すでに両氏の対立は周知されていた。かかる緊迫した状況の中で、時政は畠山一族滅亡の契機を窺っていたはずである。

頼朝の時代、武蔵守には朝雅の父義信が任じられていたが、武蔵国は守護不設置であった可能性が高いため、義信は実際に国務を執り、強力な支配を行なっていたと考えられる。やがて頼家政権期に入り、義信の強大な権限を継承したのが朝雅であった。この間、重忠は惣検校職として検断沙汰を分掌していた（伊藤二〇一〇）。

ただし、朝雅が京都守護として上洛すると、時政は武蔵国の御家人に対して自身への忠誠を誓わせている。このことから、実際に武蔵の国務にあたったのが時政であったことは疑いない。すなわち、時政専制期の武蔵では、知行国主実朝─武蔵守朝雅─国務代行時政─国衙在庁重忠という支配構造が形成されていた。

しかし、この構造はすぐに綻びをみせる。時政の武蔵に対する権限が強まれば、旧来より在庁にあり続けた有力豪族畠山氏の権限は、弱体化せざるをえない。畠山氏と北条氏の対立は、時政の専制が開始されたことで生じた問題であったと考えられる。

したがって、事の発端を重保と朝雅の口論に求めるのは、『吾妻鏡』の虚構に他ならない。畠山氏追討は、時政夫妻の利害が一致したために強行されたと考えるべきである。

そこで、注目すべきは、『保暦間記』が、牧の方が重忠を討った理由を「重忠ハ、弓箭ヲ取テモ無双ノ仁也。当将軍《（実朝）》ノ守護ノ人也。先亡サント思テ」と記す点である。これは、牧の方が実朝の殺害を遂行するため、手始めに重忠抹殺を謀った可能性を示唆するものである。要するに、時政は武蔵国の掌握、牧の方は朝雅擁立の足がかりとして畠山氏を討つ必要があったといえる。

追討後の騒動と恩賞沙汰

牧の方の意を受けた時政は、子息の義時・時房に畠山氏追討を相談するが、強い反対を受けた。しかし、最終的に義時・時房は時政の命に従わざるを得ず、翌二十二日、大将軍として参戦している。親権が絶対である以上、義時は実父の命令に従わざるを得なかったと考えられる。

二俣川の合戦で勝利し、鎌倉に戻った義時は、畠山軍が小勢であったことから、重忠の無実を時政に訴えた。重忠に陰謀の企てはなく、時政夫妻が追討を強行したことは明らかである。重忠の無実は、すぐに周知の事実となり、北条氏に対して非難の目が向けられる事態に発展するのは、自然の成り行きであった。

早くも、二十三日の夜には合戦の揺り戻しが起こる。時政の命により畠山父子を鎌倉に誘い出した稲毛重成（時政・牧の方の娘婿）とその兄弟が、三浦義村や大河戸行元に誅殺されたのである。重成を討ったのは行元であったが、行元の父広行は、三浦義明の娘婿であったことから、大河戸氏は三浦氏の傘下にあったと考えられる。よって、行元の働きは義村の指揮によるものとみてよい。義村は、政子が信頼を寄せる人物であり、この稲毛兄弟の誅殺に、政子と義時の意向が介在していたことは明白である。政子と義時は、重成を討つことで畠山氏追討が幕府の総意ではなかったことを明示し、御家人から受ける非難を時政夫妻に向けようとしたのである。ここにきて、北条父子の対立は決定的となった。

『吾妻鏡』によれば、政子が合戦に関する恩賞を沙汰し、勲功を立てた御家人が新恩に浴している。先行研究は、無実の重忠を誘い出すよう重成に指示した時政が御家人の信頼を失い、恩賞に関与することができなくなった結果、政子が恩賞を沙汰した。そして、追い詰められた時政夫妻は、朝雅の擁立を謀ったと解釈している（本郷二〇〇四）。

しかし、政子がすべての恩賞を沙汰したという『吾妻鏡』の記述は、次に示す時政の単署下知状案（『大日本古文書　家わけ第五　相良家文書』所収）の存在から疑問が持たれる。

下す　肥後国球麻《くま》郡内人吉《ひとよし》庄

補任す　地頭職の事

藤原永頼

右の庄、平家没官領《もっかんりょう》たるの間、地頭に補せらるべきの由《よし》申すに依り、殊に軍功を施すの故、永頼を以て、彼の職となさしむべし。但し有限の御年貢以下雑事に至りては、地頭全く違乱致さず。公平を存ずべきの状、鎌倉殿の御下知に依り件の如し。

元久二年七月廿五日

遠江守平朝臣御判（北条時政）

この下知状は案文《あんもん》（正文《しょうもん》の写し）であるが、追討の直後に、時政が肥後国御家人の相良永頼《さがらながより》の軍功を賞して地頭職に補任したことが確認できる。『吾妻鏡』は政子のみが恩賞を沙汰したと記すが、それを裏付ける確実な文書（政子の下文など）は見当たらない。むしろ、時政による単署下知状の存在から、彼が恩賞に関与していた事実を読み取るべきである。

したがって、時政は恩賞の沙汰から外され孤立したために、朝雅の擁立を謀ったわけではな

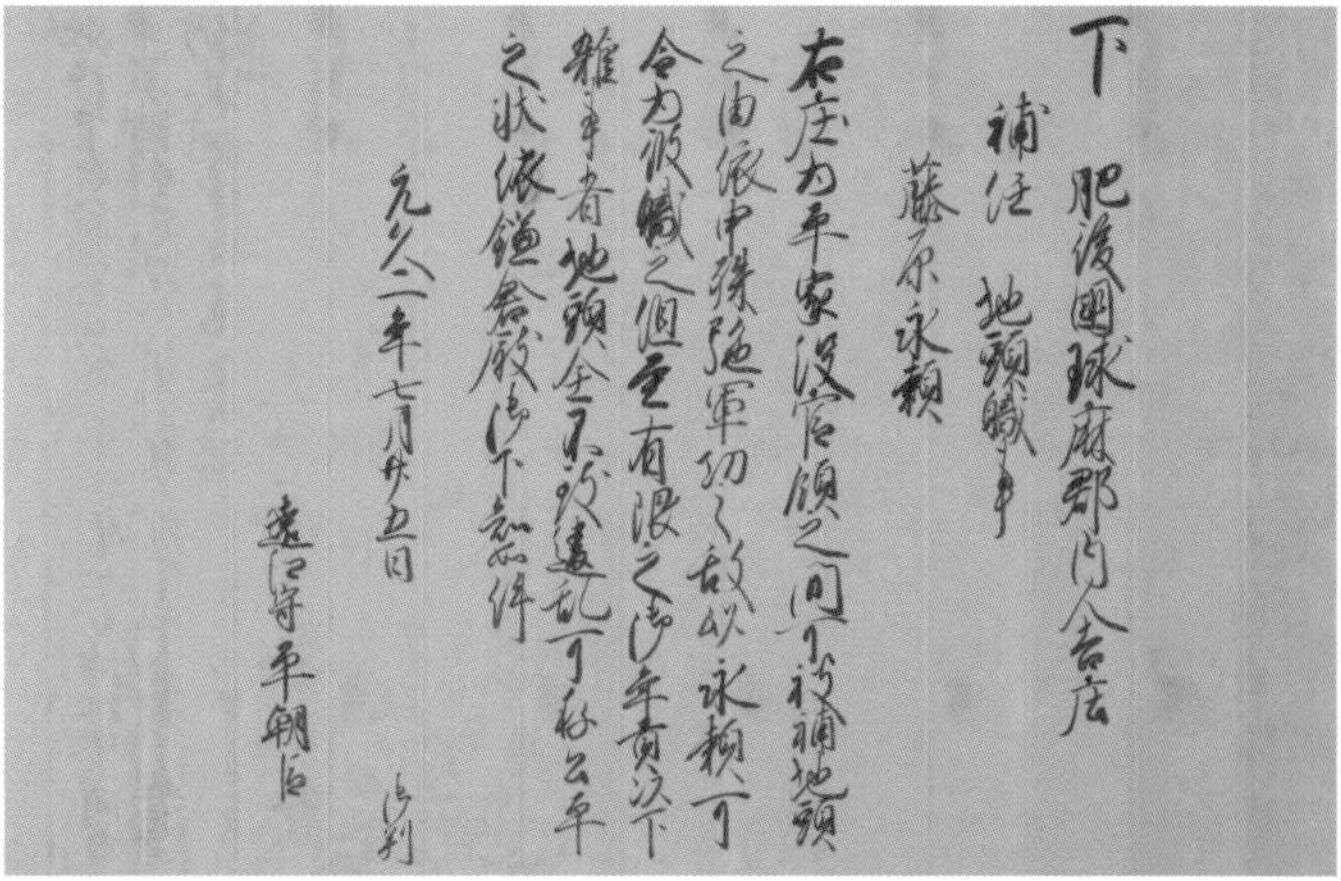
下　肥後国球麻郡内人吉庄
補任　地頭職事
藤原永頼
元久二年七月廿五日
遠江守平朝臣

北条時政の単署下知状写（関東下知状写。相良永頼を地頭職に補任する。慶応義塾大学図書館蔵）

い。時政は、政子・義時との対立が決定的となったために、牧の方と企図していた朝雅の擁立に踏み切ったのである。

畠山重忠・重保父子が討たれた結果、時政は武蔵国を掌握し、自身と朝雅の権力を拡大させた。ただし、強引に勢力を増す時政夫妻を警戒した政子・義時は、合戦後、稲毛氏を討つことで、御家人からの信頼回復を優先させ、時政夫妻に対立姿勢を示したと考えられる。畠山氏・稲毛氏の滅亡を通して、北条氏の内部対立は表面化したのである。

平賀朝雅の政治的位置と時政専制の終焉

出自と生年

ここで、時政夫妻が擁立を謀った娘婿の平賀朝雅について触れておきたい。平賀朝雅は、清和源氏義光の曽孫にあたり、父は義信、母は比企尼の三女である。兄に惟義《これよし》・隆信《たかのぶ》・朝信《とものぶ》がいる。平賀氏は信濃国佐久の平賀郷を本拠とし、義信が源義朝に仕えた関係から、頼朝の信頼は厚く、源氏の門葉として特別な扱いを受けていた。

ただし、このような門地の高さにも関わらず、朝雅の生年は明らかではなかった。ところが近年、佐々木紀一氏によって紹介され、その史料的価値の高さが指摘されている北酒出本『源氏系図』は、元久二年（一二〇五）閏七月二十六日に討たれたとき、朝雅は二十四歳であったと記す。逆算すると、朝雅の生年は寿永元年（一一八二）であることが判明する。興味深いことに、寿永元年は、頼家が生まれた年でもある。義信は、頼家の乳母夫であったから、朝雅は頼家と乳兄弟の関係にあったことになる。

また、『愚管抄』は朝雅を頼朝の猶子と記し、『吉見系図』（内閣文庫蔵『諸家系図纂』三―一）の源範頼の項にも「其の腹（義信妻）の子朝雅、頼朝一字を給ふ、北条時政の婿となる」とみえ、頼朝から「朝」の一字を給わったことがわかる。

その上で問題となるのが、朝雅が頼朝の猶子となった時期である。『吾妻鏡』における朝雅の初見は、正治二年（一二〇〇）であり、頼朝期における活動は詳らかにしえない。しかし、「朝」の一字を給わっていることから、元服の際に一字を給わり猶子となったと考えるのが最も整合的である。朝雅の元服記事は、『吾妻鏡』にみえないが、十三歳を迎えた建久五年（一一九四）頃と推測される。

以上の推測が正しければ、頼朝は朝雅を猶子とし、元服の際に「頼」の字を頼家に、「朝」の字を朝雅に与えたことになる。これは、頼朝による源氏優遇策の一環であると同時に、比企氏と源氏一門との政治的連携の深化を期待した政策であったと考えられる。

要するに、朝雅は頼朝からとくに目をかけられた存在であり、源氏一門の中でも際立った貴種性を有し、鎌倉殿になり得る条件を備えていた。ゆえに、政子・義時は、朝雅はもちろん、朝雅と密接な関係を結ぶ時政夫妻に対して、目を配る必要があったと考えられる。

京都での活躍

時政による専制が開始されると、朝雅は京都守護として上洛した。後鳥羽院は、幕府を政治的に懐柔する意図を有していたため、朝雅を歓迎した。元久元年（一二〇四）正月、朝雅は院に初参を遂げたが、北面の武士のように厚遇されている（『明月記』正月二十一日条）。これ以降、朝雅は院の命令によって、軍事行動をとるようになる。

建仁三年（一二〇三）十二月、伊勢・伊賀平氏の乱が勃発した。この事件は、伊勢・伊賀の平氏による蜂起を、両国守護の山内《やまのうち》首《す》藤《どう》経俊《つねとし》が鎮圧できなかったことに始まる。翌元久元年三月、幕府は朝雅に追討を命じ、また後鳥羽も朝雅に「伊賀国吏務」を命じる院宣を出して追討に向わせた（『明月記』同月二十一日条）。現地に赴いた朝雅は余党の追討に難渋したが、追討賞として幕府から両国の守護に任じられている。

元久元年七月には、近江守護の佐々木広綱（父定綱の代行）と共に、比叡山堂衆の追討にあたるよう後鳥羽に命じられた（『華頂要略』巻一二一）。前年より追討にあたっていた佐々木氏に加えて、朝雅が命じられていることは、彼が後鳥羽の信頼を得ていたことを物語る。

以上のように、上洛後の朝雅は、後鳥羽院の信任を受け権力を増していた。この頃、北条一門では政範が左馬権助、大岡時親（牧の方の兄弟）が備前守に補任されており、時政夫妻は、京都に朝雅を送り込むことによって、後鳥羽院やその周辺に接近し、その恩恵を受けていたのである。

朝雅擁立の経緯

以上を踏まえ、時政が朝雅擁立を謀るまでの経緯について、詳しくみていきたい。まず、頼朝死後の権力奪取に向けた、北条氏内部の同族結合について整理すると、時政・政子・義時は、実朝の擁立を目的とする点で、政治的に一致していたと考えられる。時政の専制は、頼朝の後

大倉幕府跡（鎌倉市）

家政子の容認のもとに成立しえた体制であり、義時は比企氏・畠山氏の追討や頼家・一幡の抹殺に悉く関与し、時政の権力拡大を支えていた。時政の政治的躍進は、政子・義時姉弟との連携なくして成り立つものではなかった。

　しかし、実朝の権威が強化される一方で、時政夫妻と朝雅の権力拡大が図られたことは、北条氏内部の結合にひとつの波紋を生じさせた。時政は実朝の袖判下文を留めて単署下知状を発給し、京都守護として上洛した朝雅は、後鳥羽院との関係を深めた。さらに、時政は武蔵を掌握することで、朝雅と自身の権力を拡大させたのである。

　このような時政らの強引な権力掌握策に警戒した政子・義時は、畠山氏追討に協力しながらも、時政派の稲毛氏を討つことで、時政夫妻を牽制した。この一件によって、両勢力の対立は決定的となり、時政は朝雅擁立を謀ったと考えられる。稲毛氏の誅殺を指揮した三浦義村に対し、いかなる処罰も与えられなかったことは、時政専制の限界を示すものであろう。

時政にしてみれば、政子・義時との対立が顕在化したうえ、さらに実朝が成長したとき、時政主導の政治体制が継続できるかどうか、確たる保証はなかった。実朝が成長すれば、実朝とその生母政子の発言力が増大する可能性は高い。時政はすでに六十八歳の高齢であり、政範の死により北条氏の家督が義時に移ることは明白であった。そうなれば、朝雅は京都守護から外され、牧の方の発言権も低下を余儀なくされることは必定である。加えて、朝廷との融和をはかりながら、鎌倉殿による安定した政治を実現するためには、後鳥羽院の寵愛を直接受けている朝雅の方が適任であると判断したのではないだろうか。

また、牧の方は実朝の擁立以前から、朝雅の擁立を心中に秘めていた可能性がある（大塚一九四〇）。このことを示唆するのは、実朝の居所をめぐる一件である。小御所合戦後、実朝は時政の名越邸に入った。名越邸は浜御所とも称されるが、百人余りの御家人が会同する侍所を備えており、将軍御所としての性格を十分に有していた。

しかし、僅か二日後、実朝は政子の命令によって大倉御所に連れ戻されている。これは、牧の方が「害心」を懐いており、実朝の身を案じたためであるという。政子が牧の方の動向にかねてから警戒するところがあったことは確かであろう。このような緊張状態の中、時政夫妻にとって、朝雅を擁立することは、幕府における権力を保持する上で重要な切り札であったと考えられる。擁立計画の首謀者について、『吾妻鏡』は牧の方一人に罪を着せるが、『愚管抄』が「母方の祖父の我れころさんとする」、『六代勝事記』が「遠江守の計議」と記すように、牧の方との合意のもと、時政が計画の実行を決断したとみてよい。

一方、実朝を推戴する政子や義時にとって、亡き頼朝の猶子という貴種性を有し、かつ後鳥羽院との関係を深める朝雅は、大きな政治的脅威であったと考えられる。実朝殺害の陰謀が明らかになった以上、幕府の運営を安定に導くためには、時政を隠退させ、朝雅を討つ他はなかった。

時政専制の終焉

元久二年（一二〇五）閏七月十九日、実朝の殺害および朝雅擁立の陰謀が露見すると、時政は出家を余儀なくされ、ここにその専制は幕を閉じた。ここでも、『愚管抄』と『吾妻鏡』の比較を通して、時政が出家に追い込まれた経緯を明らかにしたい。

『愚管抄』では、政子から助けを求められた三浦義村が、実朝を義時邸に移し、武士を召集している。一方、『吾妻鏡』では、政子の水際立った号令のもと、多くの有力御家人が時政邸に派遣され、実朝を守護して義時邸に送ったとする。陰謀の報に接して動揺を隠せなかった政子の姿を描く『愚管抄』の方が真相に近いだろう。

政子や義時にとって、いかに政治的に対立したとはいえ、実父時政を追放することは、不孝の誹りを免れない。そこで、『愚管抄』にみえるように、将軍実朝の命令という体裁をとることで、御家人の信望を失うことを避けたと考えられる。この方策は、この姉弟が政治家として非常に有能であったことを物語る。時政にとっても、状況が一変した以上、実朝の命令を拒絶することはできなかったのである。

また、朝雅の処罰も迅速に行なわれた。義時・広元らの評議の結果、使者を京都に派遣し、朝雅の追討を在京御家人に命じることになった。使者が入洛した翌日、朝雅は官軍の襲来を受けて敗死した（『明月記』閏七月二十六日条）。

かくして、鎌倉殿の座を脅かす朝雅は殺され、時政夫妻も伊豆に退いた。以後、政子・義時姉弟の主導する政治体制が開始されることとなる。政子四十九歳、義時四十三歳の秋であった。

その後の幕府政治史を考えるとき、頼朝の猶子たる朝雅の誅殺が後世に与えた影響は大きい。頼朝の子であるという貴種性は、他の貴種と置き換えられうる状況に変化したのである。源氏将軍断絶後、幕府は次の鎌倉殿の擁立に迫られるが、実朝に子は無くとも、源氏一門から後継者を求めるのは困難ではない。しかし、朝雅の事件を鑑みるならば、源氏一門では幕政に波紋を広げる可能性は少なくない。そこで皇族将軍が構想されたと考えられる（福尾一九六八）。

なお、本書では時政主導の政治体制を「専制」と表現してきたが、これは後の得宗専制とは区別すべき不安定な性質の権力である。ただし、第二章の冒頭でも示したように、『愚管抄』はこの時期の幕府の政治状況を「祖父の北条が世」と評しており、これは同時代の慈円の認識として無視できない。『愚管抄』が、時政出家後の幕府を「実朝が世にひしと成て」と記すことも、時政が専制を布いていたことを裏付けるものである。時政によって、幼少の鎌倉殿を北条氏が補佐する雛形が形成された意義は大きい。以後、北条氏はこの雛形に基づき、鎌倉殿の成長に左右されない政治体制の構築を目指すことになる。

北条氏の嫡流

嫡子の選定と北条氏

ここで、北条氏の嫡流（家督継承）の問題をとりあげたい。まず、前提として述べておきたいのは、武士社会における嫡子の選定は、親の意向に基づくもので、状況によって変動することも少なくない。加えて、強力な親の教令権のもとで分割相続が行なわれて兄弟間の関係は対等に近く、嫡宗家は未確立な段階であったから、兄弟間の競合・対立もしばしば発生していたということである（貫一九六〇・野口二〇〇四）。したがって、北条氏における嫡子の変遷すべてを明らかにすることはできず、推測の域を出ない。

伊豆時代の嫡子は、長男宗時であったと考えられる。宗時の生年は不明であるが、石橋山合戦の時点では二十代で、嫡子として北条氏の家督を継承する立場にあったと推測される。

一方、二男の義時は、伊豆国の江間を領有し、江間小四郎を名乗っていた。したがって、義時は庶子に位置づけられたわけであるが、兄弟の関係はほぼ対等であったとみるべきである。江間は北条氏邸から狩野川を挟んだ対岸に位置し、伊豆の水上交通を押さえるうえでは重要な土地であった。よって、義時は江間に追いやられたのではなく、伊豆の海上交通を北条が掌握し、一族の勢力を増すために江間に邸宅を構えたと考えられる。

しかし、第一章でも触れたように、宗時は石橋山合戦で命を落とした。これによって、時政は次の嫡子の選定に迫られたはずである。この時点で、義時は十八歳、弟の時房は六歳であった。年齢的にも、また北条氏が頼朝の外戚であることを拠り所として幕府政治にも関わっているところをみると、頼朝の正妻政子の同母弟である義時を選ぶのが妥当である。

ただ、疑問がないわけではない。『吾妻鏡』における義時の表記は、江間姓と北条姓が混在しており、青年期の泰時も江間姓で呼ばれている。そのため、細川重男氏・本郷和人氏は、義時は江間家として分立していると捉え、牧の方所生の政範や義時の二男朝時（細川・本郷二〇〇一）を後継者候補として挙げる。また、岡田清一氏も、義時を江間家の祖と考え、北条氏の嫡流からは排除された存在として、義時の弟時房を嫡子に想定している（岡田二〇一九）。

北条政範

このうち、政範が一時、嫡子として遇されていたことは、その官位から明らかである。政範は、建久元年（一一九〇）に誕生すると、元久元年（一二〇四）四月、十六歳にして従五位下に叙せられ、その前月に、従五位下に叙せられ、左馬権助《さまごんのすけ》に任官した（『明月記』十三日条）。一方の義時は、その前月に、従五位下に叙せられ、相模守に就任しているが、すでに四十六歳である。将来的に、北条氏の家督をめぐり義時と政範が敵対することは、火を見るより明らかであった。しかし、政範は元久元年に若くしてこの世を去ってしまう。先述した通り、彼の死によって義時の嫡子の座は決定的となる。

名越朝時

その他の候補者についても、検討しておこう。朝時は、建久五年（一一九四）の出生だから、宗時没時には生まれていないうえ、すでに政範が誕生している。政範を差し置いて朝時が嫡子として遇されたとは考え難い。

本郷氏・細川氏は、彼が嫡子の候補に挙げられた理由として、時政の名越邸を継承している点や父義時との関係が良好ではなく、その背景に朝時の嫡流意識が想定される点などを挙げている。しかし、名越邸を継承したのは、時政の失脚後、義時・政子の差配による可能性が高いうえ、父親との関係が良くないのも、義時が朝時の母方の一族である比企氏を滅ぼしたことによって、朝時が義時の後継者となる可能性が低くなったからであろう。

北条時房

岡田氏は、義時が江間に追いやられ、宗時亡き後も、北条氏の後継者から外されていたと推定し、文治五年（一一八九）四月に挙行された時房十五歳の元服の儀式が非常に盛大であることから、北条氏の後継者としての披露であったことを暗示させるとして重視している。確かに『吾妻鏡』の表記に従えば、義時は江間家として分立していたのかもしれない。しかし、その一方で、北条姓で表記されている場合もあり、北条氏の後継者から外されたとまで言い切ってよいのか、疑問が残る。また、時房は北条氏の在京活動を担った存在で、しばしば上洛を遂げている。北条氏嫡流で在地運営にあたる時政と、兄の腹心として在京活動を担う時定兄弟の関係性を思い起こせば、時政が時定のように京都で活動しながら兄義時を支えることを時房に期待していたと考えてもおかしくはない。

冒頭でも述べたように、北条氏の嫡子については推測の域を出ない。嫡宗家は未確立な段階であり、嫡子の選定もきわめて流動的である。宗時没後から政範誕生までのあいだは決定打を欠くが、後妻の牧の方所生の政範が嫡子として遇されたことは確かである。先に見た先妻派・後妻派分裂の背景には、北条氏の嫡子の座をめぐる対立があったといえよう。

詳しくは後述するが、義時から泰時への家督継承もまた一筋縄ではいかなかった。義時が亡くなった直後、先妻の子泰時と後妻の子政村の間で、北条氏の家督をめぐる対立が生じている

（伊賀氏事件）。再び、後妻の子を巻き込んだ同じ構図の問題が発生したのである。嫡子は年齢や母親の身分、武功などを総合的かつ恣意的に判断して選定するため、必ずしも順調にはいかなかったのである。

「執権」としての幕府運営

執権とは何か

一般に、時政主導の専制政治は、執権政治と呼ばれる。では、「執権」とは何だろうか。「執権」の語源は、政所の執権別当（複数いる政所別当の上首）であるが（杉橋一九八〇・八二）、北条氏が執権職を世襲し、幕府職制上において固定化してくると、政所の長官のみならず、将軍の後見役という意味合いの方が強くなった。古くは石井良助氏、近年では杉橋隆夫氏や青山幹哉氏も、執権の特質を将軍の後見人たることに見出している（石井一九四八・杉橋一九八〇・青山一九八六）。要するに、「執権」の語源となった政所別当は、執権職の本質ではなく、執権就任のための前提条件に過ぎない。

右の理解に従えば、時政が将軍実朝の後見人となった時、執権職は成立したといえる。鎌倉後期に成立した『吾妻鏡』をはじめ、『鎌倉年代記』や『北条九代記』は、初代執権を時政、二代執権を義時と認めており、この理解は今日の学界の定説となっている。

ただし、注意しなければならないのは、執権が後見人として将軍の全権を代行できるのは、あくまで将軍の未成人期に限られるということである。将軍が成人すれば、後見人は不要となり、執権は政所家司の筆頭という制度的立場に立脚して、幕府運営に携わることになる。先述したように、この立場の違いは、発給文書の様式の違いとして表われる。

しかし、執権の本質が後見人である以上、義時をはじめとする代々の北条氏は将軍が成人になった後も、執権として将軍の後見人の地位を確保することを目指した。所職安堵権・新恩給与権・官途推挙権については将軍が握っていたが、執権はその承認（及び否認）権を確保しようとしたのである。

義時・政子の二頭政治

元久二年（一二〇五）閏七月、時政は出家を遂げると、翌日には伊豆の北条に隠退した。その日の『吾妻鏡』には、「相州、執権の事を奉らしめ給ふ」とみえ、義時が時政の跡を継ぎ、次の「執権」に就任したとする。一方、『愚管抄』は、「実朝が世にひしと成て」「いもうとせうとして関東をばをこないて有りけり」とみえ、完全に実朝の時代となり、政子と義時が幕府政治を主導していくことになったと記す。牧氏の策謀の結果、北条氏内部における世代交替はあったものの、幕府の政治的実権は依然として北条氏が掌握していたのである。時政が実朝の祖父として将軍後見人の立場から専制政治を開始したのに対し、義時の場合は、実朝がすでに成人しており、頼朝の後家政子とともに幕政を主導したところに、違いがある。

実朝・義時期の「御恩」の授給は、政所家司が連署する政所下文と将軍実朝の袖判下文によって行なわれ、義時単独署判の下知状は発給されなかった。義時が鎌倉殿の全権代行者となり、下知状を発給するようになるのは、実朝の死後、幼い三寅《みとら》（のちの四代将軍九条頼経《くじょうよりつね》）が下向してからのことである。三寅の後見役としての立場は、義時の死によって、嫡男の泰時に譲られた。

このことは、義時が制度的には実朝の家司に過ぎなかったことを意味する。したがって、義時は執権に就任したわけではなかったが、『吾妻鏡』の編纂された鎌倉後期から遡ってみたとき、その立場は執権と評価されたのである。加えて、政所別当として義時の名が初めて確認できるのは、承元《じょうげん》三年（一二〇九）十二月十一日に発給された政所下文（詫摩文書《たくまもんじょ》）である（同年四月十日、十八歳になった実朝は従三位に叙せられ、正式に政所を設置し、政所下文を発給するようになった）。史料の残存状況にも左右される問題であるため、断言することはできないが、義時は時政隠退後すぐに政所別当に就いたわけでもなさそうである。義時は、将軍の外戚で、後家政子の弟である点を拠り所として政治を主導しながら、並行して制度的な裏付けを獲得する方針をとったといえる。

元久元年（一二〇四）三月には、従五位下・相模守に叙任され、政所別当就任の条件である五位以上を満たしている。しかも、当時国守任官は源氏一門と文筆吏僚に限定されるなか、時政の遠江守叙任に続いて、義時も国司任官を果たしている。このことは、北条氏が一般御家人とは一線を画し、源氏一門に準ずる地位に昇ったことを意味した。

義時・政子の目指すもの

一般に、北条氏は自己の権力拡大のためだけに注力したように捉えられてしまうが、義時・政子の最も優先すべきは、頼朝の遺した武家政権を安定的に運営することであった。ただ、そのためには北条氏の専制的地位を確立せねばならない。そこで義時は、政所別当への就任を皮切りに、北条氏の専制的な地位の獲得および執権政治の確立を目指すのである。

北条政子（安養院蔵）

従来の幕府研究は、北条氏の行動をすべて一族の権力掌握に結び付け、将軍と北条氏の対立関係を自明視するが、執権北条氏の権力の淵源は、将軍の外戚として後見人をつとめることにある。したがって、北条氏が将軍の座に就くことなどあり得ないし、将軍と執権北条氏とは基本的に協調関係にある。将軍と執権の対立が表面化するのは、鎌倉中期の北条時頼の時代を俟たねばならない。将軍勢力を一掃した時頼は、独裁的な性格を強め、得宗専制が開始されることになるが、これは義時が北条氏の幕府における地位を確実なものとした上に成り立つ政治体制である。

宇都宮頼綱の連座

さて、時政隠退後、義時が最初に取り組んだのは、朝雅擁立未遂事件の処理であった。元久二年（一二〇五）八月、下野の武士宇都宮頼綱の謀叛が発覚し、頼綱が一族郎等を率いて鎌倉を襲撃するとの風聞が伝わっている。この風聞がどこまで真実を伝えるものであったのかはわからない。ただ、頼綱は牧の方所生の娘を妻に迎え、稲毛重成の娘とも婚姻関係を有したため、牧氏勢力の残党として、義時に歯向かう可能性は十分にあった。義時は直ちに大江広元や安達《あだち》景盛《かげもり》らを政子の邸宅に集めて評議し、下野守護の小山朝政に討伐を命じている。しかし、朝政は頼綱と義兄弟の関係にあることを理由に、追討使となることを固辞した。

それから数日後、頼綱は謀反の意志のないことを記した書状を義時に捧げ、出家を遂げている。その後、実信房蓮生《じっしんぼうれんしょう》と名乗った頼綱は、身の潔白を訴えようと、鎌倉の義時邸に参向した。しかし、義時はついに頼綱と対面することなく、仲介役の結城朝光が献上した頼綱の髻《もとどり》を見るに止まった。かくして、宇都宮氏追討は撤回され、事態は終息をみた。

時政・牧の方との一件は、北条一門の内部対立の側面も有したため、族長となった義時は一族の結束を固める意味でも、強硬な態度をとったと考えられる。一族に対しても非情な態度を貫く姿勢は、頼朝から学んだものかもしれない。

天野遠景の嘆願書

建永二年（一二〇七）六月、天野遠景は大江広元を介して将軍実朝に嘆願書を提出し、頼朝挙兵以来の度々の勲功を訴え、恩賞に浴すことを願ったが、このとき遠景はまず義時に願い出ている。御家人制の根幹に関わる恩賞問題に、まず義時と広元が関わっていることには注意しなければならない。

先行研究では、嘆願書がまず義時のもとにもたらされたことは、蓮生が義時に陳謝の意を表したことと通ずるものがあり、義時の存在感を示すとして高く評価している（安田一九六一・岡田二〇一九）。加えて、承元四年（一二一〇）正月一日以降、義時がたびたび奉幣使《ほうへいし》として鶴岡八幡宮へ参詣している点に注目し、幕政上の義時の立場が際立ち始めたと指摘する（岡田二〇一九）。

確かに、義時は政所別当の広元と幕府の中心にあって、他の御家人とは一線を画した立場を得ていることが窺える。ただし、宇都宮頼綱の事件も、天野遠景の件も、義時が北条一族の族長としての立場からも関与している点に留意したい。頼綱は婚姻関係の観点でみれば、後妻派に違いない。ゆえに将軍実朝ではなく、族長である義時からの疑いを晴らす必要があると考えたのではないだろうか。

また、遠景は伊豆国天野を本拠とし、同じく伊豆新田郷の武士新田忠常とともに時政の命令を受けて比企能員を刺殺していた。このことは、時政が遠景に指示を与えうる立場にあったことを物語る。遠景は、北条氏の側近としても活動する立場にあったのではないか。しかも、比企氏討伐が実朝の擁立に繋がったことを思えば、これ以上の勲功はない。そこで、まず義時に確認したのではないかと考えられる。

これらのことを踏まえて筆者が注目したいのは、頼綱の謀反の風聞が耳に入ったとき、義時・広元・景盛が政子邸で評議を行なっている点である。このことは、義時・政子による二頭政治が布かれていたことを示すものに他ならない。頼朝の後家政子が関与したことによって、義時側が正当性を帯び、北条対宇都宮という私戦が幕府軍による宇都宮氏追討にすり替わるのである。ここに、義時が他の御家人とは一線を画し、幕府内に揺るぎない立場を得ることができた理由の一つがある。これ以降も、義時は大江広元ら文筆吏僚たちと協調関係を築きながら、幕府運営にあたっていく。

実朝の疱瘡罹患とその影響——新史料「慈円書状」の検討

実朝と義時

話は遡るが、時政専制期の元久元年（一二〇四）九月、実朝が義時邸を訪れたことがあった。実朝は帰ろうとしたが、その夜は月食であったため、逗留することとした（日食・月食の妖光は、清浄であるべき天皇・将軍の身体を穢すと考えられていた）。このとき、二階堂行光（行政の息子）が、かつて藤原師実《もろざね》の宇治の邸宅に白河院が逗留したときの話を持ち出し、「今夕の月蝕も天の配慮なのでしょう」といった。これを聞いた義時は非常に感動したという。

実朝と義時の関係を白河院と藤原師実に準えたこの記事は、将軍実朝を支える義時の立場を示唆するものとして重要である。養女賢子を白河の中宮とし、その間に生まれた堀河《ほりかわ》天皇の摂政・関白を歴任した師実は、白河からの信頼も厚く、白河院政確立の一因と考えられている（美川二〇〇六）。したがって、実朝の外戚である義時も、その信頼厚く、実朝政権を補佐する家臣と捉えられていることを意味する。この記事が、当時の事実に基づくものなのか、『吾妻鏡』編纂者の脚色が入ったものなのかは、慎重に考えなければならない。ただ、義時が幕政の安定的な運営を第一に考え、実朝の権力を支えていたことは確かであろう。

一方、実朝にとって、二十九歳年長の叔父義時はどのような存在であったのだろうか。自己の将軍権力を支える強力な存在であったことには違いないが、そもそも実朝は、建仁三年（一二〇三）九月の小御所合戦（北条時政主導のクーデター）を経て擁立されたという過去を持つ。したがって、実朝はその擁立事情によって、当初より北条氏の強い影響下にあったといえる。義時が自身の将軍権威を補完する一方、執権政治を確立する道を模索していたこともわかっていただろう。

源実朝（『國文学名家肖像集』より）

加えて、義時が一幡のみならず頼家の暗殺をも下知した事実は、幕府内で公然の秘密であったと考えられるが、義時の持つ暗部は、実朝の政治に対する姿勢にも少なからぬ影響を及ぼしたに違いない。擁立者がいつ暗殺者に代わるか、まったく予想もつかなかったのである。こうした状況下で、実朝は義時と一定の距離をとったとみてよかろう。ただし、時政や後述する泉親衡《いずみちかひら》のように、実朝の廃位および殺害を企む者は後を絶たなかった。こうした敵対者から実朝を守ったのは義時である。激動の時代を生きる実朝は、義時と一定の距離を保ちつつも、頼りにせざるをえなかったというのが実情ではなかったか。

承元三年という年

近年の実朝研究は、実朝は北条氏の傀儡ではなく、政治を主導したと主張し、親裁を開始した時期として、承元三年（一二〇九）に注目している。五味文彦氏は、この年の四月に従三位となり、政所開設の資格を得て政所下文を発給していることを理由として挙げる（五味一九七九・二〇一五）。ただし、先述したとおり、十二月以降は義時が政所別当として署名しており、実朝の意向が直接反映されていたわけではないことは注意すべきである。

また、坂井孝一氏も鷹狩の禁制など、実朝の諸政策が見え始める時期として評価している（坂井二〇一四）。承元三年には実朝も十八歳となり、幕政に関与し始めたと考えてもおかしくはない。例えば、同年三月には、高野山が備後国大田荘（広島県世羅町、地頭は善信）の年貢未納を訴え、実朝がその沙汰にあたったが、高野山の使者と善信の代官とで激しい口論となったため、その場から追い立てている。

ただし、この時期の実朝を論じるうえで、彼の身体的な問題は見逃せない。およそ統治者の身体というのは、自然や社会の身体と目され、国の安定と繁栄には統治者の健康と長寿が不可欠であった。このような統治者の身体と国の安定・不安定を結びつける観念は、中世、ましてや日本に限ったものではない（黒田一九八七）。将軍の場合も、健康な身体で統治することが幕府に安定と繁栄をもたらすことはいうまでもない。そこで、実朝の健康状態を確認したい。実朝の身体的な問題は、従来の実朝研究では等閑視されているが、この作業は、実朝の内面性を解明する上でも重要であると考える。

疱瘡罹患の影響

承元二年（一二〇八）二月、十七歳に成長した実朝は疱瘡《ほうそう》に罹患した。疱瘡は、今でいう天然痘のことで、死亡率の高い感染症である。二代将軍頼家や四代将軍九条頼経《くじょうよりつね》らも患っているが、実朝は回復に二か月を要しており、かなりの重症であったと見受けられる。

これに関わって注目すべきは、承元二年（一二〇八）二月より建暦《けんりゃく》元年（一二一一）二月まで約三年ものあいだ、実朝が疱瘡の跡を憚《はばか》って、鶴岡八幡宮への参詣を控えていた事実である。おそらく、その顔面には、無数の瘡痕が残っていたのであろう。この期間には、二所詣（将軍が箱根権現・伊豆山権現と三嶋大社に参詣し、幕府の安泰を祈願する行事）も行なわれておらず、将軍が幕府祭祀に参加しないという特殊な状況が生じていた。

では、この間、誰が実朝の代わりに参詣したのか。幕府からは奉幣使が遣わされているが、主として使者をつとめたのは、義時と大江広元・親広父子であった。彼らが将軍の代理をつとめることで、この特殊な状況を乗り切っているのである。先ほど、先行研究が幕政上の義時の立場を表すものとして、鶴岡八幡宮への奉幣使を務めていることに注目していることを述べたが、既往の幕府研究は、この背景に将軍実朝の身体的問題があることを見落としている。義時がたびたび奉幣使をつとめたのは、自身の存在を際立たせるためではなく、参詣できない実朝の代理をつとめた結果なのである。

また、この時期の幕府の諸政策として、八幡宮の傍らに神宮寺を建立したり、頼朝が定めたものの、近年滞っていた正月一日の八幡宮参詣を再開したりするなど、鶴岡八幡宮の再興を積極的にはかっている点も注目される。

これらの政策は、将軍実朝が将軍権力の一つである祭祀権を行使できないという特殊な状況の中で、意図的に進められたと考えられる。義時や広元は、実朝が幕府の公的行事のなかでも最重要である鶴岡八幡宮への参詣や二所詣を行なえない状況で、将軍権威を維持するために、頼朝の先例を重視し、八幡宮の再興をはかったのではないだろうか。『吾妻鏡』は単に実朝の命令と記すが、義時や広元による発案や助言のあったことは想像に難くない。

慈円書状の検討

さて、以上の考察によって、承元二年〜建暦元年（一二〇八〜一一）は、将軍が祭祀権を行使できないという、きわめて特殊な期間であったことが明らかとなった。このことを念頭に置いて、次の史料「慈円自筆書状写」（竹僊堂所見『手鑑』・年未詳四月三日付）を検討してみよう。年時・宛所ともに未詳であるが、実朝を「三位中将殿」と記すことから、承元三年（一二

大江広元（毛利博物館蔵）

二〇九）四月～建暦二年（一二一二）十二月に限定される。したがって、特殊な時期の幕府の様子を知ることができる貴重な史料なのである。

関東の御方々に、委《くわ》しく達せらるべき子細■■（判読不能）。天下の御祈は、仏法の興隆と故大将殿（頼朝）の御時申し承けしめ給ふ子細、今世に非ざる御事に候。きと彼の御消息等数合、今に失はれず候なり。而るにその後、尼御所（政子）の御方にも申し承けられ候次第、且つ故掃部入道（中原親能）・大膳大夫（大江広元）など能々《よくよく》知られ候。而るに三位中将殿（実朝）も未だ御成敗に及ばず。また一向御籠居に候間、此の両三年何無く罷り過ぎ候か。然れども、三位中将殿も、今は御上洛有るべきなとその風聞候。（中略）

四月三日　　　　慈円

まず、「関東の御方々」に伝えるべき子細として、「天下の御祈」について記している。「天下の御祈」は、「仏法の興隆」こそ肝要であると亡き頼朝の在世時に慈円はうかがった。その頼朝の志こそ、今の世の及ぶところではない。慈円が頼朝から受け取った書状は、しっかりと今も紛失しておらず、その後、政子にも申し上げた次第は、故中原親能・大江広元がよく知っている。しかし、実朝も未だに「天下の御祈」の成敗に及んでいない。また、ひたすらに籠居されていたので、この二、三年は何事もなく過ぎたが、実朝も今は上洛の風聞がある、と解釈できる。

「天下の御祈」とは、天下泰平の祈禱を意味すると考えられる。すなわち、後鳥羽院や朝廷をはじめとする有力者のために修する熾盛光法《しじょうこうほう》・七仏薬師法《しちぶつやくしほう》・普賢延命法《ふげんえんめいほう》・安鎮法《あんちんほう》の山門四箇の大法を中心とした祈禱活動を指し、これは慈円の宿願である「仏法の興隆」を実現する上で核となるものであった。慈円は、祈禱活動を実施するにあたってその専門道場の建立を計画し、幕府に台密の祈禱によって王法を守る必要を説き、その支援を求めたと考えられる。具体的には、幕府に新伽藍の建立や維持に伴う支援を求めたのではないだろうか。すでに、建久六年（一一九五）に二度目の上洛を果たした頼朝は、慈円と談議して越前国藤島庄を寄進し、その収益によって勧学講が運営されていた（「天台勧学講縁起」『門葉記』第九一）。

勧学講は、天台座主に就任した慈円が建久四年（一一九三）に発足したものである。おそらく、慈円はこうした頼朝の先例を念頭に、実朝に対しても所領の寄進を期待したと考えられる。

さらに、「天下の御祈」と鎌倉幕府の関係を補足する史料として、慈円の自筆書状断簡（『岩崎小弥太氏所蔵文書』一所収『手鑑』）も検討したい。

北条入道方（北条時政）、仰せらるべき次第、眼前に仰せられ了んぬ。その詮は年来の事、且つ知り及ばしめ給ふ。世間の事、御成敗候はざるの由承るの後、殊なる事無きの間、申さしめず。遁世の後も、師跡の事なと候。御祈の間の事も、三位中将（源実朝）の許に申さしめ候なり。尼御前方（北条政子）へも殊に申さしめ候なり。その旨、尤も御心得べく候なり。
また相模守（北条義時）に仰せらるべき事。
毎事尼御前の御方・三位中将殿へも申され候なり。その上、争か子細違せず候や。毎事使者を召し問ひ、中沙汰せしめ給ふべきか。なに様にて申され候次第は、此の如く候なり。只今は大概を尤も示さるべく候なり。その様は大膳大夫広元に示し合はされ、進退せしめ給ふべきなり。彼の人に謁せず、無音の条は、専ら宜しかるべからず、宜しかるべからず。

本書状も、年時は未詳であるが、実朝の官職を「三位中将《さんみちゅうじょう》」と記すことから、前掲慈円書状と同時期に執筆されたと考えられる。また、宛所を欠くが、「仰せらる」という後鳥羽院とおぼしき貴人に触れることや、幕府の要人に対する連絡事項について慈円が細々とした助言を与えていることから、後鳥羽が鎌倉に遣わす使者に対し、鎌倉の事情に通じた慈円が出した書状ではないかと推測される。

私信の性格上、内容の一々を厳密に解釈するのは至難であるが、源実朝・北条政子・北条義時・大江広元といった幕府の中枢にいる人物のみならず、「北条入道」すなわち隠退した北条時政までが登場していることは注目すべきである。

元久二年（一二〇五）閏七月、時政・牧の方夫妻は、伊豆への隠退を余儀なくされたが、その後は幕府との関係を喪失したことから注目を浴びることは少ない。『吾妻鏡』からも姿を消し、建保三年（一二一五）正月六日、時政が七十八歳で亡くなり、後に牧の方が時政の十三回忌を京都で催したことが『明月記』にみえるのみである[11]。したがって、本書状は隠退後の時政の動向を窺わせる貴重な史料でもある。

慈円（『國文学名家肖像集』より）

時政に関わる箇所は、書状の前半部分である。すなわち、慈円の眼前で、後鳥羽院が時政に伝えるべき内容を仰った。その内容は、「年来の事」（鎌倉における政変の事情か）について後鳥羽は知っていたが、時政が「世間の事」（幕府の政務か）を成敗していないということを聞いて以降、特別な事がなかったため、時政に連絡はしなかった。時政の遁世後も、「師跡の事」を相談した。「御祈の間事」も、実朝と政子に申し上げた、と解釈できる。「師跡」については不明だが、「御祈」については、実朝や政子にも支援を要求しており、これは後鳥羽の意向でもあったことがわかる。

さらに見逃せないのは、隠退後の時政が、後鳥羽院の連絡先として幕政の第一線で活躍する義時と並記されている事実である。これは、専権を振るっていた頃の時政と後鳥羽院が、緊密な関係にあったことを示唆する。また、後鳥羽院が隠退した時政に依然目を配っていたことも興味深い。この事実を重視すると、時政の失脚は、その政治生命の途絶を意味するものではなく、政子・義時との関係がある程度修復していた可能性もあると考えられる。

一方、書状の後半部分をみるに、慈円は義時への連絡と併せて、政子と実朝にもその用件を伝えるよう、一々使者に助言している。このことは、幕府の実質的な主導者が義時であることを示している。

また、あわせて大江広元にあらかじめ相談して行動するよう指示しているのも重要である。広元が公武交渉の窓口として認識されていたことを示す。このように、本書状は、慈円の幕府要人に対する政治的評価を知る上でも興味深い内容であるといえよう。

以上より、「天下の御祈」についてては、実朝や政子に支援を要求したが、実朝は未だに「天下の御祈」について成敗をせず、また二、三年ものあいだ籠居していたため、慈円の願いは聞き届けられなかった。ところが、今になって実朝が上洛するとの風聞が耳に入り、要求の実現に向けて動き出したものとみられる。将軍実朝だけでなく、政子や義時にも用件を伝える点に、この時期の幕府の運営状況がよく表れている。

実朝の籠居と親裁

次に注目するのは、実朝籠居の問題である。慈円書状によれば、実朝は「此の両三年」籠居していたというが、これこそ実朝が疱瘡の跡を憚って、鶴岡八幡宮など寺社への参詣を控えていた時期にあたるとみてよい。京に住む慈円は、実朝が「天下の御祈」を成敗することもなく、将軍御所に籠居し、二、三年が過ぎたと捉えていたのである。

先述した通り、近年の実朝研究では、この「御籠居」していた時期を、「実朝のハレの時期」と評価し、承久三年（一二〇八）の政所開設とともに実朝が親裁権を行使し、積極的な政策を展開したと主張している（坂井二〇一四・五味二〇一五）。確かに、『吾妻鏡』の地の文には実朝が直に訴訟を裁定したり、神社仏事興行令などを命じたりする様子が描かれるが、果たして、幕府儀礼を遂行することもできず、京都からの要求も成敗できていない実朝が、どこまで親裁権を行使することができたのか、なお慎重に考える必要がある。

表面上は実朝の命令であっても、義時や広元の意思も含まれていると考えるべきであろう。この時期の実朝が自ら裁定し、諸政策を命じたのは、祭祀権を行使できず将軍権威が弱体化するなかで、将軍の存在意義を目にみえる形で示すためであったとみることもできる。これは、表面的には実朝が政治を主導したようにみえるが、義時や広元の協力があって初めて成立する。

先述した通り、実朝は鶴岡八幡宮への参詣を控えていたが、この間、奉幣使を務めたのは、義時や大江広元・親広父子であった。彼らは、将軍の代理として実朝の将軍権力を補佐していたのである。

実朝の上洛計画

慈円書状がもたらす情報は、これだけに留まらない。次に注目すべきは、実朝期に上洛計画があり、その風聞が京都に住む慈円の耳にも届いていた事実である。『吾妻鏡』には上洛計画の話題は一切みえないが、京を憧憬する実朝が上洛を熱望しなかったはずはなく、後代の編纂物である『吾妻鏡』は上洛計画に関する記事を漏らした可能性がある。

実朝の上洛に関する史料としては、『沙石集《しゃせきしゅう》』巻第三（一二）「問注に我と劣《まけ》たる人の事」がある。これによれば、実朝は上洛を望み、評定が開かれたが、八田知家の反対により、上洛を断念したという。従来、この説話は等閑視されてきたが、先の慈円書状を前提として『沙石集』を読むとき、その内容は俄に真実味を帯びてくる。ある程度の史実を反映した内容であるとみてよかろう。実朝の熱望により上洛計画が持ち上がったが、最終的には実現しなかったと考えられる。

その理由としては、御家人の反対もさることながら、この時期の政治状況も見逃せない。すなわち、建暦《けんりゃく》三年（一二一三）二月には泉親衡《いずみちかひら》の策謀が発覚している。この親衡の策謀は、建暦元年の頃より企図され、実朝を廃して頼家の遺児千寿丸を擁立し、義時を殺害するという計画であった。未遂に終わったとはいえ、張本百三十余人、伴類二百人が与同するという深刻な事件で、この動揺は翌年五月の和田合戦勃発に波及する。このような緊迫した状況で、将軍である実朝が上洛することは不可能であったと考えられる。

実朝と和歌

ところで、実朝は繊細な感覚を有した歌人であっただけに、疱瘡罹患はその内面にも大きな影響を与えたと考えられる。実朝は「御籠居」していた時期、和歌の創作に没頭していた。罹患から数か月後の承元三年（一二〇九）七月には、二十首の詠歌を住吉社に奉納することを思い立ち、御家人の内藤朝親《ともちか》（藤原定家の門弟）を派遣して、詠歌三十首を定家に送って批評を求めている。

これに対し、定家は合点を加えるとともに、「詠歌口伝」一巻を著して実朝に献上した。また、幕府で和歌会を開催することもあった。大塚久氏は、実朝の詠んだ歌の特徴として、屏風の絵を題材にとった歌が多いことを指摘している（大塚一九四〇）。憶測の域を出ないが、鎌倉から出ることもままならないという創作環境が、自ずと歌の題材にも影響した可能性がある。

ちなみに、『金槐《きんかい》和歌集』は建保元年（一二一三）十二月に成立するが、先に見た通り、この数年前から実朝の上洛計画が持ち上がっていた。もしかしたら、実朝は上洛した際、後鳥羽院や藤原定家へ献上するために、私家集の撰集を開始したのかもしれない。

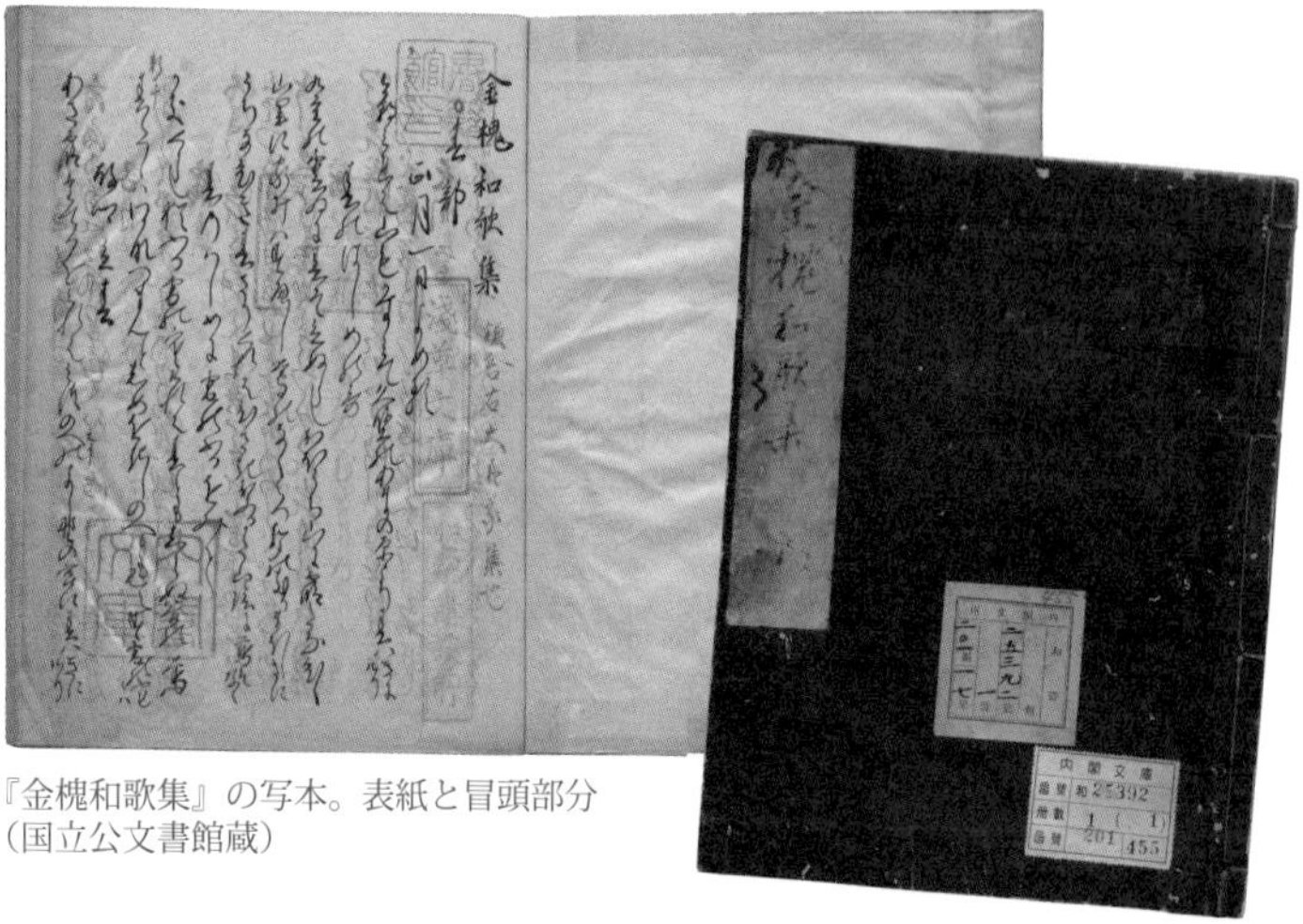

『金槐和歌集』の写本。表紙と冒頭部分（国立公文書館蔵）

実朝への諫言

祭祀権を行使できず、和歌に傾斜する実朝に対し、義時や広元はどのような思いを抱いていたのであろうか。『吾妻鏡』からは、二人が不安を禁じ得なかった様子が伝わる。

承元三年（一二〇九）十一月、小御所東面の小庭において切的《きりまと》が行なわれたが、これは実朝が弓馬への関心を棄ててしまうことを危惧した義時によって開催されたものであった。同月七日には、弓勝負の負方衆が課物を献上し、御所で酒宴が行なわれている。この時、義時と広元は、実朝の御前で「武芸を事となし、朝廷を警衛せしめ給ふは、関東長久の基《もとい》たるべし」と述べ、幕府の存在意義は武芸を専らにし、朝廷を警固することであると説いている。

彼らは、瘡痕の残る実朝が重要な幕府祭祀に参加できない上、武芸への関心をも失えば、御家人たちの信望を失いかねないと考え、幕府運営の安定に心を砕いていたのである。実朝が将軍としての役割を十分に果たせず、義時や広元が幕府や将軍の存在意義を改めて確認した事実は、幕府が不安定な状況であったことを示唆する。のちに、長沼宗政は「和歌・蹴鞠を生業としており、武芸は廃れたようなものだ」と述べ、実朝の態度を批判したが、御家人たちからこのような意見が出ても仕方のない状況が生まれていたのである。疱瘡罹患は、実朝の内面性はもとより、幕府全体にも影響を与えたと考えられる。

再び実朝と義時

本書の冒頭でも触れた通り、将軍と執権北条氏の関係は、対立を前提とせず、共存・補完の面からも捉える必要がある。将軍の代わりに寺社に参詣したり、武芸の行事を開催するなど、義時が一生懸命に実朝を支える姿は、両者が共存・補完関係にもあったことを示すものに他ならない。

実朝は成長に伴い、政治にも関与するようになるが、疱瘡罹患を契機として、将軍権力の一つである祭祀権を行使できず、義時や広元の協力を得るなど、彼らの存在なくして政治を主導することは不可能であった。父頼朝のような独裁政治を行なえないことに不満を抱きつつも、頼らざるを得ないというのが実情であろう。実朝の判断には、多分に義時・広元の意向が含まれていると考えねばならない。彼らは自身の政権を支える強力な存在であり、将軍としての正しい道に導いてくれる家臣でもあった。

一方、義時にとっての実朝は、頼朝から託されたかけがえのない人物である。立派な将軍として振舞ってほしいという気持ちは人一倍強かったに違いない。ただ、実朝の権力を補完し、幕府を安定的に運営していくためには、他の御家人とは一線を画し、幕府内に揺るぎない地位を築く必要があった。したがって、義時にとってもっとも警戒すべきは、幕府草創期より活躍する有力御家人たちであったといえる。彼らが策略を練り、自身にとってかわる可能性もあったからである。

承元三年（一二〇九）十一月、義時が年来の郎従のうち、とくに功績のある者を「侍」に准ずる旨、仰せを蒙りたいと実朝に要請しているのは、その一環であろう。義時は、自分の被官を「侍」＝御家人に准じて欲しいと願っている。郎従を御家人身分に上げることによって、その主人である自身の立場を、他の御家人よりも高く位置づけようとしたのである。しかし、実朝は、義時の要請を認めると、被官たちの子孫が本来の来歴を忘れ、幕府への奉公を行なおうとしてしまう。そうした事態を防ぐため、義時の要請を認めなかった。時政が「右大将家の例」を重視したように、執権政治は頼朝の政治方針を引き継いだことで、御家人たちの支持を得ていた。頼朝期の先例を破ることは、義時であっても成し得なかったのである。

守護の交替制

同年十一月、義時は各国の守護のうち、その職務を緩怠する不忠の輩の解任と終身制である守護の任期を決めて交替制にすることも発案している。義時の狙いは、有力御家人たちの既得権を奪うことで、その勢力を削減することにあった。しかし、守護職を有する御家人が同意するはずもなく、相模の三浦義村や下総の千葉成胤らは、守護職補任の由緒を記した書状を提出することで、反対の意を示している。さらに、他の国々も含め、各国の守護は頼朝からの下文によって補任されたことがわかった。この結果、容易に改補すべきではないとして、守護職解任や交替制は見送られ、広元が諸国守護に懈怠《けたい》なく業務に当たるよう指示することで決着している。義時の狙い通りに事は進まなかった。

後家政子の弟という立場に加え、政所別当という制度的裏付けを得た執権義時であったが、北条氏の権力伸長や諸政策に不満を持つ有力御家人の力を削ぎつつ、いかにして執権政治を確立するかは、依然として大きな課題であったといえる。そんな義時の前に、草創期より幕府を支える重鎮・和田義盛が立ちはだかる。

第三章 執権政治確立への途

後鳥羽院（東京大学史料編纂所所蔵模写）

和田合戦と執権政治の確立

北条氏が繁栄できた理由

日蓮が建治《けんじ》元年（一二七五）に著した「種種御振舞御書《しゅじゅおふるまいごしょ》」は、北条一門の繁栄について「此鎌倉の御一門の御繁昌は義盛と隠岐ノ法皇ましまさずんば、争《いかで》か日本の主となり給フべき」と記す。すなわち、建暦三年（一二一三）の和田合戦において和田義盛を倒し、さらに承久の乱（承久三年、一二二一年）において後鳥羽院を負かしたことで、北条氏が日本国に君臨することになった、と解釈できる。鎌倉仏教の祖師のなかでも傑出した歴史認識を有した日蓮が、北条氏が台頭する重要なステップとして、承久の乱とともに、和田合戦を重視したことは見逃せない。和田合戦前後の政情を明らかにすることで、合戦の歴史的意義を考察したい。

『吾妻鏡』と『明月記』

既述したように、『吾妻鏡』は鎌倉後期に成立した編纂物である。したがって、文書や吏僚たちの日記などさまざまな史料に基づいて作られている。こういった編纂の材料となった史料を原史料《げんしりょう》と呼ぶ。早く八代国治氏は、藤原定家の日記『明月記』が『吾妻鏡』の原史料となっていることを明らかにした（八代一九一三）。その後、益田宗氏は研究を深め、『吾妻鏡』の編纂者が『明月記』の記事を短い句に切って随所に使いながらも、細部では異なった記事としていることを指摘している（益田一九七一）。

和田合戦の記述にも、『明月記』の記事は多く使用されている。そこで、『吾妻鏡』のみに依拠せず、『明月記』や『愚管抄』といった京都側の史料との比較を通して、合戦の実相を明らかにすることを目指したい。

義時と義盛

父時政の隠退後、幕府運営を主導する義時にとって最も有力な対抗者となったのが和田義盛である。義時は、政所別当ではあったが、御家人統制の要である侍所は、依然として義盛が掌握していた。義盛は、年齢的にも義時の十六歳年長であり、梶原氏を弾糾した際には、連署状の披露を躊躇する大江広元を恫喝し、侍所別当の権力の一元化に成功していた。その後、梶原・比企・畠山などの有力御家人が何れも滅ぼされ、且つ頼朝の死後相次いで安達盛長・千葉常胤・三浦義澄といった草創期以来の重鎮が死去したことによって、義盛の存在は相対的に増したと考えられる。

勢力を増す義盛が目指したのは、上総介《かずさのすけ》への就任であった。受領の地位は源氏一門と京下りの吏僚に限られていたが、正治二年（一二〇〇）に時政が遠江守、元久元年（一二〇四）には義時が相模守に補され、北条氏が他の御家人を上回る立場を得ていた。

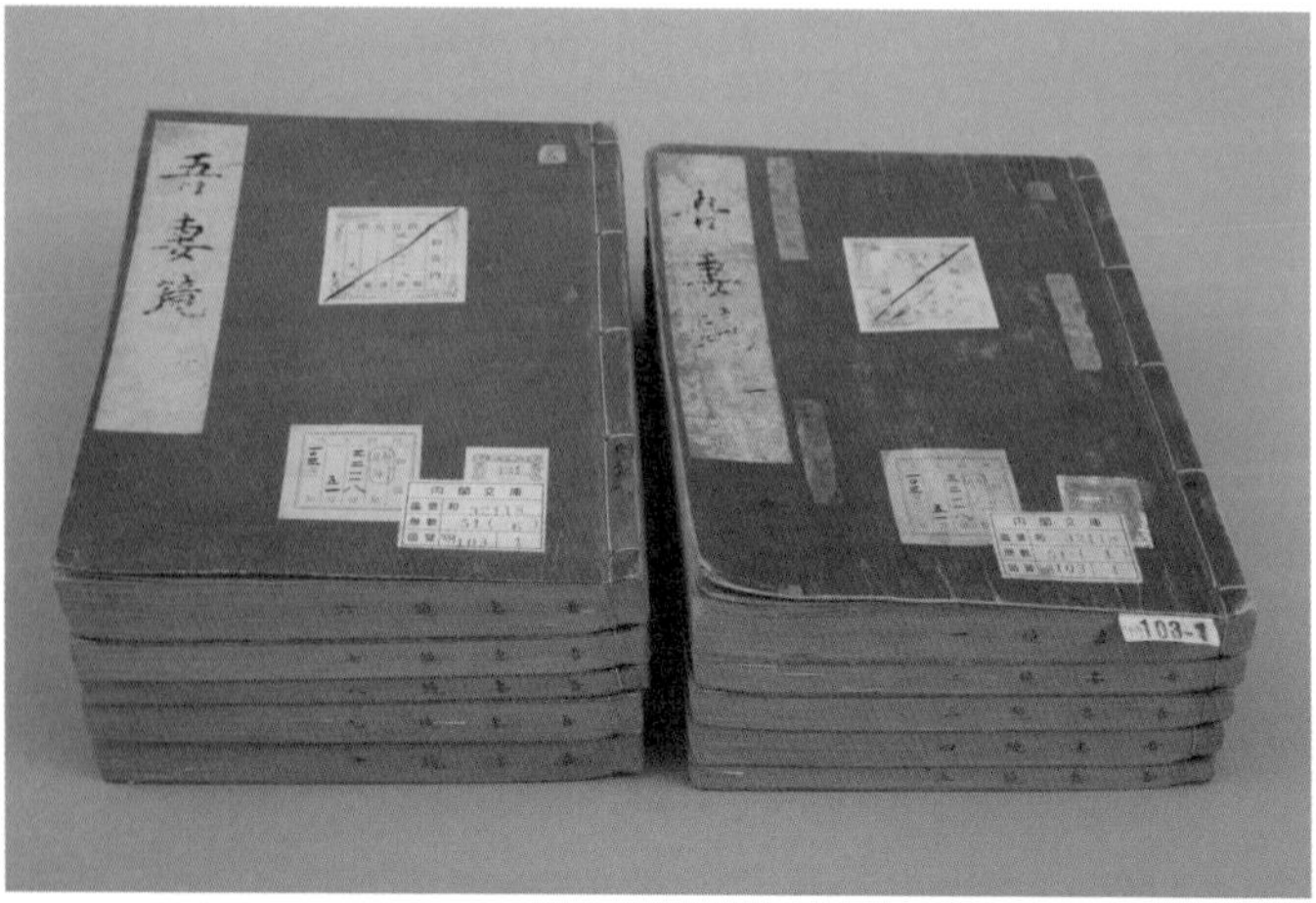

北条本『吾妻鏡』（国立公文書館蔵）

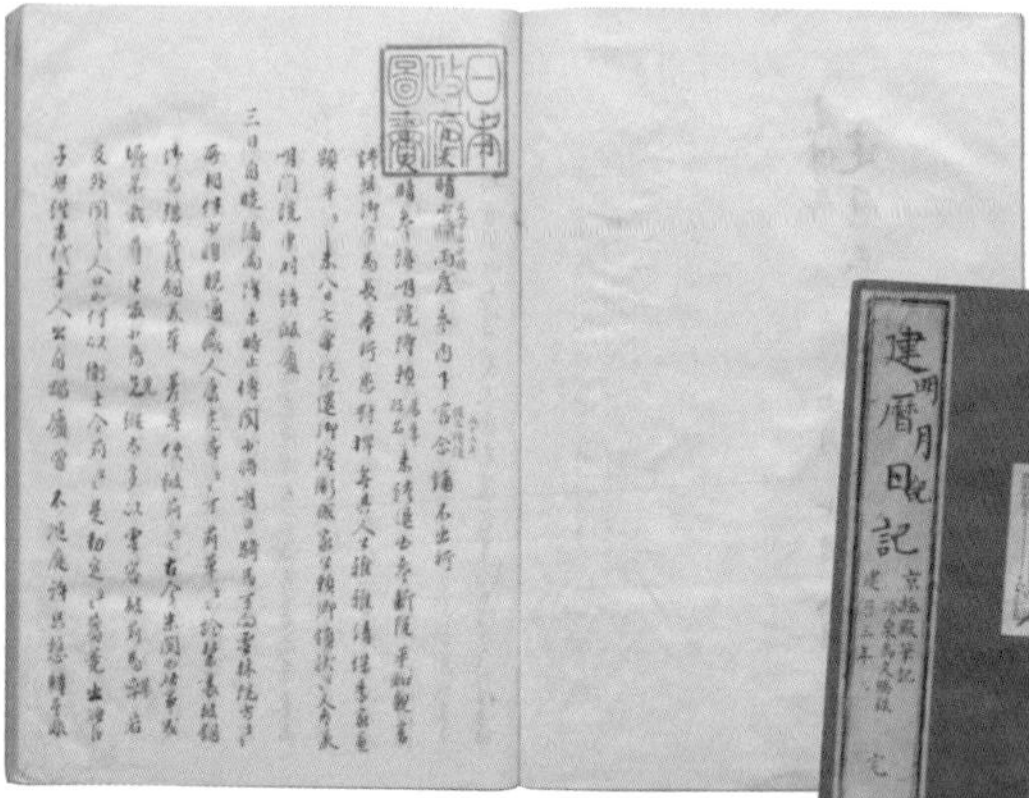

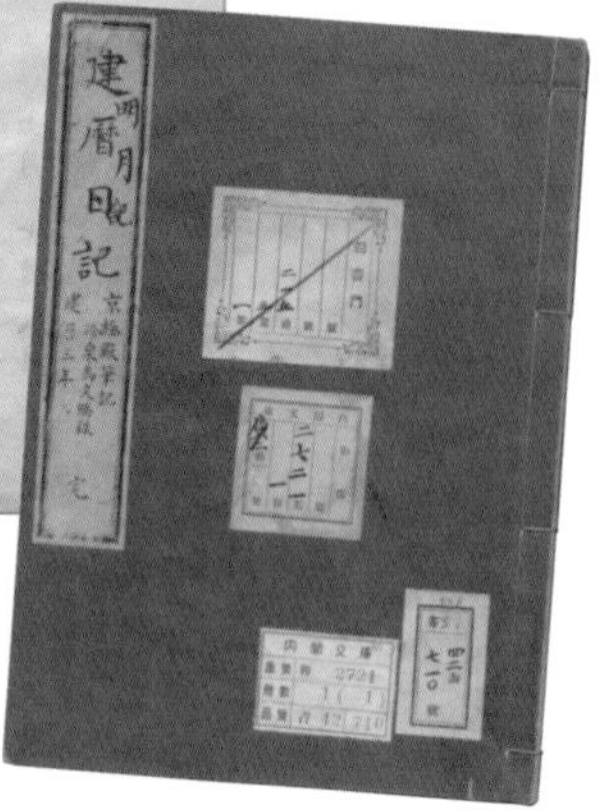

『明月記』表紙と冒頭部分（国立公文書館蔵）

『吾妻鏡』に上総介に関する記事が見えるのは、承元三年（一二〇九）五月である。義盛はまず内々に実朝に推挙を懇願し、その数日後に嘆願書を広元に渡している。十一月になると、実朝は暫《しばら》く決定を待つように命じ、義盛は喜んだ。

義盛が上総介を望んだ理由は、義盛が上総国伊北庄《いほうのしょう》を本拠とすることから在地支配の利便を得ること、受領就任によって北条氏に対抗しうる立場を築くことの二点が挙げられる。国衙は交通の要衝に立地するだけに、鎌倉時代においても、その掌握は重要であったし、すでに義盛は長く左衛門尉《さえもんのじょう》の職にあり、受領を望むのも至極当然であった。さらに、ここで着目したいのは、義盛が嘆願書の中で「所詮《しょせん》一生の余執《よしゅう》ただ此の一事たるの由」と述べていることである。

義盛はこの時六十三歳。生涯のうち心残りはただ一つ、上総介への就任であったという。老境を迎え、世代交代を考えていたとて不思議ではない。推挙を望んだ同時期に、嫡子の常盛《つねもり》が兵衛尉から左衛門尉に昇進していることは、この推測を裏付ける。常盛の昇進は、彼が近い将来、和田一族を率いることを暗示するものに他ならない。義盛は、上総介就任によって、和田氏の政治的地位をより盤石なものにした上で、嫡子常盛への家督継承を行なう想定であったのだろう。

実朝も、義盛が受領拝任の栄誉に浴し、家名を上げることが和田一族の家督としての最後の責務と考えていることを重々承知していた。しかし翌年六月、上総介に就任したのは院近臣の藤原秀康《ひでやす》であった。結局、義盛の願いは叶わず、自ら嘆願書を取り下げている。

秀康が後鳥羽院北面（院御所の北面に伺候《しこう》して警固にあたった武士）であることを考慮すれば、秀康の補任が後鳥羽院の意向であったことは明白である。将軍固有の権限の一つに御家人の推挙権があるが（青山一九八三）、実朝は必ずしも御家人の要望を叶えることはできなかった。院と義盛の間で板挟みの状態となっていたと考えられる。また、実朝に対して北条氏の圧力があったことも容易に想像される。時政と義時は、北条氏のみが受領になることによって、他の御家人との差別化を図っていた。当然、和田氏の政治的地位がこれ以上高まる事態は避けたかったであろう。ゆえに、義盛の受領拝任は何としても防がなければならなかったのである。

義盛は藤原秀康の補任によって、早くも不利益を被っている。秀康の派遣した目代は国務に介入し先規に背いたため、上総国の在庁や土民とトラブルを起こしている。おそらく上総国に多くの所領を持つ和田氏も影響を受けたであろう。

しかし、現地のトラブルについて幕府は「関東の御計に非ず」として調停しなかった。このような状況に対し、とくに和田氏の今後を担う子息たちは、実朝および義時・広元による現幕府体制に対する不信感を募らせたであろう。そして、義盛が嘆願書を取り下げた建暦元年（一二一一）の頃より計画されていたのが、頼家の遺児を擁立し義時を殺害する策謀（泉親衡《いずみちかひら》の乱）である。

泉親衡の乱

『吾妻鏡』によれば、事の始まりは千葉成胤《なりたね》が安念《あんねん》法師を生け捕りにし、幕府に差し出したことにあった。安念の白状により信濃国住人の泉親衡が中心となり、頼家の遺児千寿丸《せんじゅまる》を擁立し、義時を殺害する計画が露見する。さらに謀反に加担した者が各所で生け捕りにされた。首謀者は百三十人余り、伴類は二百人にも及び、信濃国の住人、和田の関係者、下総国の八田三郎・和田奥田太・同四郎、上総広常甥の臼井十郎などが含まれていた。

結局、親衡は姿をくらまし、頼家遺児の擁立は未然に防がれた。問題は、乱後の和田氏の動向である。『吾妻鏡』では、義盛は一族の謀反を受けて、すぐに上総国伊北庄より鎌倉に馳せ参り、実朝に謁して子息の処罰を免れている。その理由は、義盛の「数度の勲功」を考慮したためであった。しかし、すべてが許されたわけではなく、義時による厳重な処置も行なわれた。

一つは、義盛甥の胤長《たねなが》を一族の目の前で面縛《めんばく》して軍奉行《いくさぶぎょう》の二階堂行村（行政の息子）に渡したこと、もう一つは、義盛が実朝から拝領していた胤長の屋地を義時が拝領したことである。命を狙われた義時からすれば、和田一族に厳しい処置を加えるのは当然であるが、義盛側からすれば、義時の厳しい処置は挑発以外の何物でもなく、もはや衝突は避けられないものとなっていた。

一方、『明月記』建暦三年五月九日条には、去る春に謀反（泉親衡の乱）を起こした者が結集しているとの風聞・落書があり、首謀者は義盛である。そこで、義盛は自ら弁明し、実朝の許しを得た。しかし、御所では義盛粛清の密議が行なわれていた。この動きを察した義盛はさらに兵を集め、謀反の計画を立てた、とみえている。

義盛が実朝に弁明し、罪を免れた点は『吾妻鏡』と共通するが、義盛が挙兵した直接の原因として、御所での密議を耳にした点は注目に値する。

加えて、『保暦間記』は、義盛の息子たちが頼家遺児の擁立を謀り、義盛もこれに同意したことから、合戦に至ったと説明する。ここから当初、義盛自身が主導して新将軍の擁立を計画したわけではなかったが、子息たちの計画に同意せざるをえず、結果として挙兵に至ったことが窺われる。要するに、義盛は、子息たちに担ぎ上げられてしまったのである。義盛としても、上総介就任が叶わず、和田氏の基盤強化が上手くいかなかった以上、一族の結集を容認せざるをえなかったのであろう。

以上、泉親衡の乱から和田合戦に至る経緯を見てきたが、和田氏蜂起の契機として、義時主導の厳重な処罰に対する反発および和田氏粛清の動きに対する挙兵という二段階を踏んでいたことは留意したい。前者は、義時個人に対する深い恨みを起因とするが、後者は将軍の命により幕府軍に追討されかねない状況に追い込まれたためである。よって、和田一族は先手を打つ必要に迫られたといえよう。

合戦の開始

ここでも、『吾妻鏡』と『明月記』を比較し、合戦時における武士たちの動向を検討したい。大江広元が八田朝重《はったともしげ》（知家の息子）の知らせによって、大倉御所に赴き和田氏蜂起の報せを伝えた点は共通するものの、大きく二つの相違点が見られる。

①三浦義村の寝返り

『吾妻鏡』では、三浦義村・胤義《たねよし》兄弟は義盛に味方し、御所の北門を警固することを約束する起請文《きしょうもん》（誓約書）を書きながら、挙兵の土壇場で改心し、寝返ったことになっている。しかし『明月記』は、義村は当初より叔父（正しくは従兄弟）義盛と対立関係にあったとする。ここから、義村は合戦の直前まで悩んでいたわけではなく、当初より義盛に背いており、北条氏の内通者として行動していた可能性を読み取ることができる。

②三浦義村の密告

『吾妻鏡』では、義村が義時邸に赴いて義盛の蜂起を密告している。報せを受けた義時は囲碁をやめて御所に赴き、広元と義時の注進を受けた政子らは逃げのびている。一方、『明月記』では、義村が御所に赴いて義盛の蜂起を密告し、広元と義村の注進を受けて政子や実朝御台所は逃げのびている。政子たちが無事に避難することができたのは、両書ともに「両人（両客）の告」によると記すが、この「両人」について『吾妻鏡』は義時と広元、『明月記』は義村と広元のように記される。

『吾妻鏡』の編纂者には、非常時においても平常心を保つ義時を描くことで、義時の功績によって実朝・政子らの安全が守られたことを強調する意図があり、このような相違が生まれたと考えられる。

北条氏と三浦氏

和田氏の挙兵については、三浦義村がいち早く察知し、広元や義時に報せたと考えてよかろう。のちに義時は、和田合戦における勝利について、「偏《ひとえ》に義村の忠節による」と述べており、義村の素早い対応は、北条氏の勝利に大きく貢献したといえる。そこで、義村が北条氏の内通者であった可能性を探るべく、和田氏と三浦氏、北条氏と三浦氏の関係を検討したい。

三浦一族は、治承四年（一一八〇）に族長の義明を失ったため、和田・佐原など庶家の自立が顕著であった。さらに、正治二年（一二〇〇）に三浦義澄が亡くなると、和田義盛は侍所別当として嫡家をしのぐ勢力を築いた。したがって、義村と義盛は三浦一族の族長の座を巡って競合しており、『明月記』が記すように対立関係にあったと考えられる。

一方、北条氏と三浦氏との関係性は、鎌倉入部以前から見出すことができる。すなわち、北条氏は、伊東氏を通じて三浦氏と姻戚関係にあり、政子・義時の母（時政の妻）も、義村の母（義澄の妻）も、伊東祐親の娘であった。政子・義時と義村は母方のいとこ同士ということになる。とくに、義時は三浦氏嫡流（義明か義澄）を烏帽子親とし、「義」の字を拝領したと考えられるから（細川・本郷二〇〇二）、三浦氏との関係は密接であった。義村が同世代の義時・政子と常に協調関係にあり、北条氏が権力を伸長する過程で、いくつもの大きな役割を果たした背景には、先代から続く北条と三浦の結びつきがあったといえよう。

義村は、梶原討伐・小御所合戦・畠山討伐では、何れも北条方として参戦し、畠山討伐では稲毛重成（時政・牧の方の娘婿）とその兄弟を討つなど、義時・政子の手足となって武功を挙げている。とくに、時政と牧の方が実朝の廃位を企てているとの風聞が耳に入った時、政子がすぐに義村を頼ったことは重要である。このことは、政子がもっとも信頼を寄せる人物であったことを示すとともに、義村が実朝との関係において何か特別な立場にあった可能性を示唆する。

ここで注目すべきは、実朝誕生の時、義村の父義澄が護刀を献上していることである。『吾妻鏡』において、護刀を献上した人物の名は、義時を筆頭に六名記されるが、義澄は義時についで名がみえる。義村は義澄亡き後、実朝を護り支える立場を継承したのではないだろうか。このように考えれば、建仁三年（一二〇三）九月、将軍に擁立された実朝が輿で政子邸から時政邸に移った時、その輿を寄せた人物が義時と義村であったことも納得がいく。さらに、想像

を逞しくすれば、建永元年（一二〇六）、政子から七歳の善哉《ぜんざい》（公暁、実朝の猶子）の乳母夫に選ばれたのも、義村が実朝を支える重臣であったことが大きいのではないだろうか。政子にとって、頼家遺児の処遇は悩みの種であったに違いない。そこで、実朝を補佐する義村に公暁の監視と養育を任せたのではないか。護刀の献上者の役割については、ここで十分に論証することはできないが、可能性として指摘しておきたい。

いずれにせよ、義村が北条氏とともに実朝を囲繞《いにょう》する存

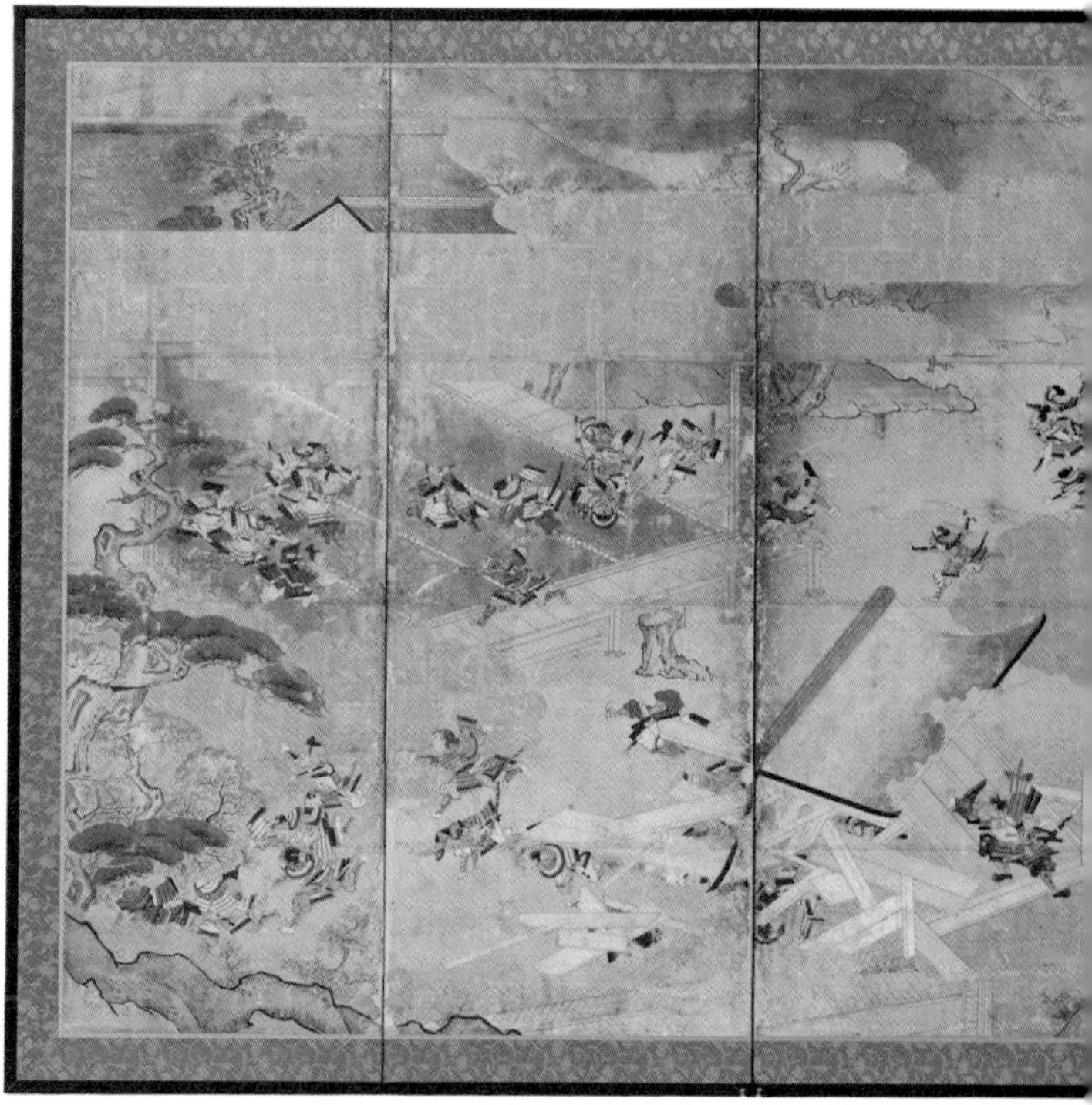

和田合戦を描く『和田合戦図』（紙本金地著色、六曲一双。都城市立美術館蔵）

在であったことは確かである。この他、義村は伊豆に幽閉された頼家のもとに使者として派遣されるなど、政子の側近ともとれる働きぶりをみせている。今回の和田氏挙兵に際しても、当初から北条氏に味方したとて何ら不思議ではない。『明月記』の記すように、いち早く挙兵の情報を得ていることを考慮すると、和田氏に味方しながら、実は北条氏と通じていたと捉えるのが妥当ではないかと考える。

義村の寝返りは、人々にかなりの衝撃を与えたようで、『雑談集《ぞうたんしゅう》』という仏教説話集は、義時の生涯における三つの災難のうちの一つに和田合戦を挙げ、三浦氏の忠心によってこれを逃れた義時を強運の持ち主と評価している。また、『古今著聞集《ここんちょもんじゅう》』巻十五「闘諍」には、次のような説話がみえる。すなわち、実朝の時代、正月一日に御家人たちが集まったとき、まだ若い千葉胤綱が義村よりも上座に座った。この態度に憤りを覚えた義村が「下総の犬は臥所《ふしど》(座るべき場所)も知らないのか」と言ったところ、胤綱は少しも顔色を変えず、「三浦の犬は友をくらう(三浦は一族を裏切った)」と答えた。これは、和田合戦の時のことを思っていたのであるという。

このように、複数の説話集に義村寝返りの話がみえることは、義村が土壇場になって義盛を裏切った様子を描く『吾妻鏡』の記事が、真実を伝えるものであったことを示す。ただ、『明月記』の記述や北条氏と一貫して協調関係にあった義村の行動をみたとき、義村は北条の内通者で、和田を裏切ることを義時とその周辺の限られた人だけは知っていたのではないかと思う。義村にとって、三浦一族の族長の座を脅かす義盛の存在は長年の悩みの種であり、義村は和田合戦における一番の功労者といっても過言ではないほど活躍している。今回の一件を和田氏討伐の絶好の機会と捉えていたに違いない。

市街戦の展開

さて、『吾妻鏡』によれば、義盛挙兵の報せが入り、政子たちが御所から逃げ出そうとした建暦三年五月二日午後四時頃、義盛は嫡男常盛以下百五十騎を率いて将軍御所を襲った。義盛方の軍勢は三手に分かれ、御所の南門と義時邸の西門と北門を攻撃した。義時はすでに御所に参上していたため、留守の義時邸を守備する武士たちが防戦し、なかなか進入を許さなかった。彼らは「夾板《はさみいた》」を切って矢を射る隙間を作り、攻め戦ったため、多くの死傷者を出したという。

令和元年（二〇二〇）、今小路西遺跡（御成町一八七番三地点、現在の鎌倉市役所の北方約二百mの辺り）で実施された発掘調査では、二本の柱を建て、その二本で横板を挟み込んで塀とする特徴的な板塀がみつかっている。ここにみえる「夾板」とは、このような柱で塀を挟んだ板塀を指す可能性がある（河野一九九五、鈴木弘太氏のご教示も受けた）。

さらに、義盛の軍勢は広元邸にも襲撃し、御所の南西に位置する政所の前（横大路）に至った。ここでは、数回にわたって両軍が激突し、波多野忠綱と三浦義村による先登争いが繰り広げられた。午後六時頃には、ついに和田方が御所を包囲し、北条泰時や朝時らが防戦したが、朝夷名義秀が惣門を破って南庭に乱入し、御所に火を放っている。

火の勢いは凄まじく、御所は灰燼に帰した。実朝は、火を逃れて御所の背後の山に位置する頼朝の法華堂に逃れ、義時と広元もこれに同道した。この間、御所では、義秀が猛威を振るい、防戦にあたった御家人たちを次々と斬り殺していた。しかし、時間が経つにつれ和田方も疲弊し、義盛は由比ヶ浜に退いた。

翌三日午前四時頃、横山時兼が波多野忠常ら横山党を引き連れて義盛勢に合流した。これは

鎌倉市の今小路西遺跡で発掘された板塀の遺構（上）と部分拡大（鎌倉市教育委員会提供）

義盛と時兼が前もって三日を「箭《や》合《あわせ》の期」と定めていたためである。したがって、義盛は本来五月三日に蜂起する予定であったが、『明月記』の記すように、和田氏粛清の密議を耳にし、急ぎ挙兵したといえる。こうして三千余騎ほどになった義盛軍は、再び息を吹き返し、御所を目指して市中へと侵攻した。

一方、午前八時頃には、中村氏など西相模の武士たちが稲村ケ崎の辺りに陣を布いていたが、形勢を窺い、どちらに味方すべきか決めかねていた。この事態を知った義時は、すぐに実朝の花押を据えた御《み》教書《きょうじょ》を発給し、これを受け取った武士たちは皆北条方についた。

午後六時頃、ついに大将軍の義盛が討ち取られ、和田一族の義重・義信らも討ち取られた。劣勢に追いやられた常盛や朝盛らは戦場を去り、行方をくらました。その直後には、実朝が花押を据えた御教書が再び作成され、逃亡した残党の捜索が開始されている。

翌四日、片瀬川岸にさらされた和田方の首は、二百三十四を数えた。かくして、和田合戦は義時の勝利に終わった。

三浦義村の活躍

以上が、『吾妻鏡』の描く和田合戦のあらましである。朝夷名義秀《あさひなよしひで》の活躍を軸に、多くの武士が登場し交戦する姿を軍記物語の如く描き出し、殊に北条方すなわち幕府軍の大将軍北条泰時の武功が印象に残る構成となっている。

和田方が将軍御所・義時邸・広元邸を襲撃していることは、このときの幕府が義時と広元を中心として運営されていたことを物語る。そして、将軍実朝の身柄を確保することが、勝敗を決するほど重要であったことも窺える。その理由は、将軍の属した方が幕府軍たる正当性を有し、将軍の命として御家人の動員が可能となるからに他ならない。『愚管抄』は、短いながらも合戦の様子を「(和田方の兵が)にはかに建暦三年五月二日義時が家に押寄てければ、実朝一所にて有ければ、実朝面《おもて》にふたがりてたゝかはせければ、当時ある程の武士はみな義時が方にて」と記しており、実朝の存在がいかに義時にとって重要であったかがわかる。和田合戦は、ある意味では義時と義盛、どちらが将軍の身柄を確保するのかという戦いでもあった。

義盛からこの最も重要な役割を託されたのが、三浦義村である。義盛の計画としては、御所の北門より実朝を逃して身柄を確保すると同時に、義時邸と広元邸を攻めて両者を殺害するつもりであったのだろう。しかし、先述した通り、義村は土壇場で寝返ったため、この計画は水泡に帰す。この結果、義時は実朝の身柄を手中に収め、幕府軍たる正当性を得ることができた。合戦中や残党の討伐の際に、実朝の花押を据えた御教書を発給し、多くの武士を味方につけることができたのも、実朝の存在あればこそである。義時は、実朝の花押のもつ効力を上手く利用することで、合戦を有利に進めたのであった。

寝返った後の義村について、『吾妻鏡』は政所の前で合戦に及んだことを記すが、それ以降の動向はみえない。一方、『明月記』では合戦中の描写において義村の名が散見する。和田方の後方を塞ぎ、義盛を大破したのは「義村勢」であったという。和田方を敗走に追い込んだ義村は、和田合戦における一番の功労者といってよいだろう。

義時、侍所別当となる

終戦から一日置いた五日には、義盛・時兼以下謀叛人の所領である美作国や淡路国の守護職や所領が没収され、軍功のあった御家人に新恩給与された。義時自身は、七日に行なわれた論功行賞の際に、山内庄《やまうちのしょう》を得ている。このことに着目した大山喬平氏は、鎌倉の背後を北条氏がおさえたことは、幕府が北条氏の保護下に入ったことを物語ると述べている（大山一九七四）。義時は、地理的にも鎌倉を支配下に置いたのであった。この山内庄は、義時の子孫へと継承され、のちに北条時頼が建長寺を、時宗が円覚寺を建立することとなる。したがって、和田合戦は、現在の鎌倉のまちの風景にも影響を与えた戦いであったということができる。

さらに、五日には義時が侍所別当に就任した。政所別当と合わせて、侍所別当の地位をも掌握したのである。このことは、義時が幕府の三大機関（政所・侍所・問注所）のうち、二つの機関の長官を兼任し、幕府内で頭一つ抜きんでた立場を手に入れたことを意味する。

承元三年（一二〇九）十一月、義時は勲功のある郎従の御家人への取り立てを実朝から却下されていたが、合戦後、侍所別当に就任すると、被官の金窪行親《かなくぼゆきちか》を所司（次官）に任命している。この結果、義時の被官が御家人を統制し、他の御家人とは一線を画す地位に付くことに成功した。義時は、和田氏を武力で打ち負かし、侍所別当を兼任したことによって、幕府内に確固たる地位を築き、北条氏の政治的基盤を盤石なものとしたのである。

和田合戦の意義

鎌倉幕府にとって、和田合戦はいかなる意味をもったのか。第一は、北条氏が幕府指導者としての立場（将軍後見としての執権）を確立したことである。そして第二に、官途の推挙に関

和田義盛木像（非公開、拝観不可）（来福寺蔵。三浦市教育委員会提供）

和田一族の墓と伝わる和田塚（鎌倉市）

する制度の変更が挙げられる。義盛は上総介への推挙を実朝に内々に懇願した後、広元に嘆願書を提出していた。このことは、実朝との個人的な関係が官職に影響する一方で、広元を介さざるを得ない制度であったことを意味する。しかし合戦後、官職については、直に嘆願書を提出するのではなく、家督を介して奉公人に申請するようにとの命令が下っている。ここで、官職が家督の元に一本化されることによって、かつての義盛のように、将軍に直接懇願することができなくなった点は重要である。義時・広元側が実朝と個々の御家人との密接な関係構築の再発を防ぐ意図のもと、制度の変更を行なったとみてよい。官途推挙権は、将軍権力の一つであったが、ここに義時はメスを入れたのである。

加えて重要なのは、幕府が家督を通じて御家人を統制しようとしている点である。合戦の結果、一族内部の対立が解消され家督が固定化したために可能となった側面もあるのではないだろうか。したがって、和田合戦を経て御家人統制のあり方に変化の見られることが指摘できる。そして、義時はその過程で侍所別当の職を得、制度的にも裏付けられた立場を手に入れた。しかも、侍所別当の地位はまもなくして長男泰時に譲られており、侍所は完全に北条氏の手中に収まった。

一方、実朝は重臣の和田氏を失っただけでなく、今後個々の御家人と関係を築くことは困難となり、義時にますます依存せざるを得ない状況に置かれたといえよう。将軍が執権の承認なくして将軍権力を行使できない状況が、着々と形づくられていたのである。

和田合戦の影響

政所別当の増員

建保四年（一二一六）四月の政所下文から、政所別当が五名から九名に増員された。すなわち北条義時・大江親広・北条時房・中原師俊・二階堂行光の五名に、大江広元・源仲章《なかあきら》・源頼茂《よりもち》・大内惟信が加えられたのである。この別当の増員について、五味文彦氏は実朝の将軍権力の高揚を表すものとして捉えている（五味二〇〇〇）。

要するに、政所別当の増員をもって将軍権力が拡大したとみるのである。近年、新しい実朝像を示された坂井孝一氏も、五味氏の見解に賛同し、実朝が同年六月に権中納言に昇進し、二カ月後に左近衛中将を兼任した背景に、後鳥羽院による政治的支援を読み取ることで、将軍権力拡大の過程に別当増員を位置づけている（坂井二〇一四）。

しかし、政所別当の増員によって実朝の将軍権力が拡大されたといえるのだろうか。この問題については、すでに杉橋隆夫氏によって、批判が加えられているので、杉橋氏の研究に学びながら、検討を進めたい（杉橋一九八〇）。

重要なのは、増加された別当の顔ぶれと政務の実態である。まず、大江広元については、十年ぶりの復帰であり、義時の意向が反映されたものとみてよい。和田合戦という戦時に引き続き、老齢の広元を頼りにしたのであろう。

次に、源仲章は、実朝と順徳《じゅんとく》天皇（後鳥羽院皇子）の二人の侍読《じとう》をつとめた学者で、しばしば京・鎌倉を往復していた。後述するように、実朝と共に鶴岡八幡宮で刺殺される人物である。注目すべきは、源氏一門の大内惟信と源頼茂である。惟信は伊賀や伊勢などの守護をつとめ、都で検非違使に任ぜられた在京御家人で、頼茂も大内守護を担う在京御家人であった。京都を主たる活動の場とする彼らが幕政に加わり、政所下文に加判することは可能だったのであろうか。

そこで、現在知られる九人別当制下の政所下文五通を確認してみると、惟信が加判した例は二通にすぎず、頼茂に至っては皆無である。したがって、源氏一門が実朝の親裁を支えたとは考えがたく、その地位は名誉職的なものであったと推定される。

義時は源氏将軍家の二人を別当に登用することによって、政治の実権が源氏将軍の手から離れ、急速に執権北条氏に移っていく事態に対する不満を柔らげようとしたのではないだろうか。結局、実質的に政所別当として幕政運営を主導したのは、北条氏と大江氏であり、別当増員は、ここに形式上、源氏一門が加わったにすぎない。

むろん、実朝には将軍としての自覚があり、幕政にも関わっているが、将軍権力を行使するためには、執権義時や広元の承認・否認を必要としたと考える。実際に、実朝の意見が通らないこともあった。たとえば、建保二年（一二一四）四月、実朝が後鳥羽院への恩と父頼朝の徳に報いるために建立した大慈寺の供養について評議が行なわれ、このとき実朝は供養の導師として都の高僧を招請すべきであると主張した。しかし、義時や広元たちは、万民の煩いを理由に関東に住む僧侶を用いるべきであるとして反対し、実朝の意見を退けている。

その一方、『吾妻鏡』建保六年（一二一八）十二月二一日条は、執権、政所執事、それ以外の家司（政所別当など）という順で書き分けており、かつて執権別当の職務であった政所運営の責任は執事に移り、執権をその上級職とする体制が定着していた事実が窺える。この頃までには、執権を幕政の実質的主導者、将軍権力全般の後見職とみなす観念が成立していたのだろう。和田合戦に勝利し、幕府内での地位を安定させた義時は、執権権力を拡大させ、実質的な政治の実権を掌握したのであった。

実朝の渡宋計画

建保四年（一二一六）六月、東大寺再建の際に大仏を造った宋人の陳和卿《ちんなけい》が鎌倉に到着し、実朝の前世は舎利信仰の聖地である育王山《いくおうざん》の長老であると告げた。六年前の夢想との合致に感動した実朝は、育王山を訪れるために渡宋を企て、陳和卿に造船を命じると、従者六十名を定めた。義時や広元は何度も諫めたが、実朝が諦めることはなく、由比ガ浜で進水を行なった。しかし、唐船が浮かぶことはなかった。

この渡宋計画については、事実がどうかも含めて、歴史学者や文学者によりさまざまな解釈

鎌倉時代の13世紀に制作された聖徳太子の二歳像（聖徳太子立像。東京国立博物館蔵。ColBace）

がなされてきた。北条氏から逃れるため政治的亡命を果たそうとした、将軍に従う御家人を選別しようとした、幕府の首長として南宋を巡検しようと考えたなど、挙げたら切りがない。『吾妻鏡』の創作話として一蹴することも可能であるが、どの説を採ろうと、実朝が仏教、とくに前世の信仰に耽溺し得た人物であったことは確かである。

現代に生きる我々の感覚からすれば、前世を信じ、渡宋を計画した実朝の行動は突飛にも感じる。しかし、古くは一般に、子どもが三歳のとき、前世を尋ねる風習があった。例えば、前世を問われた四条《しじょう》天皇は、泉涌寺《せんにゅうじ》の開山の名を答えたという。また、平安時代には、ある蔵人《くろうど》が先帝が龍王となって北海に住まわれていることを信じ、身を孤舟に托して海上に去ったという説話がある。このように前世の信仰が確立している社会では、実朝も再誕や後身というものを信じたとて不思議ではない（櫻井一九二九）。

また、これもすでに戦前の段階で指摘されていることだが、この計画には実朝の太子信仰が影響している（荻野一九三七）。実朝は、父頼朝と同じく熱心な太子信仰の持ち主であった。

『吾妻鏡』には、実朝が栄西に帰依し、聖徳太子を崇敬していたことを窺わせる記事が散見するが、とくに実朝が信仰したのは、太子の二歳像である。これは太子二歳の春、東方に向って「南無仏」と唱えた際、握っていた掌から舎利が現れたという伝承に基づくものである。よって、実朝の太子信仰は舎利信仰とも密接に関連しており、実朝が舎利信仰の聖地でもある育王《いくおう》山《ざん》を訪ねたいと願うのは自然な流れであった。

さらに、実朝の宗教性に目を向けてみよう。鎌田五郎氏によれば、実朝がもっとも関心を抱いていたのは、源平合戦で多くの人命を奪った父頼朝の死後の行方であり、殺生罪を犯した頼朝の子である自身の罪業であった（鎌田一九八三）。これ以前、実朝は和田義盛以下の合戦で亡くなった人々が自分の前に群参するという夢をみて、すぐに仏事を営んでおり、父のように殺生を重ねた罪深き自身の死後を相当に案じていた可能性が高い。仏教では、罪業は前世からのものと理解するため、実朝が精神的に不安的なときに陳和卿から前世の話を聞き、育王山を訪れたいと願ったのも頷ける。義時も当初は、将軍の不在は幕府の存続に危険をもたらすだけに反対したが、実朝の熱心な信仰心に押され、最終的には容認したのであろう。

実朝の後継者

実朝が二十七歳を迎えた建保六年（一二一八）、坊門信清の娘を御台所に迎えてから、十四年の月日が経とうとしていた。夫婦仲は良好であったが、未だに子がいない。そこで、この年の二月、幕府では政子自身が上洛し、朝廷と交渉することが決まる。弟の時房と政所執事の二階堂行光（行政の息子）を随えた政子は、熊野詣と称して鎌倉を旅立った。皇子下向の交渉は、北条氏や広元といった幕府首脳陣しか知らない情報であった。将軍の交替は、御家人たちの動揺を引き起こしかねないからである。

朝廷側の窓口となったのは、卿二位藤原兼子。実朝の婚姻の際にも活躍した後鳥羽院の女房である。承元元年（一二〇七）に従二位に進んだ彼女は、父範兼《のりかね》が刑部卿《ぎょうぶきょう》であったところから、卿《きょうの》二位《にい》と呼ばれ、依然として後鳥羽院政下において隠然たる力を有していた。

熊野詣を終えた政子は、京都へ立ち寄り、卿二位と何度か面会の機会を持った。協議の結果、冷泉宮頼仁親王《れいぜいのみやよりひとしんのう》を候補とする内諾を結んでいる。卿二位には、自分の養育している頼仁に皇位への見込みがなければ、将軍にしたいという思惑があったと考えられる。

いくら虚弱体質であるとはいえ、実朝には今後男子が生まれる可能性もある。そのような状況で皇子下向の承諾を得たことは、やや性急にも感じられるが、幕府存続に関わる重大事であり、かつ将軍の後見であることを権力掌握の淵源とする執権北条氏の地位を安定させるためにも、積極的に進められたと推測される。何より実朝自身が将軍職を譲る意志を持っていたとみてよい。実子なく源氏将軍の断絶を意識していた実朝には、官位を上昇させ将軍家の家格を上げたうえで譲りたいという意向があった。

官打ち説の是非

実朝の後継者が交渉される一方で進められたのが、実朝の官位昇進である。実朝は建仁三年（一二〇三）従五位下・征夷大将軍となり、同十月には右兵衛佐に任官し、翌年には右近衛少将に、翌元久二年（一二〇五）には右近衛権中将（正五位下）、承元三年（一二〇九）十八歳で公卿《くぎょう》（三位以上）に昇進している。建保四年（一二一六）、権中納言（正二位）を兼任、さらに左近衛中将に昇り、建保六年（一二一八）正月に権大納言、三月左大将を兼ね、十月内大臣に任ぜられた。そして、十二月にはついに右大臣まで昇りつめたのである。承久の乱後に成立した『承久記』は、朝廷が実朝の意のままに官位を与え、「官打ち」にするために実行されたといっている。「官打ち」とは、分不相応な官位の昇進を行ない、その人が官位の重さに負けて、不幸な目にあうことをいう。

しかし、元来、将軍家は摂関家庶子に準じた家格を有しており、晩年の実朝の昇進は決して異例と言える程のものではなかった（元木一九九七）。先の皇子頼仁下向の内諾は、後鳥羽院の意向でもあったことは間違いない。後鳥羽は、実朝や皇子を介して、幕府をも支配下に置くことを期待していたと考えられる。したがって、後鳥羽が意図的に実朝を官打ちにしたとは考え難い。また、実朝が内大臣任官からわずか二か月で右大臣となることができたのは、建保六年十一月に左大臣九条良輔（兼実の四男）が疱瘡に罹り、三十四歳の若さで急死したからであ

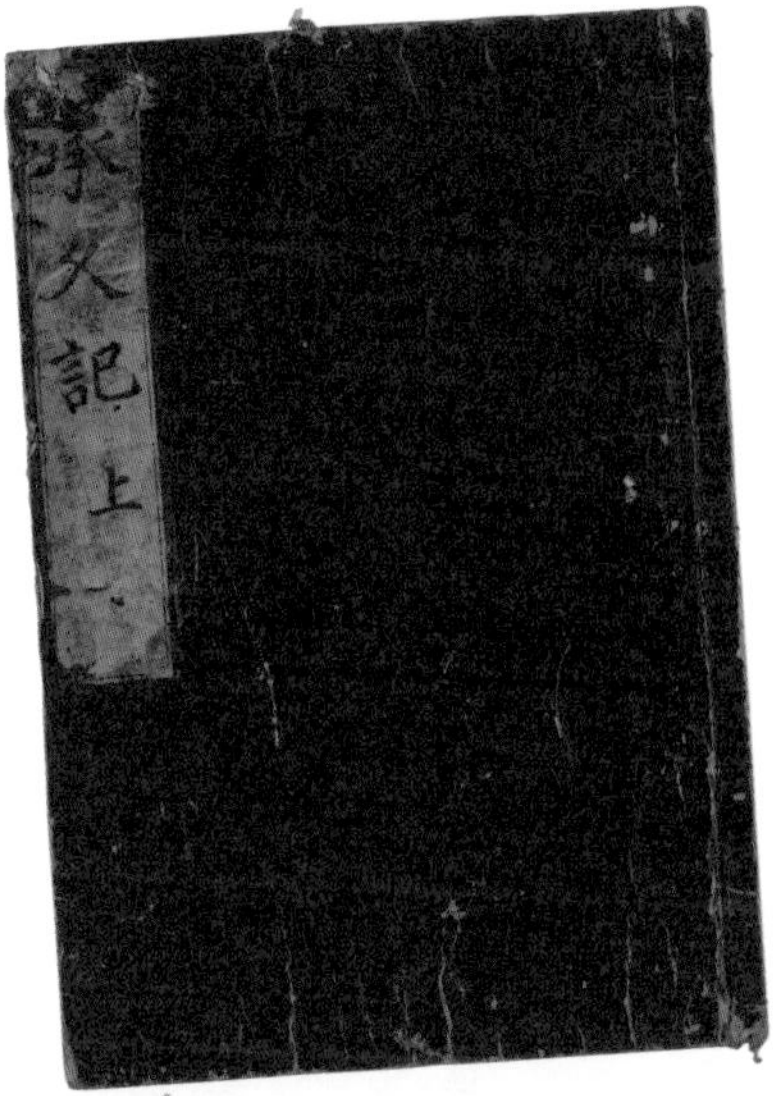

『承久記』の表紙と、「官打ち」の記述（10行目。京都府立京都学・歴彩館蔵）

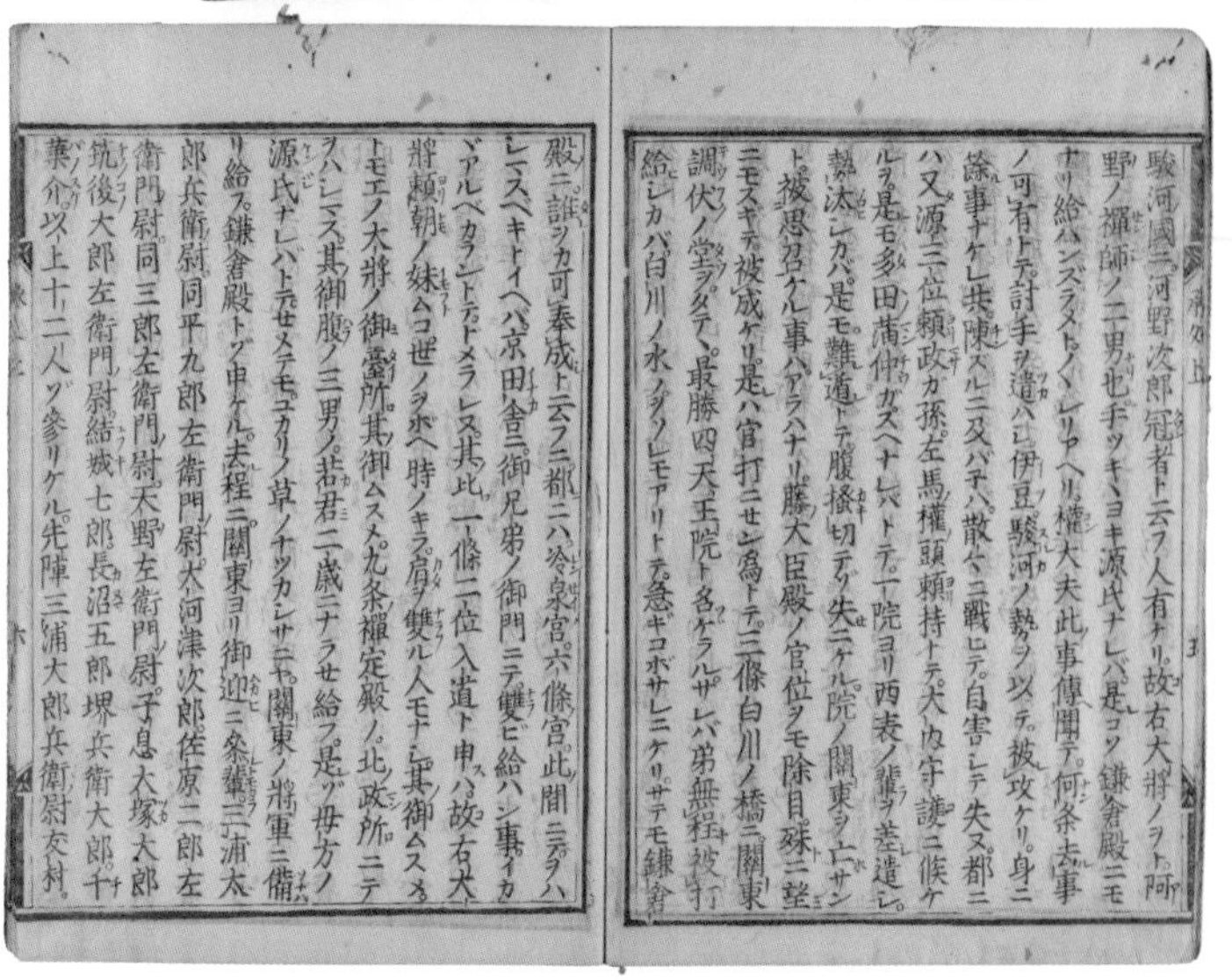

駿河國ニ河野次郎冠者ト云フ人有ナリ。故右大將ノヲト阿
野ノ禪師ノ二男也。手ツキ、ヨキ源氏ナレバ、是コソ鎌倉殿ニモ
ナリ給ハンズラメトゾ、レリアヘリ。權大夫此事傳聞テ、何条去事
ノ可有トテ、討手ヲ遣ハシ、伊豆駿河ノ勢ヲ以テ、被攻ケリ。身ニ
餘事ナケレ共、陳スルニ及バネバ、散々ニ戰ヒテ自害シテ失ヌ。都ニ
ハ又源三位頼政カ孫左馬權頭頼持トテ大内守護ニ候ケ
ルヲ、是モ多田蒲仲ガスヘナレバトテ、一院ヨリ西表ノ兵ヲ差遣シ
勢汰シカバ、是モ難遁トテ、腹掻切テゾ失ニケル。院ノ關東ヲ亡サン
ト被思召ケル事ハ、アラハナリ。藤大臣殿ノ官位ヲモ除目ヲ殊ニ望
ニモスギテ被成ケリ。是ハ官打ニセン為トテ、二條白川ノ橋ニ關東
調伏ノ堂ヲタテ、最勝四天王院ト名ケラルレバ、弟無程被打
給ヒシカバ、白川ノ水ノタノミモアリトテ、急ギコボサレニケリ。サテモ鎌倉

殿ニ誰ヲカ可奉成ト云フニ、都ニハ冷泉宮、六條宮、此間ニテラハ
レマスベキナイヘバ、京田舎ニ御兄弟ノ御門ニテ雙ビ給ハン事イカ
ゞアルベカラントテ、ドメラレヌ。其比一條ニ位入道ト申スハ、故右大
將頼朝ノ妹ムコ世ノタメヘ時ノキラ肩ヲ雙ル人モナシ。其御ムスメ
トモエノ大將ノ御臺所。其御ムスメ九条禪定殿ノ北政所ニテ
ヲハシマス。其御腹ノ三男ノ若君二歳ニナラセ給フ。是ゾ母方ノ
源氏ナレバトテ、セメテモユカリノ草ノナツカシサニヤ、關東ノ將軍ニ備
リ給フ。鎌倉殿トゾ申ケル。去程ニ關東ヨリ御迎ニ參ル輩ニ三浦太
郎兵衛尉、同平九郎左衛門尉、大河津次郎、佐原二郎左
衛門尉、同三郎左衛門尉、天野左衛門尉、子息大塚太郎
筑後太郎左衛門尉、結城七郎、長沼五郎、堺兵衛太郎、千
葉介、以上十二人ゾ參リケル。先陣三浦太郎兵衛尉友村。

る。この結果、右大臣の九条道家が左大臣に、内大臣の実朝が右大臣に繰り上がった。したがって、急速な昇進には偶発的な側面もあった。

『承久記』は、実朝が右大臣拝賀の場で暗殺されたことや、この死を契機として朝幕関係が悪化し、承久の乱が勃発したことを「官打ち」と結びつけて語ったにすぎない。ただ、王朝官職に通じる大江広元は、実朝が中将を兼帯する中納言となり、最上級貴族の証を得たことについて「中納言中将に昇り御《たま》ふ。摂関の御息子に非ずんば、凡人に於いてはこの儀有るべからず」と危惧している。また、後世に同様の認識のあったことは、南北朝時代の北畠親房《きたばたけちかふさ》が著した故実書『職原抄《しょくげんしょう》』に「凡人之を兼ぬ。実朝公是れなり」とあることからもわかる。このことは、将軍家が朝廷から摂関家に準ずる待遇を受ける一方で、実朝は依然として「凡人」で摂関家と同等の家格に達していないという認識のあったことを物語る（青山一九八五）。官打ち説が唱えられた前提として、朝廷からの待遇をよいことに、思い通りの昇進を果たした実朝に対する非難の目があったのかもしれない。

源氏将軍断絶の衝撃

将軍実朝の死

承久元年（一二一九）正月二十七日、雪の降る鶴岡八幡宮で惨劇が起きた。右大臣拝賀の儀式中、将軍実朝が頼家の遺児公暁に殺されたのである。この前代未聞の将軍暗殺事件については、『吾妻鏡』にみえる事件当日の行動が不自然であることから義時を黒幕とみる説が古くからあった。『吾妻鏡』に北条氏に都合の良い曲筆が加えられていることはすでに述べたが、ではなぜ編纂者は、義時の行動に不審を抱かせるような書き方をしたのだろうか。ここでも、事件の経緯を記す『愚管抄』と『吾妻鏡』を比較することで、義時の行動を検討し、事件の真相に迫りたい。『愚管抄』は、鎌倉に下向し、拝賀に参列した五名の公卿を列挙した後、次のように記す。

夜に入《いり》て奉幣終《ほうへいおわり》て、宝前の石橋をくだりて、扈従《こじゅう》の公卿列立したる前を揖《い》して、下襲尻《したがさねのしり》引《びき》て笏《しゃく》もちてゆきけるを、法師のけうさう《（行装）》・ときん《（兜巾）》と云物《いうもの》したる、馳せかゝりて下がさねの尻の上にのぼりて、頸を一のかたなには切て、たふれければ、頸を討ち落して取てけり。追いざまに三四人同じやうなる者の出《いで》きて、供の者追い散らして、この仲章が前駈して火ふりてありけるを義時ぞと思て、同じく切ふせてころしてうせぬ。義時は太刀を持て傍らに有けるをさへ、中門に止まれとて留めてけり。大方《おほかた》用心せず、さ云ばかりなし。皆蜘の子を散すがごとくに、公卿も何も逃げにけり。かしこく光盛はこれへはこで、鳥居にもうけてありければ、わが毛車《けぐるま》に乗りて帰りにけり。みな散々に散りて、鳥居の外《そと》なる数万の武士これを知らず。此《この》法師は、頼家が子を其《その》八幡の別当になしてをきたりけるが、日ごろをもいもちて、今日かゝる本意をとげてけり。一の刀の時、「をやの敵はかくうつぞ」を云ける、公卿どもあざやかに皆聞けり。（後略）

夜になって、奉幣を終えた実朝は宝前の石橋を下り、公卿たちの前を下襲を引きながら、手には笏を持って進んでいた。そこに、兜巾を被った法師が走り寄り、下襲の上を踏みつけて、太刀で頭部に切りかかり、実朝が転倒したところで、その首を打ち落とした。すぐに同じような姿をした三、四人が現れ、供奉する者を追い散らし、実朝の前で松明を振っていた源仲章を義時と思って斬り殺し、行方をくらませた。義時は、太刀を持って実朝の傍らにいたが、が中門に止まるよう命じたので留まっていたのである。多くの者が用心していなかったことは、いうべき言葉もない。

皆が蜘蛛の子を散らすように逃げていくなかで、公卿たちも逃げたが、賢い平光盛だけは境内に入らず、鳥居のあたりで待っていたので、自分の牛車に乗って帰った。皆散り散りになり、鳥居の外に控えていた数万の武士は事件を知らなかった。この法師は、頼家の遺児で、八幡宮の別当にしていたのだが、長く思い続けて、今日このような本意を遂げたのである。一の刀のとき「親の敵はこのように討つのだ」と言ったのを、公卿たちは皆はっきりと聞いたという。

波線部では、平光盛の行動を特筆しており、慈円が光盛の話を書き留めていたことを窺わせる。したがって、『愚管抄』の実朝暗殺に関わる記述は、殺害現場を目撃した光盛自身の体験談がもとになっていると考えてよく、かなり信頼できる記事であるといえる（平泉一九九〇）。

公暁が長年のあいだ恨みを抱いていたこと、その動機は親である頼家の敵討ちであり、実朝と義時の殺害が目的であったことなどがわかる。また、傍線部にあるように、義時は太刀を持って将軍の傍近くに仕える御剣役《ぎょけんやく》であったが、実朝から本宮には入らず、中門に控えているよう命じられていた。この結果、松明を持ち、実朝の前を歩いていた源仲章が誤って殺され、義時は命拾いすることになったといえる。

その後の公暁の動向も確認しておこう。公暁は、実朝を討った自分こそが次の将軍にふさわしいと考え、乳母夫であり第一の郎等と見こんでいた三浦義村の邸宅に向かったが、義村は公暁の言葉を義時に報告すると同時に、討手を差し向けた。討手と遭遇した公暁は勇猛に戦ったが、義村邸の前でついに討ち取られた。実朝の首は雪の中からみつかったという。

ここでも、義村の迅速な判断によって、事件は終息をみた。一方、『吾妻鏡』には、『愚管抄』とはかなり異なった記述がみえる。両書の相違点を検討することで、『吾妻鏡』の編纂意図についても考察を加えたい。

『吾妻鏡』建保七年正月二十七日条によれば、この日は夜になって雪が降りだし、およそ二尺あまり（約六十㎝）も降り積もった。午後六時ごろ、実朝は御所を発し、その行列は坊門忠信《ぼうもんただのぶ》（実朝の義弟）のほか、西園寺実氏《さいおんじさねうじ》（母は一条能保《いちじょうよしやす》の娘）や藤原国通《ふじわらのくにみち》（義時の妹婿）、平光盛（頼盛の子で池禅尼の孫）ら幕府との縁も深い五名の公卿、殿上人十名、さらに多くの御家人たち、随兵一千騎が参列するという盛大なものであった。しかし、実朝が八幡宮の楼門を入ったところで、不可思議な出来事が起こる。ここが『愚管抄』との最大の相違点である。すなわち、実朝の御剣役であった義時が、にわかに体調不良となり、剣を源仲章に譲って退出し、神宮寺で回復した後、小町の自邸に帰ったのである。『愚管抄』では八幡宮の中門に控えていた義時が、『吾妻鏡』では自邸に戻っている。

これに関わって注目すべきは、同年二月八日条である。これによれば、義時は霊夢の告げによって大倉薬師堂を建立したところ、事件当日の戌の剋、霊夢に出てきた白い犬が傍らにいるのをみて体調不良になり、御剣を仲章に譲って退出した。公暁は義時が御剣役であることを知っていたので、仲章の首を斬った。この時、大倉薬師堂の戌神《じゅつしん》像は、堂内に鎮座していなかったという。要するに、『吾妻鏡』は、戌神の加護によって義時が命拾いしたと主張するのであり、これに従えば、実朝暗殺は義時不在時の出来事ということになる。

『吾妻鏡』偽作の背景

『吾妻鏡』の描く義時の言動は、きわめて不自然である。大倉薬師堂建立の加護で体調を崩し、現場にいなかったとするのは、あまりによくできた話であろう。先述した通り、実朝の暗殺に関する『愚管抄』の記述は信憑性が高い。したがって、『愚管抄』の方が真相を伝える史料として重視すべきである。その上で、編纂者が偽作を行なった理由を考えなければならない。

『愚管抄』を重視する奥富敬之氏は、北条得宗の初代である義時が、実朝から「中門にとどまれ」と命ぜられる程度の存在だったとは、あえて書くことができなかったと指摘し、この結果、近世の新井白石や近現代の人たちは義時を暗殺の黒幕と疑うようになったと推測する。

しかし、すでに坂井孝一氏も指摘するように、中門に留められたのは、義時だけでない。北条時房や足利義氏などを含む前駈二十人全員であり、ゆえに公暁が実朝を襲った時、誰一人として対応することができなかったのである（坂井二〇一四）。

ここで思い出されるのは、慈円のこの事件に対する見解である。すなわち、傍線で示した「大方用心せず、さ云ばかりなし」の部分である。この文言に初めて着目した平泉隆房氏は、このような幕府の不用心に対する批判をかわすため、『吾妻鏡』では義時不在を偽作し、義時への論難を回避する必要が生じたのではないか、と鋭く指摘する。加えて、『六代勝事記』にみえる、実朝の死後、多くの御家人が出家するなかで、義時の一族からは一人も出家者はいな

実朝が公暁に殺害される場面を描いた錦絵（月岡芳年「美談武者八景 鶴岡の暮雪」。個人蔵）と殺害現場となった鶴岡八幡宮の石段（鎌倉市）

かったと批判する記述や「なを恨《うらむ》らくは武勇のはかりごとのたらざるにたるものか」と、将軍暗殺を許した幕府首脳陣を非難する記述に注目し、こういった批判が公家側には相当にあり、そのことが、『吾妻鏡』編纂時にも問題となって編纂者が偽作を余儀なくされたと推測する。いずれも傾聴すべき意見である。

要するに、『吾妻鏡』は拝賀に供奉しながら、実朝の暗殺を防ぐことができなかった義時を弁護するために、脚色を加えたのであった。したがって、『吾妻鏡』に基づく義時黒幕説は成立しえない。むしろ、実朝を失ったことは、義時の生涯における最大の失態といってよい。

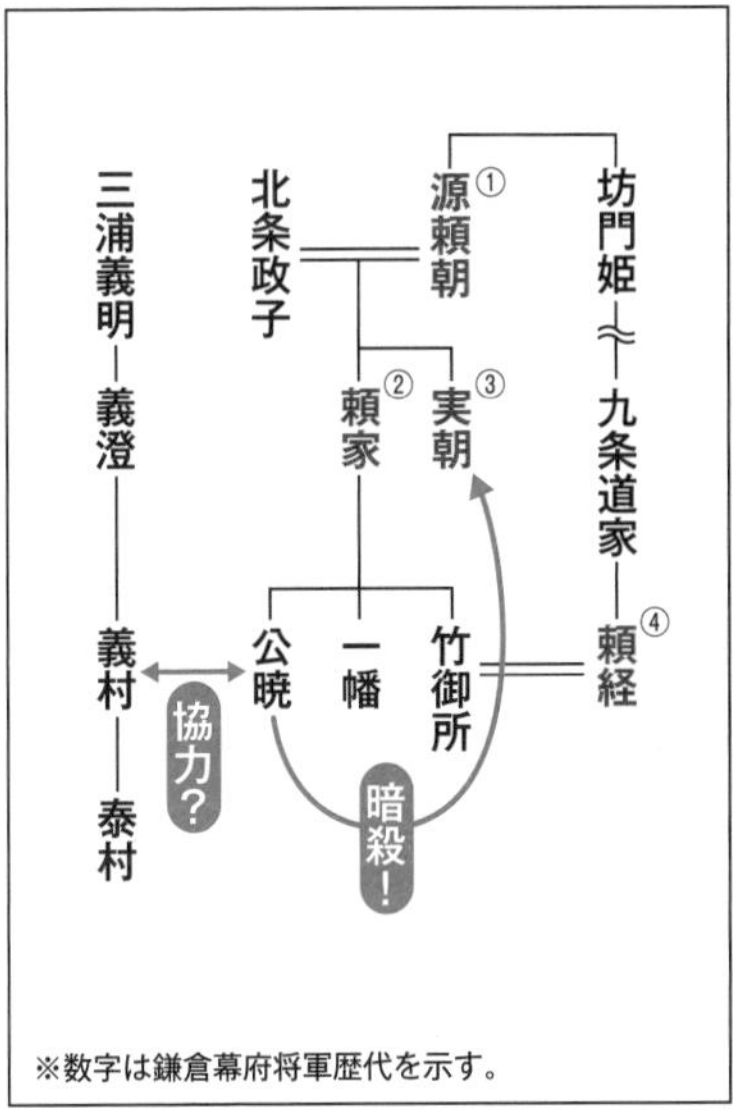

実朝暗殺関係略系図

しかも、暗殺の動機となった頼家殺害は、義時が手下に命じて実行させたものであった（127〜128頁）。このことを公暁も知っていたのであろう。「親の敵はかく討つぞ」という第一声は、とりわけ義時に向けて発せられたものだったと考えられる。本来、実朝の護刀となるべき義時は、実朝の身体を首と胴の二つに分かつ刃となってしまったのであった。

暗殺の黒幕

義時黒幕説に次いで有力なのが、三浦義村黒幕説である。これは、歴史作家の永井路子氏が提唱した説で、中世史の大家である石井進氏がその可能性を認めたことで、多くの研究者の支持を得た。永井氏は、拝賀の行列に義村の姿がみえないこと、また公暁が乳母夫の三浦義村を頼ったという『吾妻鏡』の記述に注目し、公暁に実朝と義時を討たせると同時に、義村が義時の小町邸を攻める計画を立てていた可能性を指摘している。

しかし、『吾妻鏡』のみに基づくため、論証としては弱く、義村が鶴岡八幡宮にいた可能性も捨てきれない（平泉一九九〇）。これまで述べてきた通り、三浦氏は一貫して北条氏と協調関係にあり、実朝を支える重臣のひとりであった。実朝や義時を殺すほどの理由は見当たらない。

結局、消去法ではあるが、公暁による単独犯行と考えるのが、もっとも妥当である（山本二〇〇一、坂井二〇一四など）。『吾妻鏡』の記事が偽作である可能性が高い以上、これに基づいて黒幕説を唱えることは意味を持たない。おそらく公暁は、長い間、自分こそが正統な後継者であるという意識を持っていた。しかし、次期将軍に皇子を迎える計画を耳にしたことで暗殺を決意する。父を手にかけた義時を殺すことで親の敵を討ち、現将軍である実朝の命を大勢の目の前で奪うことによって、自身こそが次の将軍になるべき人物であることを主張する意図がたのだろう。

いずれにせよ、実朝がこの世を去り、源氏将軍が途絶えたのは確かである。義時としては、自分だけが命拾いしたこと、また頼家の死に続き、殺害の原因をつくったという点で実朝の死にも関与したことに、相当な罪悪感を抱いたと思われる。しかし、狼狽《うろた》えてばかりもいられない。源氏将軍の途絶によって、幕府は瓦解する可能性さえあったのである。

慈円や義時の実朝評

ところで、慈円は幕府だけでなく、殺された実朝にも辛辣であった。『愚管抄』には、「又おろかに用心なくて、文の方ありける実朝は、又大臣の大将けがしてけり。又跡もなくうせぬるなりけり」とみえ、不用心で武芸よりも文学に心を入れた実朝は、右大臣の名誉を穢し、また後継者もなく消えてしまったと非難している。

この背景には、九条家の人間が亡くなり、実朝が右大臣に就任することができたにもかかわらず、右大臣就任の名誉を傷つける先例を作ったことに対する憤りがあったと考えられる。また、武家の棟梁であるにも関わらず、愚かにも無防備で、武よりも文に注力したために、易々と殺されたと捉えていたことが窺える。

近年、和歌や蹴鞠に没頭した文弱な実朝像を否定し、新しい実朝像を創出した坂井孝一氏は、実朝にとっての和歌や蹴鞠は、後鳥羽院を模範とした伝統文化を吸収することを意味し、武家政権の首長として御家人たちの上に君臨する上で有効な方法であったと指摘する。そして、父頼朝は和歌に、兄頼家は蹴鞠にも秀でていたと述べる（坂井二〇一四）。

確かに、伝統文化を吸収し、後鳥羽院との関係を良好に保つことは、将軍としての重要な役割である。ただし、これは武芸にも優れていることを前提とするのではあるまいか。将軍に限らず、武士は武家の教養として武芸と歌道を等しく重視していた。

実際、頼朝と頼家は和歌・蹴鞠に才能を発揮したが、彼らはまた百発百中の芸を身に着けた弓矢の名手でもあった。先述した通り、実朝は疱瘡罹患後、和歌に傾倒してゆく。このとき、義時が実朝の態度を心配したのは、武芸を疎かにし和歌を重んじることが、将軍のあるべき姿ではないと判断したからであろう。御家人の長沼宗政も、実朝が和歌・蹴鞠に没頭し、武芸を蔑ろにする態度を批判している。したがって、実朝は武芸を軽んじたという点で頼朝・頼家とは異なっており、当時から和歌や蹴鞠に没頭する文弱な将軍として評価されていたと考える。

三寅の下向と尼将軍政子

後鳥羽院との関係悪化

実朝の死によって源氏将軍が断絶すると、二月十三日、幕府は政所執事の二階堂行光を上洛させ、後鳥羽院の皇子雅成《まさなり》親王・頼仁《よりひと》親王のいずれかを鎌倉に迎えたいと奏上すると同時に、伊賀光季《みつすえ》（義時の後妻伊賀の方の兄）と大江親広（広元の息子）を京都守護として派遣した。これまで朝廷と幕府は融和関係にあっただけに、実朝の死によって関係性にも変化が生じることは目に見えていた。そこで、義時と広元は、一族内でもっとも信頼のおける人物を京都守護の要職に就けたと考えられる。

閏二月四日、後鳥羽院は、幕府側の希望について、日本国を二分しかねないと危惧し、皇子の下向を認めなかった。加えて、側近の藤原忠綱を鎌倉に遣わし、実朝の死を弔うと同時に、寵愛する白拍子亀菊《かめぎく》の所領で、義時が地頭である摂津国長江荘《ながえのしょう》・倉橋荘《くらはしのしょう》（大阪府豊中市）の地頭を改補するように命じてきた。後鳥羽院は、あえて無理難題を押し付けることで、義時の反応を窺い、今後の幕府対応を見定めようとしたのである（上横手一九七一）。

当然、御家人の所領保護を大原則とする幕府がこのような要求を受け入れられるはずもなく、義時は院の命令を拒否した。三月十五日、その回答のため、弟の時房を千騎の武士を率いて上洛させると同時に、再び将軍の下向を求めている。この結果、後鳥羽は、摂関家の子弟の下向を認め、幕府では、九条教実（道家の長男）を迎えようという意見が三浦義村から出された。また、使者をつとめた藤原忠綱は、自身が養育していた九条基家《もといえ》（道家の弟）を将軍に立てようと画策していた。

九条頼経（『集古十種』より。国立国会図書館蔵）

三寅の下向

その後、幕府は摂関家である九条道家の子息の中から候補者を選出することを求めた。こうして最終的に選ばれた人物こそ、道家三男の三《み》寅《とら》である。この実現に漕ぎつけたのは、一般に親幕派で三寅の祖父にあたる西園寺公経《さいおんじきんつね》の尽力が大きかったとされる。しかし、建保五年（一二一八）―一月に後鳥羽の勘気をこうむり、公経の政治力は低下していた。そこで、三寅下向の立役者と考えられるのが摂関家出身の天台座主慈円（『愚管抄』の著者）である。

種々の霊夢を被った慈円は、三寅の下向を神々の神意と確信していた。そこで、道家や公経に理解を求め、後鳥羽にも積極的に働きかけたと考えられる。折しも、建保七年（承久元年）の春・夏、慈円は後鳥羽の祈禱を勤仕しており、両者の関係は良好であった。後鳥羽に三寅の下向を訴えた可能性は十分に認められる（坂口二〇二〇）。

六月三日、下向の宣下がなされ、同月二十五日、三寅は都を出立した。幕府が朝廷に交渉をもちかけてから、すでに四か月近くの歳月が過ぎていた。

尼将軍政子の誕生

七月十九日、三寅は鎌倉に到着。大倉の義時邸に入り、政所始めの儀式が執り行なわれた。三寅はこれ以降、義時邸を居所としており、義時が後見役を務めていることがわかる。わずか二歳の三寅が政治を主導できるはずもなく、幼少のあいだは、政子自らが幕政を主導することに決めた。いわゆる「尼将軍」の誕生である。政子のニックネームでもある「尼将軍」の呼称は、政子存命時から存在したのかは明らかでないが、『愚管抄』などの同時代史料をみるに、政子が源家将軍の跡を受け継いだと捉えられていたことは確かである（藪田二〇〇八）。実際に、幕政を担当したのが義時であったことはいうまでもない。義時は、かつての父時政と同様、単著下知状を発給するようになる。

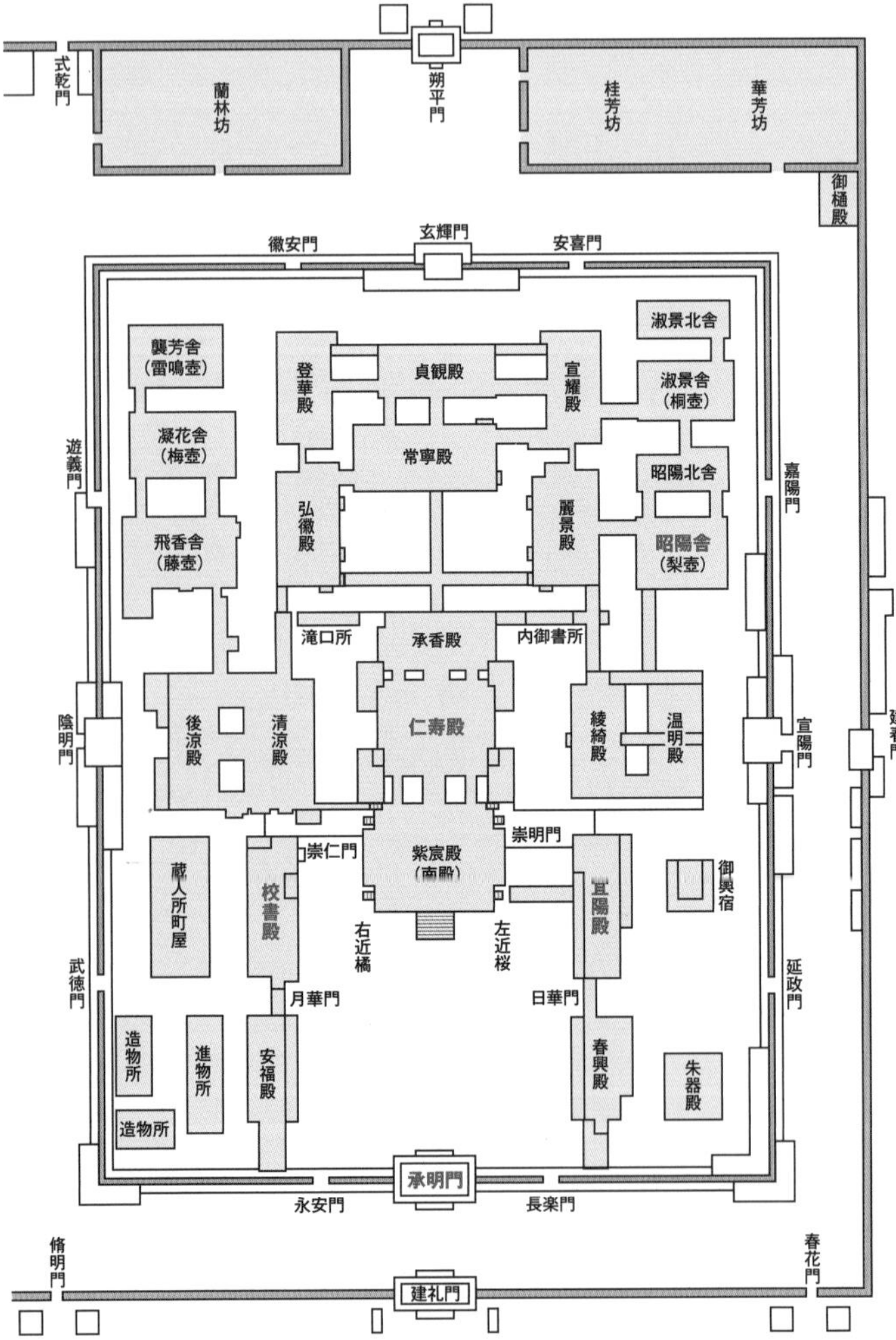
式乾門
蘭林坊
朔平門
桂芳坊
華芳坊
御樋殿
徽安門
玄輝門
安喜門
淑景北舎
襲芳舎（雷鳴壺）
登華殿
貞観殿
宣耀殿
淑景舎（桐壺）
凝花舎（梅壺）
常寧殿
昭陽北舎
遊義門
嘉陽門
弘徽殿
麗景殿
飛香舎（藤壺）
昭陽舎（梨壺）
滝口所
承香殿
内御書所
後涼殿
清涼殿
仁寿殿
綾綺殿
温明殿
陰明門
宣陽門
建春門
崇仁門
紫宸殿（南殿）
崇明門
蔵人所町屋
校書殿
宜陽殿
御輿宿
右近橘
左近桜
武徳門
延政門
月華門
日華門
造物所
進物所
安福殿
春興殿
朱器殿
造物所
承明門
永安門
長楽門
脩明門
建礼門
春花門

平安京内裏図

承久の乱と義時追討の宣旨

源頼茂の謀反

実朝の死は、多くの人々に衝撃を与え、さまざまな事件を引き起こした。源頼茂《みなもとのよりもち》の挙兵もその一つである。頼茂は、大内の守護を代々務める一方、政所別当にも任じられ、源氏一門として幕府でも一目置かれた存在であった。承元元年（一二一九）七月、この頼茂が京都で前代未聞の事件を引き起こす。事件のあらましを『愚管抄』を中心に、『吾妻鏡』・『仁和寺日次記』なども参照して確認したい。

摂津源氏源頼政の孫にあたる頼茂は、実朝の死を受けて、自分が次の将軍になるべきであると考えていた。しかし、摂関家の三寅が後継者に決まったことから、大内裏で謀反の心を起こし、これを在京の武士たちが後鳥羽院に訴えた。後鳥羽は頼茂を召喚したが、頼茂はこれに応じなかったため、追討の院宣が発せられた。在京武士たちは、頼茂の立て籠もる昭陽舎《しょうようしゃ》を攻め、頼茂は諸門を閉じ承明門だけを開いて合戦に及んだが、ついに仁寿殿《じじゅうでん》に追い込まれ、火を放って自害した。火は宜陽殿《ぎようでん》や校書殿《きょうしょでん》の塗籠《ぬりごめ》にも広がり、所蔵されていた仏像や即位式で使用される装束など、累代の宝物までもが焼けてしまった。

先述した通り、三種の神器なくして即位した帝王である後鳥羽院は、自身の正統性にコンプレックスを抱いていたが、このとき政務をなすべき内裏を焼かれたうえ、由緒ある宝物までも失い、その精神的衝撃は計り知れなかった。この後、一か月半ものあいだ寝込んだほどである。すぐに後鳥羽の命により内裏の再建が開始されるが、全国的に対捍《たいかん》行為が相次ぎ、用途不足もあって思うように進まなかった。

大内裏再建までの過程を詳細に分析した坂井孝一氏は、頼茂の謀反および大内裏再建を承久の乱の直接的な動機とみている。すなわち、頼茂の謀反を、将軍の地位をめぐる幕府の内紛に朝廷が巻き込まれた結果とし、公武対立の図式の中で捉えるのである（坂井二〇一九）。ただし、目崎徳衛氏が指摘しているように、「権門・大寺社・諸国・荘園こぞっての抵抗は、院の予想をはるかに越えて激しかった」というのが実情であり（目崎二〇〇一）、大内裏造営に対する対捍行為は、幕府の御家人だけに認められるわけではない。

さらに、『愚管抄』には、頼茂について興味深い記事がみえる。すなわち、「又頼茂とことにかたらいて、あやしき事二人も思けるに、頼茂が後見の法師からめられて、やうやう事申なんど聞へけるは、披露もなくて関東へくだしつかはしてけり」と記す。二人とは、頼茂と藤原忠綱を指し、二人の間で怪しい共謀があったが、不問に付されたというのである。実は、院近臣の忠綱は、実朝弔問のために鎌倉を訪れた際に、九条良経《よしつね》の息子基家を次期将軍に立てようと画策したが、このことが後鳥羽院の耳に入り、解官・所領没収の憂き目に逢っていた。続けて、『愚管抄』は、この忠綱の赦免を願っていたのが卿二位兼子で、二人はかつて順徳天皇の後の天皇の位を巡り、建保五年に西園寺公経《さいおんじきんつね》と対立していたと記す。

これらの事情を踏まえ、佐々木紀一氏は次のように推測する（佐々木二〇〇四）。冷泉宮頼仁は、花山院忠経《かざんいんただつね》の娘経子を室に迎えており、経子の母保子は能保と頼朝妹の間の女子であったから、頼仁と御息所の間に誕生する男子は、源義朝の血を引くことになる。したがって、後鳥羽の反対がなければ、卿二位の推す頼仁が将軍に就任する可能性は高かった。しかし、後鳥羽の意向によって将軍就任は頓挫し、代わりに政敵西園寺公経の外孫である三寅が候補に据えられた。そこで、卿二位は何らかの妨害を企み、発覚したのが頼茂謀叛と忠綱失脚の真相ではなかったか。後鳥羽は在京武士の訴えにより、頼茂の捕縛を試みたが、召喚に応じず討伐に至った。

すなわち、佐々木氏は、頼茂の謀叛を承久の乱に至る公武対立の図式で捉えず、後鳥羽院政下における権力闘争の一齣として位置づける。『愚管抄』の著者慈円は、三寅下向を主導した人物であるから、信憑性の高い内容とみてよかろう。また、慈円は公経に宛てた書状のなかで「実は後鳥羽院は大変に御立腹である。三寅の下向を本心では納得せず反対していたのを、自分がいろいろと工作して漸く下向に漕ぎつけた。やはり院は自分が武士を思うようにできないのは、不本意だと思っておられるようだ」と述べており（『門葉記』）、後鳥羽の挙兵の動機は将軍擁立問題に対する不満にあると認識している。

以上より、筆者は頼茂の謀反をあくまで院政下における権力闘争の一齣であると考えるが、元を辿れば、将軍擁立の問題が生じたのは、将軍実朝の死であり、将軍の死を易々と許した義時ら幕府首脳陣の怠慢に原因がある。次期将軍の座を巡る幕府との交渉、そして朝廷内部における熾烈な権力闘争の結果、後鳥羽は大切な大内裏を失った。公武関係は、悪化の一途を辿ったといってよいであろう。先述した通り、後鳥羽は長江・倉橋荘の地頭職停止を命じたが、これも幕府によって退けられてしまった。武士たちを手中に収めることができないことに憤りを感じた後鳥羽院は、追討を決意するに至る。

承久の乱の勃発

承久三年（一二二一）五月十五日、後鳥羽院は京都守護の伊賀光季を討つと同時に、北条義時の追討を命じる官宣旨と院宣を下した。ここに、承久の乱の火ぶたが切って落とされた。

義時の追討を命じる官宣旨の発給に先立ち、後鳥羽院は洛南鳥羽の城南寺の催事を理由に、畿内・西国の武士を召集していた。慈光寺本『承久記』によれば、この時集められた兵の数は一千余騎で、四月二十八日に着到して院御所高陽院《かやのいん》の警固を担当し、挙兵当日の五月十五日には、京都守護の伊賀光季の襲撃に加わっている。

五月十五日付の官宣旨では、「五畿七道」の武士に対し、「義時追討」の遂行が命じられた。注意すべきは、集結先が明記されておらず、必ずしも京都ではないという点である。この点に注目した白井克浩氏は、後鳥羽の作戦が、京都を起点として追討軍を編成して東国に進撃するのではなく、まず畿内・西国から召集した武士によって京中の制圧を行ない、次に宣旨によって反北条の東国武士に鎌倉を攻撃させるものであったという仮説を唱えている（白井二〇〇四）。確かに、東国武士をわざわざ京都に集結させ、鎌倉を攻めるのは非効率である。鎌倉攻めのための主戦力としては、東国武士を想定し、幕府の内部対立を誘発すれば、自滅すると考えていたのである。

後鳥羽院の誤算

同日付で、後鳥羽院は義時追討を命じる院宣も下していた。その内容は、実朝の死後、将軍の跡を継ぐ人がいないと訴えてきたため、摂政の息子三寅を下向させた。しかし、幼いのをよいことに、義時は野心を抱き、朝廷の威光を笠に着て振るまい、然るべき政治が行なわれなくなった。そこで、義時の奉行を差し止め、すべてを天子が決める。もしこの決定に従わず、なお叛逆を企てれば、命を落とすことになる。格別の功績をあげた者には褒美を与える、というものであった。義時を名指しで批判する点は、官宣旨と同じである。

慈光寺本『承久記』によれば、院宣は武田信光、足利義氏、北条時房、三浦義村ら八名に対して充てられたものである。何れも幕府の中枢を担い、かつ在京経験も豊富な有力御家人であった。後鳥羽は、私信という性格が強い院宣を、限られた有力御家人に与えることで、北条対反北条の対立構図を作り出すことを狙ったといえよう。このうち数人でも義時を裏切れば、義時殺害は容易であると考えていたに違いない。しかし、彼らの手に渡る前に、義時が院宣を回収したことによって、この作戦が上手くいくことはなかった。

鎌倉の動揺

北条義時の追討宣旨と院宣は、藤原秀康の所従押松に託されていた。五月十六日に京を発った押松は、十九日に鎌倉に入ったが、ほどなくして捕らえられ、院宣配布先の名簿などすべてを押収された。

幕府がこのように迅速な対応をとることができたのは、伊賀光季が討伐を受ける直前に発した使者や、西園寺公経の家司《けいし》三善長衡《みよしながひら》が発した使者が鎌倉に入って幕府首脳部にいち早く院挙兵を報せたほか、三浦義村のもとを押松とともに下ってきたという弟胤義の使者が訪れ、「勅命に従い北条義時を誅殺せよ。さすれば、勲功賞については望みどおりである、と後鳥羽院からの仰せを賜った」と記された胤義の書状を渡してきたからであった。義村は、返事もせずに使者を追い返し、義時のもとへ駆けつけると、押松を捕らえるよう進言したという。かくして、幕府側は宣旨や院宣が東国武士たちの手元に渡る前に、回収することができたのである。

尼将軍政子の演説

後鳥羽挙兵の報せは、首脳部に大きな動揺を与えた。ここで尼将軍の北条政子が演説を行ない、御家人たちの結束を促したのは、有名な話である。この演説については、『吾妻鏡』と慈光寺本『承久記』に詳しいが、前者については、『六代勝事記』を原史料としていることが明らかとなっている。したがって、政子の演説については、『六代勝事記』を第一とし、これに『承久記』を併せて、おおよその内容を知り得る（平田一九三九）。そこで、『六代勝事記』の記述を中心に、政子の演説を確認したい。

政子が有勢《うせい》の武士を庭中に召し集めて語ることには、「それぞれ心を一つにして聞きなさい。これは私の最後の詞《ことば》である。亡き頼朝様は、頼義・義家という清和源氏栄光の先祖の跡を継ぎ、東国武士を育むために、所領を安堵して生活を安らかにし、官位を思い通りに保証した。その恩はすでに須弥山《しゅみせん》よりも高く、恩に報いたいという思いは大海よりも深いはずである。不忠の悪臣らの讒言によって後鳥羽院は天に背き、道義にもとる武芸を誇って追討の宣旨を下した。汝たちは、男を皆殺しし、女を皆奴婢とし、神社仏寺は塵灰となり、優れた武士の屋敷は畠になり、東に伝来してきた仏法は半ばにして滅びることを思い巡らすことはできるか。恩を知り、名声が失われるのを恐れる者は、藤原秀康・三浦胤義を捕らえて、家を失わず名を立てようと思うはずである」。これを聞いた武士たちは、涙に咽びつぶさに返事を申すことができなかった。

一方、慈光寺本『承久記』では、政子は、まず大姫・頼朝・頼家・実朝に先立たれたことを嘆き、さらに弟の義時までも失えば、五度目の悲しみを味わうことになるとして、武士たちの

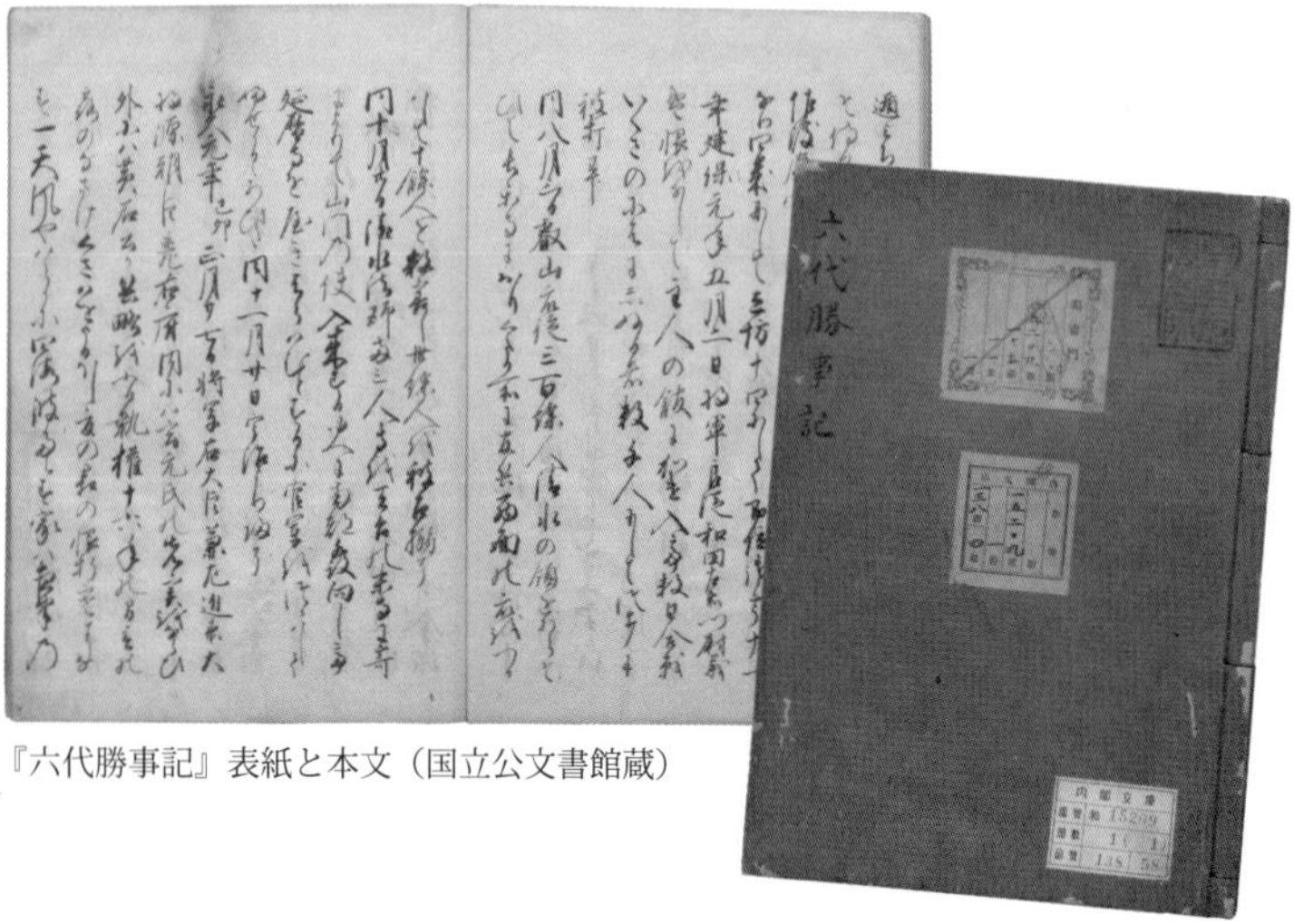

『六代勝事記』表紙と本文（国立公文書館蔵）

同情を引いてから演説に入っている。また、実朝への恩を説き、頼朝・実朝の墓所を馬の蹄で踏みつけさせることは、御恩を受けた者のすることではないとして、京方について鎌倉を攻めるのか、鎌倉方について京方を攻めるのか、ありのままに申せと選択を迫っている。

結局、鎌倉の町が戦場となることはなかったが、ここで政子が京方の鎌倉襲撃という、最悪の場合を武士たちに想像させている点は興味深い。『六代勝事記』では神社仏寺と武士の屋敷、『承久記』ではより具体的に頼朝・実朝の墓所に触れ、鎌倉の町が壊滅的な打撃を受けると想定していたことがわかる。

この演説は、草創期から幕府を支えてきた頼朝の後家政子の演説であるからこそ、御家人たちの胸を打ったといえる。源氏将軍の恩を説くことができる人物は、初代将軍である頼朝の権威を継承した政子をおいて他におるまい。御家人たちの精神的支柱であった政子の演説によって、鎌倉方は内部分裂することなく、京方と対峙することができたのである。

討幕か義時追討か

従来、承久の乱における後鳥羽の目的は、討幕と解釈されてきたが、近年では、後鳥羽の構想は義時個人の追討であるという説（長村二〇一二）が有力視されている。しかし、義時追討は戦略上の問題と捉える見方もあり（木下二〇一九）、今なお定説をみない。

義時追討説では、先の政子の演説は、義時個人の追討であることを、あたかも後鳥羽が幕府全体の追討を命じたかのようにすり替えたと読み解く。しかし、意図的なすり替えと断定して

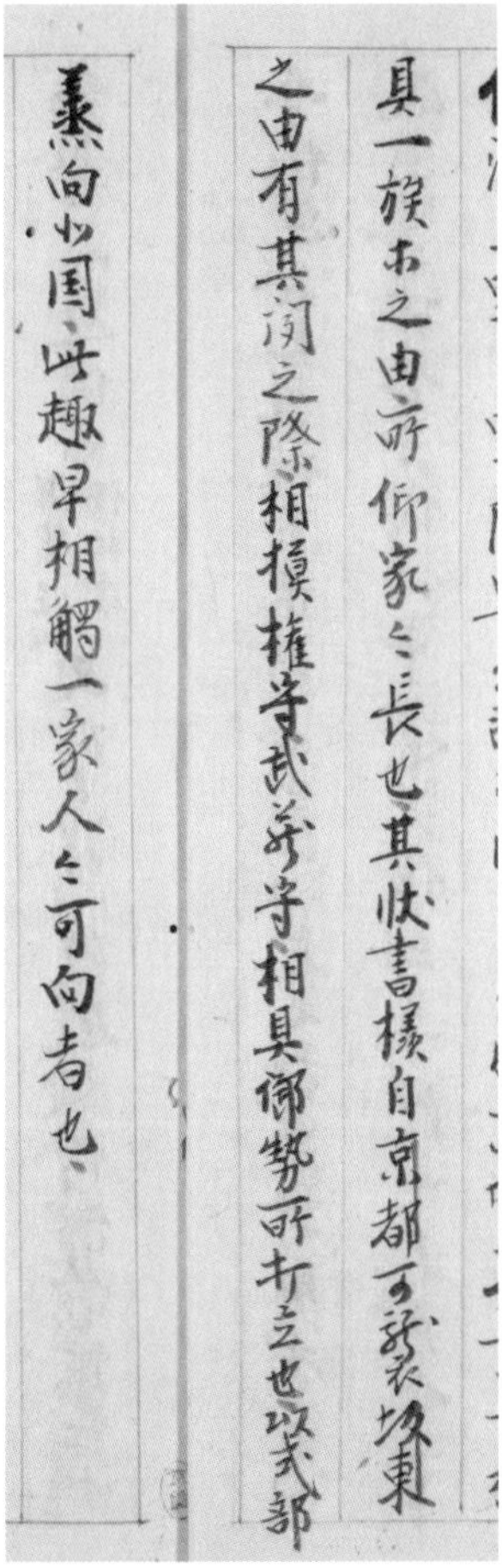

義時の出撃命令を伝える『吾妻鏡』の記述（京都府立京都学・歴彩館蔵）

よいものか、なお慎重に考えたい。確かに追討を命じる文面には「義時追討」とみえるが、京方が義時追討のために鎌倉に攻め込めば、町は壊滅的な被害を避けられない。

幕府方が都で行なったように、屋敷には火が放たれ、兵士は次々と命を落とし、人馬の死体で路は塞がったことであろう。このように考えると、義時追討と討幕に大きな差は認められない。政子や義時が官宣旨や院宣を目にしたとき、院の最終的な目的を討幕と受け取った可能性も捨てきれないのである。たとえ狙い通り、義時だけが殺害されたとしても、それで事が済むとも思えない。政子の号令の下、報復合戦が起きた可能性は十分にあるし、後鳥羽も幕府をコントロール下に置いたとて、従来の幕府体制をそのまま維持したかは疑わしい。

後鳥羽は、頼朝の没後に幕府で内紛が相次いだことや実朝の暗殺によって源氏将軍が断絶し幕府が存続の危機に見舞われた内情をよく知っている。それだけに、遠からず幕府が瓦解することを期待していたのではないだろうか。実朝の死後、皇子の下向を拒否し、三寅の下向を不満に思っていたのも、北条氏の牛耳る幕府の存続を望まなかったからであろう。このように考えれば、幕府の崩壊、すなわち討幕を目指していた可能性もある。

いずれにせよ、後鳥羽が自身の意のままに武士たちを操ることを目指していたことは確かである。

軍評会議

五月十九日、義時の邸宅には、北条時房・泰時、大江広元、三浦義村らが集まり、軍議が開かれた。当初は、足柄・箱根の道路の関を固め、京方を迎え撃つ作戦に決まりかけたが、これに反対したのが広元である。東国武士が心を一つにしなければ、関を固めて日が経てば、かえって敗北の原因となる。だから、早く兵を都に発遣すべきであるというわけである。おそらく、広元は時間が経てば、鎌倉方に離反者が出る可能性を考え、早急に進撃すべきであると主張したのであろう。

義時が二つの案を政子に相談したところ、政子は上洛しなければ官軍を破ることはできないとして、広元の主張を支持した。この結果、幕府軍は出撃することに決まる。義時は、遠江以東の諸国の家長に対して、「京都より坂東を襲撃するとの情報が入ったため、時房・泰時が軍勢を率いて出撃する。朝時は北国に差し向ける。このことをすぐに家の人々に伝え、向かうように」との命令を下し、兵を召集した。かくして、幕府軍は東海道・東山道・北陸道の三手に分かれて、京に向け進撃することになる。

鎌倉方の進路

五月二十二日、まず泰時が僅か十八騎を率いて、鎌倉を発った。次いで同日中に、時房と朝

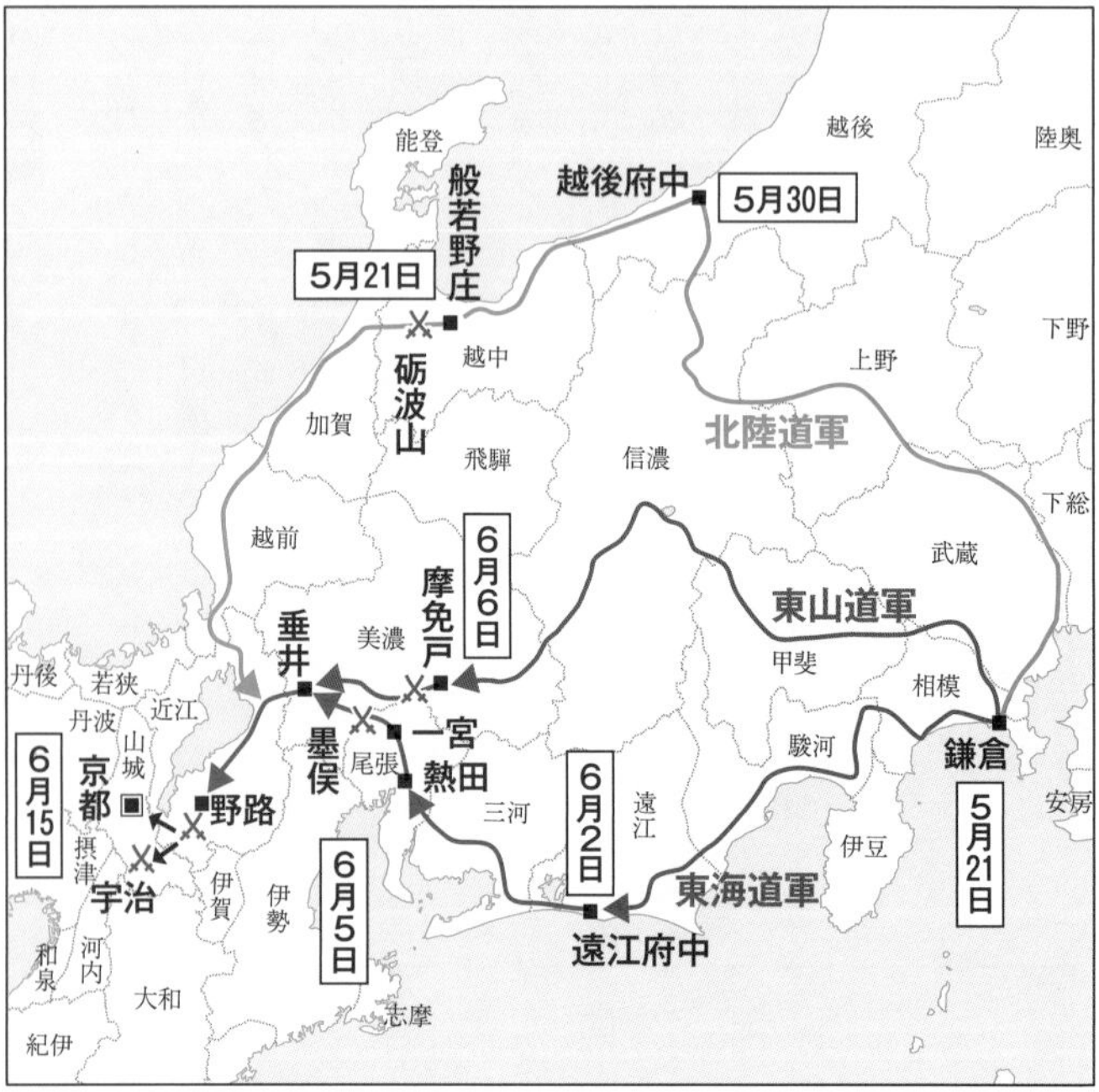

承久の乱における鎌倉幕府軍の進軍図

時も大将軍として出撃した。一方、義時自身は鎌倉に留まり、戦況を見定めながら、兵の召集にあたることとなった。慈光寺本『承久記』には、兵力不足の場合は重時を大将軍とする援軍を派遣し、さらには義時自らが十万騎を率いて打ちのぼる。敗戦の場合は東国に下り、足柄・清見関に堀を設け、鎌倉の由比ヶ浜で決戦を挑む。ここでも敗れたならば、鎌倉に火を懸けて陸奥に下って抵抗を続けるとみえている。

僅か十八騎で出発した幕府軍であったが、進軍する過程でその兵力は雪だるま式に増え、最終的には十九万騎に達したという。陣容は次の通り。

東海道軍　大将軍は北条時房・泰時・時氏、足利義氏、三浦義村、千葉胤綱　十万余騎
東山道軍　大将軍は武田信光、小笠原長清、小山朝長、結城朝光　五万余騎
北陸道軍　大将軍は名越朝時、結城朝広、佐々木信実　四万余騎

一方、京都では、五月末に泰時・時房が大軍を率いて東海道を突き進んでいるとの情報が入り、六月一日には押松が姿を現し、院宣・官宣旨などすべてが義時に押収され、計画が失敗に終わっていたことが明らかとなった。予想外の事態に慌てた後鳥羽は、急ぎ大将軍の藤原秀康に軍勢を揃え、幕府方を迎撃するよう命じている。

各地での武力衝突

京方と鎌倉方は、六月五・六日、美濃・尾張の国境墨俣《すのまた》で激突した。墨俣は東国と西国の境界と認識される場所で、東西の軍勢が激突する場合には戦略的にも非常に重要な地域である。鎌倉方の十九万に対し、藤原秀康・秀澄らの率いる京方は一万九千騎に過ぎず、圧倒的な戦力の差によって、鎌倉方の圧勝に終わった。畿内への防衛線である墨俣を破られた京方は、激しく動揺することになる。

墨俣での敗北は、八日に後鳥羽の耳に入った。ここで、後鳥羽は軍勢を各地に配置し、十二日には勢多（瀬田）に三千騎が配置された。一方の鎌倉方は、時房が瀬田へ、泰時が宇治川へと向かい、都の東と南から入京を目指していた。

十二日、京方は瀬田の唐橋の一部を壊し、盾を並べ、矢を構えて時房軍を迎撃した。時房軍は、合戦を一時中断するほど劣勢に追い込まれたが、十四日の夜、ついに橋を渡り、逢坂関から洛中へと入った。

また、泰時軍と京方の衝突した宇治川の戦いも熾烈を極めた。京方には熊野・奈良の悪僧が加わり、攻撃の手を緩めることはなかった。ここでも、泰時は合戦を中断するほど追い込まれている。結局、橋を諦め、浅瀬からの渡河や民家を壊して筏を作るなどして川を渡り、京方を討った。辛くも勝利した泰時軍であったが、宇治川の戦いが決して鎌倉方の圧勝などではなく、京方も奮戦していた事実は、死傷者の数によっても知ることができる。鎌倉方が勲功のために作成した名簿によれば、京方が二百五十五人の死者を出したのに対し、泰時軍は負傷者百四十四人・死者九十六人であった。一般に、承久の乱というと、鎌倉方の圧勝のイメージが強いが、鎌倉方も多くの犠牲を払っていたのである（野口・長村二〇一〇）。

大乱の結果

十五日、泰時と時房の軍勢は、入京を果たした。後鳥羽院は使者を遣わし、義時追討宣旨と院宣の撤回を申し出た。さらに、今回の挙兵は一部の謀臣の企てたことで自身の関知するところでなかった旨を弁明している。

この前日、京方の敗北はもはや決定していたが、三浦胤義らは京に戻り、後鳥羽の院御所である高陽院《かやのいん》に立て籠もって最後の戦いに挑もうと考えていた。しかし、後鳥羽はこれを拒否し、味方した武士たちを門前払いしている。当然、胤義らは後鳥羽の態度に失望し、このような主君に従って挙兵したことを後悔した。後鳥羽の計画はすでに破綻し、その心は全面降伏に決まっていたのである。この後、胤義は東寺に立て籠もって兄の義村と戦い、西山木島社で自害した。このように承久の乱では、一族兄弟が京・鎌倉に分かれて戦う場合が少なくなかった。この背景には、本拠地での所領経営と在京活動という武士の分業制がある。京方に動員された武力は、そのとき在京していたという偶発的な契機で動員された面もあった（長村二〇一〇）。

翌十六日、泰時は、父義時に戦勝報告の使者を発し、二十三日鎌倉に到着した。知らせを受けた義時は、「今は義時思ふ事なし」と述べたという。安堵の表情を浮かべたことであろう。義時は、頼朝の遺した鎌倉のまち、そして武家政権を守り抜いたのである。

新たな段階に入る公武関係

戦後処理

承久の乱は、未曽有の大乱であったが、その戦後処理は幕府主導のもと粛々と行なわれた。乱の前に践祚《せんそ》したばかりの仲恭《ちゅうきょう》天皇が廃され、後鳥羽の同母弟である入道行助親王《ぎょうじょしんのう》の子が践祚して後堀河天皇となり、親王自身も後高倉院として位置付けられた。幕府がこれだけ無理をして院政を維持しようとしたのは、それほどにこの政治形態が定着していたからである。

さらに、乱の首謀者である後鳥羽院は出家して隠岐に、順徳院は佐渡、土御門院は土佐（のちに阿波に移る）に配流されることとなった。三人もの院を配流するという前代未聞の粛清が武士の手によって行なわれたのである。また、後鳥羽の皇子である六条宮雅成親王と冷泉宮頼仁親王もそれぞれ但馬と備前に流された。

幕府は、武力により朝廷を打ち負かしたことによって、治天の君の特権である皇位継承に介入し、院の配流を実施した。幕府が臨時的にも治天の君の権限を掌握したという先例は、のちの泰時による後嵯峨天皇の擁立や両統迭立《てつりつ》に繋がることになる。この他、京方についた貴族や武士の身柄も幕府に引き渡され、処刑された。

同時に、京方についた武士や貴族の所領没収も進められ、新しく地頭が設置された。とくに

六波羅探題跡の碑（京都市東山区）

後鳥羽は、畿内や西国の武士と密接な関係を有したため、東国武士が西国へ移住する契機となったといえる。この結果、幕府は、西国にも多くの所領を得ることとなり、『吾妻鏡』によれば、三千以上の所領に地頭を設置することになったという。

六波羅探題の設置

こうして幕府の西国支配は格段に強化され、朝廷の監視や西国御家人の統率にあたる六波羅《ろくはら》探題《たんだい》も設置された。これまでも幕府の京都駐在機関としては、京都守護が置かれてはいたが、承久の乱では、伊賀光季が最初に京方の血祭りにあげられ、大江親広が京方に取り込まれている。この反省から、六波羅探題には、有事の場合、幕府の許可をとらなくてよいほどの強い権限が与えられた。この探題の中核を担った人物こそ、北条泰時と時房である。彼らは引き続き、戦後処理にあたることとなった。

とくに、新地頭である東国武士は、荘園領主と対立し、所領に関する訴訟が多発したため、幕府は膨大な数の訴訟に対処する必要があった。そこで、新地頭が設置された場合の地頭の得分などを定めた新補率法を制定している。のちには、泰時が「御成敗式目」を定めたが、これは武士の所領関係の訴訟を処理し、幕府の御家人支配を安定させるために制定されたものである。式目は、初めての武家法であり、室町幕府法や分国法にも影響を与えることになる。

承久の乱の歴史的意義

承久の乱の意義については、すでに触れた部分もあるが、もっとも重要なのは、承久の乱における幕府側の勝利が、朝廷に対する幕府の完全な優位を決定づけたということである。この結果、幕府は東国政権から脱皮し、京都の貴族たちも幕府と結ぶことなしには、その権勢を保つことができなくなった。さらに踏み込んだことをいえば、武家政権の優位性がもたらされたことにより、室町幕府、江戸幕府と武家中心の政治が継続したということも可能である。

また、承久の乱は、日本人の天皇観にも変化を与えたといえる。これまで天皇・上皇（院）は、絶対的権威を有しており、それを疑うこともなかったわけであるが、承久の乱で院が敗れ、配流されたことによって、その絶対的な部分が揺らいだ。とりわけ貴族たちは後鳥羽が敗れた理由を考え、その答えを求めることになる。

もちろん幕府の処置は、臣下として非難されるべきだという思想も皆無ではなかった。例えば、仁治《にんじ》三年（一二四二）六月、泰時はこの世を去るが（享年六十）、このとき熱病に苦しんで亡くなったことから、京都の貴族平経高《たいらのつねたか》は、後鳥羽院の怨霊の仕業ではないかと推測し、南都を焼き尽くした極悪人平清盛と同じ死に方であると日記につづっている（『平戸記』同年六月二十日条・二十六日条）。

また、同じく貴族の広橋経光《ひろはしつねみつ》は、義時・政子が六月・七月に亡くなっていることを挙げ、承久の乱で幕府軍が入京したのは六月十四日であったとして、六月は関東にとって不吉な月であると指摘する（『民経記』同年六月二十日条）。泰時が極悪人と評されたのは、他でもない承久の乱で多くの人命を奪い、後鳥羽院らを流した実行者であるからであろう。幕府は乱の勝者となったが、前代未聞の処置であったため、のちのちまで人々の記憶に残り、泰時の評価にも影響を与えたのである。

その一方で、天皇には帝徳が必要であり、無道の君は討伐してもよいという思想も起こった。帝徳のない後鳥羽の配流は、やむを得ないと理解するのである。また、義時を神格化し、後鳥羽の敗北を当然と理解する思想も生まれている。

承久の乱の評価が勝者である義時の評価に直結することはいうまでもない。王家（皇室）に弓を引き、上皇・親王を配流したことは、義時の人物評に大きな影響を与えた。およそ人物の評価というものは、その人が亡くなったときに顕著となる。そこで、つぎに義時の死と彼の評価について、詳しく論じることとしたい。

鎌倉を揺るがした突然の死

義時の最期とその死因

承久の乱から三年後の貞応三年（一二二四）六月十三日、北条義時は六十二年の生涯を終えた。その病状をもっとも克明に記すのは『吾妻鏡』である。義時が亡くなる前日の記事には、義時が午前八時頃に体調を崩したとみえる。日ごろから精神が錯乱することはあったが、特別な事態には至らなかった。しかし、今回はすでに危篤状態にある。そこで、陰陽師を早急に招集し、種々の祈禱を行なわせたという。

続けて、亡くなる当日の記事から、臨終の様子を確認したい。

己卯。雨降る。前奥州（北条義時）病痾已に獲麟《かくりん》に及ぶの間、駿河守（北条重時）を以て使と為し、此の由を若君御方（三寅）に申さる。恩許に就き、今日寅剋、落飾せしめ給ふ。巳剋〈若《も》しくは辰の分か〉、遂に以て御卒去〈御年六十二〉。日者《ひごろ》脚気の上、霍乱の計に会うと云々。昨朝より、相ひ続けて弥陀の宝号を唱えられ、終焉の期迄、更に緩むこと無し。丹後律師善知識として之を勧め奉り、外縛印を結び、念仏数十反の後寂滅す。誠に是れ順次の往生と謂ふべきかと云々。

義時の病はすでに獲麟（人生の終わり）に及んでいたため、息子の重時を使いとして、このことを三寅に伝え、許しを得て、午前四時ごろに落飾した。午前十時ごろ（もしくは八時ごろ）、ついに亡くなった。昨朝より、弥陀の宝号（南無阿弥陀仏）を唱え続け、亡くなる時まで途切れることはなかった。また、丹後律師の勧めにより、外縛印《げばくいん》（両手の指を掌外で交差させる）を結び、念仏を数十回唱えたのち、最期を迎えた。誠に理想的な往生を遂げたという。

義時は、その生涯に於いて多くの人命を奪ったが、安らかな最期を迎え、極楽往生を遂げることができたといえよう。その死因は、傍線部にみえるように、日ごろより患っていた脚気によるものであった。脚気の症状が、食欲不振や下半身の倦怠感であることを考慮すると、猛暑による熱気が食欲不振を助長したと推測される。

義時が亡くなる前月の様子を確認してみると、五月十八日には、義時の邸宅において、炎旱《えんかん》の御祈として何れの祭を行なうべきか否かが重ねて沙汰されている。すでに同月十五日には「炎旱旬に渉る」ため、祈雨法が始行されていたが、さらなる対応が求められたのであろう。或いは、義時が連日の高気温によって体調を崩し、床に伏しがちであったことも影響しているのかもしれない。二十日には、「深更に及び、鎌倉中物忩《ぶっそう》」とみえ、鎌倉は不穏な状況にあったようである。『吾妻鏡』は「其の故聞えずと云々」と記し、その理由を語らないが、時期的に考えて、兵士が群参する、或いは伊賀の方が不審な動きをみせる等、義時の体調不良による動揺が鎌倉中に広がっていた可能性は十分に考えられる。

さらに、六月六日にも、祈雨のための七瀬祓《ななせのはらえ》が行なわれている。結局、同月十日から雨が降り出し、義時が亡くなる十三日まで降雨が続いている。したがって、四月末から六月九日まで続いた炎天が義時の死期を早めたといえよう。

以上のように、義時の死因について、『吾妻鏡』は病死とするが、近侍による他殺や後妻による毒殺といった風説もあった。黒い霧に包まれた義時の死は、先行研究の注目するところであり、現在では、毒殺説が有力視されている。しかし、私見では、新史料を利用することで、既往の学説とは異なった見解を示すことが可能であると考える。そこで、義時の死因を再検討したい。

死をめぐる謎——病死、それとも毒殺

先行研究の整理

まず、新史料を紹介する前に、先行研究を整理しよう。義時の死因については、史料によっ

て相違がみられる。最も克明に記すのは『吾妻鏡』であり、脚気を長く患った上に、暑気あたりをし、急死したことになっている。一方、『保暦間記』（南北朝期成立の歴史書）は近侍に殺害されたとし、『明月記』は後妻に毒殺されたという話を記す。

すなわち、承久の乱で京方についた尊長《そんちょう》が幕府方の武士に捕まり、六波羅の北条時氏《ときうじ》・時盛《ときもり》の前に連行されたとき、「只早頸ヲきれ、若し然らざれば、又義時か妻か義時にくれけむ薬まれ、こひてくハせて、早ころせ」といって周囲を驚かせたうえ、「なんてう只今しなんする我等、なとか人ニ語らせて虚言はいはむ、復問希有なりと答」えたという。

『保暦間記』の他殺説については、承久の乱に勝利した義時が最後を全うせぬよう願う一部の希望者によって捏造された一小説に過ぎない（三浦一九〇七）。『明月記』の記す後妻伊賀の方による毒殺説については、石井進氏や上横手雅敬氏が真実を伝えるものがあるとして重視している（上横手一九五九・石井一九六五）。

ただし、両氏は先行研究として取り上げないが、管見の限り、はじめて『明月記』の毒殺説に注目したのは平泉澄《ひらいずみきよし》氏である。平泉氏は、昭和九年（一九三四）に刊行した『建武中興の本義』において、承久の乱を論じるなかで京方の中心人物として尊長に着目し、彼が語った毒殺説を重要視している。平泉氏の論点は次のとおりである。

①『吾妻鏡』の病死、『保暦間記』の他殺を否定した上で、『百練抄』の記述から急死であっ

たことに注目し、尊長の語る毒殺説こそ真相を語るものであるとする。その理由として、②尊長と伊賀氏事件に関与した一条実雅が兄弟であることに触れ、義時毒殺の黒幕は尊長であったと主張する。石井氏や上横手氏も、②の実雅と尊長が兄弟関係にあることを重視し、義時の死と伊賀氏事件とを結びつけることによって、義時の死をも伊賀氏によって仕組まれた可能性を主張している。

毒殺説の再検討

毒殺説を支えるのは、義時が急死であることと、尊長と実雅が兄弟であること、の二点である。まず、前者については、確かに『百練抄』に「頓病《とんびょう》」とみえているが、京都には義時の病状が十分に伝わっていなかった可能性がある。ここで注目すべきは、義時が亡くなる前日の様子を伝える『吾妻鏡』の記述である。

すなわち、義時は日ごろ心身を病んでいたが、それほど深刻ではなかった。しかし、今回はすでに危篤に陥っている、と読み取れる。ここから、義時は兼ねてより体調不良に苦しんでいたが、急に容態が悪化したことがわかる。したがって、頓病により翌日死去したとする『百練抄』の記述とは矛盾しない。

後者については、第一に、尊長と実雅兄弟の関係性を検討する必要がある。実雅は、三寅とともに関東に下向し、義時の娘を嫁に迎えた人物である。兄の尊長とは異母兄弟とみられる。

承久の乱では、尊長も含め一族皆京方につくなかで、実雅のみが鎌倉方にあった。

加えて、実雅は、幕府を支持する西園寺公経と猶子関係を結んでいたが、乱の際、後鳥羽院の命により、西園寺公経・実氏父子を弓場殿《ゆばどの》に監禁した人物こそ尊長である。乱後、逃亡した尊長は、畿内近国に潜伏し、謀反を企てていたが、幕府の京方与同者への追及は厳しく、ついに逮捕された。よって、兄弟関係は疎遠といわざるを得ず、乱後、実雅が謀反人の尊長と手を結ぶのか甚だ疑問である。実際、鎌倉にいる実雅が逃亡中の尊長と連絡を取り合うことは、容易なことではなかったであろう。

また、伊賀の方の兄弟で、京都守護として上洛していた伊賀光季は、承久の乱において、後鳥羽院の召集に従わなかったために、最初に京方の襲撃を受けて自害を余儀なくされた。いわば伊賀一族にとって京方の中心人物であった尊長は報復すべき敵であった。たとえ義時殺害という共通目的があったとしても、伊賀の方が実雅を通じて尊長と連絡を取り合うとは到底考えられない。

第二に、尊長が毒殺説を語ったときの状況を今一度考えたい。尊長は承久の乱後、六年もの潜伏期間を経て捕えられた。このとき、抵抗して武士二人に危害を加えたうえ、自殺を図ろうとしたが死にきれなかったという。

このことから考えても、捕まれば死刑を免れないことはわかっていたはずである。したがって、六波羅に連行された際には、精神的にもかなり追い詰められた状態にあったと察せられる。

すでに伊賀氏事件に関与した伊賀の方やその弟の光宗は鎌倉から追放されており、弟の実雅も越前に流されてかなりの月日が経っている。今さら彼らに不利な情報を流したところで、尊長が虚言の責任を負う必要はない。

むしろ、すぐに鎌倉に急を報せて、幕府方の勝利に大きく貢献した伊賀光季や、義時と姻戚関係にあった実雅に対する恨みは深かったのではないか。尊長が自暴自棄に陥り、最後に伊賀氏や北条氏に一矢報いようと虚言を吐いたとて何ら不思議ではないのである。

義時の死因を記す新史料

毒殺説の根拠を再検討したが、新史料からも義時の死の真相に迫りたい。国宝『称名寺《しょうみょうじ》聖教《しょうぎょう》』には、称名寺（金沢北条氏の菩提寺）三代別当湛睿《たんえい》の表白集《ひょうびゃくしゅう》『湛睿説草《せっそう》』が含まれる。

納冨常天氏によって全文が翻刻・紹介された、この『湛睿説草』の中には、義時の四十九日仏事の表白（以下、四十九日表白と略す）が集録され、表紙には「慈父四十九日表白〈鎌倉名越ノ越州式部殿、四十九日、貞応三年後七月二日〉」と記されている。すなわち、「鎌倉名越ノ越州式部殿」とは、越後守・式部大夫の名越朝時を指し、朝時が貞応三年（一二二四）閏七月二日に「慈父」義時の四十九日仏事を行なった際の表白とみて間違いない。

表白は、仏事の際に、その導師が仏事の旨趣を書いた文書で、仏前で読み上げられるものであるから、四十九日表白の検討を通して、義時の臨終の様子などを知ることができる。

また、四十九日仏事の主催者が嫡男泰時ではなく、二男の朝時であることも注目される。朝時は、母に姫の前（比企朝宗の娘）をもち、和田合戦や承久の乱で活躍するなど幕府に重きをなした人物であった。しかし、兄泰時との関係は良好ではなく、反抗的な態度をとっていた（詳細は後述）。したがって、四十九日表白は、名越氏の動向を明らかにするうえでも有益な史料といえる。

四十九日表白のうち、もっとも注目すべきは、義時の病状を述べる箇所である。次に示す一文は、添付紙に記されており、湛睿の筆によるものである。

然るを慈父尊儀、朱夏の初め痛みを受け、席に沈み、素秋の末に至る、告別早世、爾《しかり》より以降《このかた》、

右によれば、義時は夏の初めに痛みを受け、床に伏しがちであったが、秋の末に亡くなったという。しかし、義時の没日は六月十三日であり、表白の表紙にもみえるように四十九日仏事は閏七月二日に行なわれている。したがって、「素秋《そしゅう》の末」に亡くなったとする記述は表白全体と齟齬する。湛睿の勘違い、或いは、時期については厳密ではなく、夏の初めに対する対句表現として秋の末を選択した可能性もあるが、いずれにせよ信用できない。

一方、病状については、痛みを受け、床に伏しがちであったという。先述した通り、『吾妻

鏡』によれば、義時は日ごろより患っていた脚気と暑気あたりが原因で亡くなった。脚気の症状が、食欲不振や下半身の倦怠感、とくに脚のむくみやしびれであることと照らし合わせると、夏の初めに受けた「痛み」とは、脚の痛みを指している可能性が高い。ゆえに立ち上がることが難しく、床に伏しがちであったとみられる。

以上、新史料の紹介も交えながら、義時の死因を再検討してきた。義時は毒殺ではなく、連日の猛暑のなか脚の痛みと食欲不振により床に伏しがちで、亡くなる前日に容態が悪化。死に至ったと考えるのが結論である。

四十九日表白の紹介

ちなみに、四十九日表白には、義時の死因以外にも、北条氏の実態を明らかにするうえで有益な記述がみられる。いくつか紹介しよう。たとえば、義時の生涯が簡略に述べられる部分では、右京権大夫・陸奥守の義時は、人間の名誉ある身分を恣《ほしいまま》にし、北条一門は昇進を果たして繁栄を誇った。一門の者は一人残らず「陶朱《とうしゅ》」となり、その家僕は悉く「伊敦《いとん》」になったと記す。「陶朱」は、春秋時代の越王勾践《こうせん》の家臣、范蠡《はんれい》のことで、『史記』（貨殖列伝）によれば、越を去った後、斉に赴いて巨万の富を築き、さらに陶へ行って富を築いた人物である。また、「伊敦」は猗頓《いとん》の当て字であるが、彼は魯の人で、陶朱に金持ちになる方法を尋ね、陶朱の教えを実行して富を築いた人物である。莫大な富、また富豪のたとえとして「陶朱猗頓の富」なることわざもあるように、彼らは巨万の富を築いた人物の代表として認識されていた。

北条氏を陶朱、また北条氏に仕える家僕（のちの得宗被官か）を猗頓に準える点は興味深い。北条一門が昇進を果たし、繁栄したことは事実であり、陶朱と猗頓に例えられるほど、経済的にも豊かであったとみてよかろう。

さらに、表白では、「義時の亡骸は東国にあるが、霊魂は西国浄土にある」とし、残された人々の悲哀が綴られている。「長く連れ添った伊賀の方は先立たれた恨みを抱き、子息たちは片親を失った悲しみの涙に溺れた。去る者は一人であっても、悲しむ者は多かった」という。こうした記述から、義時が妻子に慕われていた様子を窺うことができる。

最後に注目するのは、仏事の施主である朝時と義時の父子関係について述べた箇所である。朝時は、「義時と前世で契りを深め、人間界で父子の縁を結んだ。何度も生まれ変わる中で縁を厚くし、今世では義時の子として生まれた。義時は慈愛をもって朝時を育て、教え導くことによってその器量を磨いた。朝時の身体は父祖伝来の家業を継承し、その精神は勇ましい性格を引き継いだ」とみえる。

とくに興味深いのは、朝時が父祖伝来の家業を継いだとする点である。朝時には、十一歳年長の兄泰時がいたが、泰時の母の出自は低かった。最終的には泰時が北条氏の家督を継ぐことになるが、これは母の出自に基づく決定ではなく、和田合戦等での活動実績が認められたからである（森二〇一〇）。比企朝宗の娘という高い出自の母をもつ朝時には、自身こそが嫡流であるという意識があったのではないだろうか。そもそも泰時とは別に、朝時が施主となって四十九日仏事を主宰していること自体、朝時が他の兄弟とは一線を画していたことを示していよう。

また、朝時が「勇力《ゆうりき》の性《さが》」、すなわち義時の勇ましい性格を受け継いだとする点も注目される。嘉禎二年（一二三六）、朝時は評定衆に加わったが、すぐに辞退しており（『関東評定伝』）、武将的性格が強く、政務に向いていなかった可能性がある（川添一九八七）。また、朝時の子息光時・教時らは寛元《かんげん》四年（一二四六）と文永《ぶんえい》九年（一二七二）にそれぞれ反得宗の動きをとり、配流・誅殺の憂き目に遭っている。こうした武人的な性格は朝時の代から子息に受け継がれたものとみてよい。朝時自身も、武的な性格を父から受け継いでいると自負していたのである。

義時の墓―義時法華堂建立の意義

義時の葬礼と法華堂の建立

義時の死から五日後の六月十八日、鎌倉では葬礼が執り行なわれた。葬礼には、泰時以外の子息である朝時・重時・政村・実泰・有時と、三浦泰村や重鎮たちが参列し、頼朝の法華堂の東の山上に墳墓が築かれた。ここで注目すべきは、葬礼の一切を取り仕切るよう鎌倉陰陽師に命じていることである。『吾妻鏡』は明記しないが、陰陽師に仰せられたのは、北条政子をおいて他におるまい。このとき、三寅はまだ六歳と幼く、幕府の実権を握っていたのは尼将軍の政子である。頼朝法華堂の東に墳墓が築かれ、円滑に葬礼が進んでいることは、政子が差配したことを裏付けるものである。

八月八日には、墳墓堂の供養が行なわれ、「新法花堂」と称された。もちろん、これは頼朝の法華堂に対して付けられた名称である。これが完成供養であれば、義時法華堂は、僅か二か月足らずで完成したことになる。政子の命により、早急に幕府の沙汰として造営が進められたのであろう。政子は、幕府創始者である頼朝の隣に義時の法華堂を建立することで、義時を頼朝に次ぐ幕府の創設者として位置づけたのである。

義時法華堂跡の発掘調査

義時法華堂は鎌倉末期に焼失し、再建されることはなかった。その跡地は、江戸時代には畑となっていたが、現在は国指定史跡になっている。

平成十六年（二〇〇四）には発掘調査が実施され、調査の結果、正方形の三間堂で、一辺八・四メートル、四周には庇と雨落ち溝が巡らされていたことなど、その規模や地割を示す遺構の詳細が明らかとなった。

また、法華堂跡からは、瓦など多数の遺物が発見された。破片ではあるが、高麗青磁の梅瓶《めいびん》などの高級舶来品も出土しており、荘厳な堂舎の様子を窺うことができる。堂舎の内部については、『吾妻鏡』にも詳細な記述がないだけに、貴重な成果である。

法華堂建立の意義

義時法華堂が建立された歴史的意義にも触れておく。『吾妻鏡』における義時法華堂の関係記事を通覧すると、幕府要人による参詣が目に止まる。年末の寺院巡礼は、実朝の時代から恒例となっており、実朝は供奉人《ぐぶにん》を連れて、勝長寿院・永福寺・頼朝法華堂を参詣している。興味深いのは、この恒例行事が執権泰時に引き継がれ、対象寺院が上記の源氏将軍家の寺院から、頼朝・政子・実朝・義時の法華堂に代っている点である。さらに、泰時没後は時頼が継承し、頼朝と義時の法華堂のみを参詣している場合もある。

以上から、両法華堂への参詣が、執権職に付随する行事として定着していることが窺われる。義時法華堂は、北条氏による執権職の世襲を正当化する役割を担ったといえよう。

なお、義時法華堂は、寛喜《かんぎ》三年（一二三一）に頼朝法華堂とともに焼失しているが、暦仁《りゃくにん》元年（一二三八）に時房・泰時の参詣記事が見えることから、寛喜三年に上棟された頼朝法華堂と同様、すぐに再建されたと考えられる。その後、仁治二年（一二四一）、建長《けんちょう》二年（一二五〇）には参詣記事が、弘安《こうあん》三年（一二八〇）、延慶《えんぎょう》三年（一三一〇）には焼失記事が認められ、

北条義時法華堂跡（鎌倉市）

発掘当時の義時法華堂跡遺構（鎌倉市教育委員会提供）

これ以降、史料上より姿を消すことから、頼朝法華堂とは異なり、再建されなかったと考えられる。義時法華堂が、焼失の度に再建され、鎌倉後期まで頼朝と並んで祀られていたことは、義時が鎌倉時代を通して、頼朝とともに武家政権の創設者として認識されていたことを物語る。

ところで、義時法華堂への参詣が、恒例の幕府行事に組み込まれる一方で、義時の周忌仏事が法華堂で行なわれることはなくなった。泰時は、百か日仏事を終えると、一周忌に向けて大倉御堂の造営を開始している。完成した大倉御堂では、一周忌と三回忌が修され、十三回忌は伊豆の願成就院で行なわれた。願成就院が選ばれた理由は、建保三年（一二一五）に義時が父時政の供養のため、寺域に南新御堂を建立した先例に倣ったものであると考えられる。

以上のように、泰時は義時の追善仏事を熱心に行なっているが、これは追善仏事の施主をつとめることで義時の後継者たることの正当性を示し、朝時や政村ら弟たちの一族を牽制するためであったと考えられる。次に泰時と弟たちの関係性について考察を加えたい。

伊賀氏事件と政子の判断

義時の後継者をめぐる争い

義時の死は、北条氏内部に大きな影響を及ぼした。誰が北条氏の家督を継ぎ、執権として将軍を支えるのか。これは幕政にも関わる重大な問題である。

義時がこの世を去ったとき、義時の長男泰時と弟の時房は京都にいた。訃報が六波羅の泰時・時房のもとへ伝えられたのは、六月十六日である。泰時は十七日丑剋に、時房は十九日に出京し、二十六日に鎌倉に入ったが、泰時は、まず由比ヶ浜に宿をとり、翌二十七日に自邸に戻っている。したがって、葬礼は、嫡男泰時不在のもと、政子の差配によって取り行なわれた。

気がかりなのは、泰時が鎌倉到着までに十日も有しており、緊急事態にしては遅いことである。その理由について、『保暦間記』は、泰時は暫く伊豆に逗留し、時房がまず鎌倉へ帰って安全を確認した後、泰時も鎌倉に入ったと記す。これがどこまで真実を伝えるものかはわからないが、義時の死後、鎌倉は不穏な状況にあり、泰時が慎重に行動せざるを得なかったことは確かであろう。『吾妻鏡』によれば、鎌倉では、泰時が弟たちを討つために京より下向したという風聞があり、政村の周辺が慌ただしかったというから、まずは時房が鎌倉の状況を探る必要があったのではないか。

鎌倉の自邸に戻った泰時は、すぐさま時房とともに政子のもとに参上し、「軍営の御後見として、武家の事を執行すべきの旨」を命じられた。こうして執権職を継承した泰時は、これ以降、執権として、義時の嫡男として、仏事にも主体的に関わっていく。

しかし、粛々と仏事が修される一方、鎌倉にはなおも不穏な空気が漂っていた。義時の死後、世間ではさまざまな巷説が流れ、政村の周辺は身構えていたという。さらに、伊賀の方とその弟光宗は泰時の執権職就任に憤り、伊賀の方の娘婿である一条実雅を将軍に擁立し、政村を執権として、幕政の実権を握ろうと企んでいた。

七月四日には、三七日《みなのか》の仏事が修されたが、その翌日には、光宗が三浦義村や伊賀の方のもとを訪れ、不審な動きをとっている。その後、十六日には五七日《いつなのか》の仏事が行なわれたが、翌日には近国の輩が群参し、いよいよ事が起こるかに思われた。ここにおいて、政子は秘かに三浦義村宅に赴き、泰時を支えるよう義村から誓約を取っている。四十九日仏事が行なわれた七月三十日の夜にも騒動があり、御家人たちが甲冑を着て群参したが、何事もなく、明け方には静謐になったという。

『吾妻鏡』は、泰時の執権職就任後、伊賀の方側の不満が募り、謀反を計画したかのように記しているが、葬礼・仏事の主宰は、「家」の継承に直結する問題であるため、義時の後継に実子政村を据えたい伊賀の方と泰時を据えたい政子の対立はすでに燻っていたといえる。政子は、義時の法華堂を頼朝と並べて建立することで、その権威化を進めるのと同時に、鎌倉に到着した泰時が北条氏の家督を継承し、仏事を主宰できるよう、葬礼・仏事をも「後家の力」によって差配していたのである。これは、伊賀の方のもつ家長権への侵害であり、伊賀氏が反発するのも当然であった。

義時の遺領をめぐる対立

伊賀氏事件は、政子の差配によって事なきを得たが、依然として泰時は、北条氏内部において不安定な立場にあったようである。義時の死からおよそ三か月後、義時の遺領を分配することになった。泰時は、故義時の遺領を子女に分配するにあたり、前もって政子にその注文を見せたところ、嫡子泰時の配分が少ないのではないかと疑問を呈された。これに対し、泰時は「自分は執権職を継承したので、どうして所領のことで争う必要があるでしょうか。ただ兄弟たちに多く分配すべきです」と答え、政子は感涙したという。

弟思いの泰時を讃えるエピソードであるが、『吾妻鏡』の記述をそのまま信用することはできない。泰時が自ら弟たちに多く分配し、政子を感涙させたとは、あまりに美談ではあるまいか。おそらく、嫡男泰時が遺領の多くを継承するという配分では、異母弟の朝時らが納得せず、最終的に、彼らにとって有利な配分にせざるを得なかったのであろう。『吾妻鏡』の編集者は、これを泰時が自ら弟たちに多く配分したという美談にすり替えることで、泰時を顕彰し、一族の内部対立を隠蔽した可能性がある。

泰時・朝時兄弟の対立

泰時の家督継承に不満を抱いたのは、伊賀の方だけではない。弟の名越朝時も、相当な憤りを感じていたと想像される。泰時と朝時の関係が決して良好なものでなかったことは、史料からも窺える。兄弟の関係性を語る有名な話を二つ紹介しよう。

『吾妻鏡』寛喜三年（一二三一）九月二十七日条によると、朝時の名越邸に強盗が入ったとき、泰時が評定《ひょうじょう》の座からすぐに駆けつけ、朝時は感激して子孫に至るまで兄への忠誠を誓い、決して敵対しないという起請文を書いて、一通は鶴岡別当坊に預け、もう一通は子孫の備忘のために家に保管しておいたという。この起請文は、朝時が平生泰時に対して相対的独自性をもっていたことを逆照射するものである（川添一九八七）。

さらに、仁治三年（一二四二）五月、泰時の出家とともに朝時が出家したことについて、京都の貴族平経高は「兄弟日来疎遠と雖も、而して忽ち此の事有り。子細尤も不審。世以て驚く」と記し、日頃疎遠な兄弟であったのにと驚いている（『平戸記』同月十七日条）。これは、兄弟の不和が周知の事実であったことを物語るものである。

朝時は兄泰時に対して相対的独自性をもち、子孫の名越流の人々も鎌倉後期に至るまで、得宗家に反抗的態度を示し続けた。これらの史実は、先行研究の注目するところであり、名越氏の反得宗的傾向が、すでに朝時の時代に胚胎していた徴証に用いられている。しかし、得宗家との確執が生まれた明確な時期は提示されていない。

ここで、先に検討した朝時による四十九日仏事を思い出してほしい。興味深いことに、朝時は四十九日仏事が行なわれた数日後、自身を施主とする仏事を行なっていた。前者は、政子や泰時が公権力を行使して実施した仏事であり、後者は朝時を施主とする北条氏の「家」の仏事である。

このような朝時の単独行動は、一年後の除服にも表れている。嘉禄《かろく》元年（一二二五）五月六日、泰時の除服について、義時の葬礼を沙汰した陰陽師が勤めるべきか否か評議があり、この結果、葬礼を沙汰した陰陽師の安倍知輔によって除服の祓が行なわれることとなった。

十二日には、泰時をはじめ、重時・政村・実義・有時の除服が行なわれたのに対し、朝時だけは、前日に陰陽師の安倍晴幸によって、除服《じょぶく》を終えている。従来、この一件は、朝時の単独行動の一つとして取り上げられるにすぎないが、四十九日表白を踏まえるならば、除服の日時の違いは、仏事の違いに起因するのではないだろうか。朝時は、自身が北条氏の本流であることを内外に示すために、泰時を排除し、単独で仏事を行なったのである。したがって、義時の死こそ、得宗家と名越家のその後の確執を生み出す契機だったということができる。

こうした単独仏事の開催や遺領の分配の問題で、泰時は一族内に漂う不協和音を痛感したに違いない。泰時の段階では、得宗家の地位はなお不安定であり、一族の融和につとめる必要があった。泰時がのちに、執権・連署制や評定衆を設置し、合議政治を行なった背景には、このような一族不和の問題があったと考える。

義時が泰時（母は阿波局）、朝時・重時（母は姫の前）、政村・実泰《さねやす》（母は伊賀の方）、有時（母は伊佐朝政の娘）といった多くの男子を儲けたことによって、北条一門は厚みを増し、さ

北条義時屋敷跡に建立された宝戒寺（鎌倉市）

らに各家が繁栄をみたことによって、急速に勢力を拡大した。名越流・極楽寺流・金沢流といった得宗家以外の庶流も、義時の息子の代から始まる。

しかし、北条一門は必ずしも一枚岩ではなく、嫡庶の対立が内在していた。ゆえに執権政治は、一族間の内部対立によって瓦解する可能性を有しており、泰時は一族融和にも心を砕きながら、得宗家の権力を確立せねばならなかったのである。

終章　後代の義時像

『承久記絵巻』より。左上が北条義時（龍光院蔵・高野山霊宝館寄託）

鎌倉〜南北朝期の義時

武内宿禰の再誕

近年、義時が武内宿禰《たけのうちのすくね》の再誕であるという「関東武内宿禰伝説」が注目されている。この伝説の初見は、義時が亡くなった三十年後に成立した『古今著聞集《ここんちょもんじゅう》』（一二五四年成立の説話集）であり、鶴岡八幡宮に参詣した人の夢に、高齢白髪の武内宿禰が現れ、八幡神より「世の中が乱れているので、時政の子となって世を治めよ」との命を受けたという。また、いわゆる『平政連諫草《たいらのまさつらいさめぐさ》』（一三〇八年成立）にも、「就中《なかんずく》、先祖右京兆員外大尹（北条義時）は、武内大神の再誕。前武州禅門（北条泰時）は、救世観音の転身。最明寺禅閤（北条時頼）は、地蔵菩薩の応現と云々」とみえ、泰時・時頼は菩薩の化身であるのに対し、義時だけは日本神話の登場人物・武内宿禰の再誕とされている。

武内宿禰（一猛斎芳虎画『武者かゞみ』より。国立国会図書館蔵）

武内宿禰とは、『古事記』などに登場し、理想的な忠臣の代表として認識される伝説上の人物である。数代の天皇に仕えた後、以前の天皇の妻である偉大な女性神功皇后とともに、政権の本拠地から離れた地で誕生した幼い新天皇を支え、その初政を乱す戦乱を平定したという。この経歴が、頼朝・頼家・実朝に仕えた後、頼朝の妻である政子とともに、遠く京都で誕生した幼い三寅を支え、承久の乱を平定した義時と通ずることから、準えられたと考えられる。

この伝説に注目した細川重男氏は、義時が承久の乱を平定したことによって、後鳥羽院が敗れた現実を受け入れられない貴族たちが、先例を必死で探した結果みつかったもので、貴族社会で急速に広まったのち、武家社会にも受け入れられたと指摘している。また、この伝説は、義時の嫡系たる得宗家が将軍の後見をつとめる正当な家であることの根拠となったと説く（細川二〇〇一）。したがって、北条氏は、貴族社会で始まった義時を神格化する動きを利用したといえよう。京都で伝説が広まったのは、北条時頼が北条氏嫡流（得宗家）として独裁的な性格を強めていく時期である。得宗専制を正当化するうえで、義時神話は非常に都合が良かったといえるだろう。

無住と日蓮

無住《むじゅう》（一二二六〜一三一二）は、梶原景時の一族と伝わる八宗兼学の僧で、鎌倉寿福寺などで学び、尾張に暮らした人である。その著作のひとつに、嘉元《かげん》三年（一三〇五）に著述した仏教説話集『雑談集《ぞうたんしゅう》』がある。このなかで無住は、義時の人生には「三度ノ難」があったといい、和田合戦、実朝の暗殺、承久の乱を挙げる。この三つの災難は、義時の生涯における最大の危機であり、幕府存続の危機でもあった。逆を言えば、この三つの災難を乗り越えたことこそ、義時の功績であったということができる。

同様の認識は、日蓮宗（法華宗）の宗祖日蓮（一二二二～一二八二）にもみることができる。第三章の冒頭でも触れた通り、日蓮は、和田合戦と承久の乱に勝利した結果、北条氏が日本国に君臨することになった、と考えていた（186頁）。義時を北条氏繁栄の礎を築いた人物として認識していたことは確かである。

鎌倉後期で傑出した歴史認識を有する日蓮の自筆書状には、歴史上の人物が登場することも多く、義時の名もしばしば確認できる（川添二〇〇三）。例えば、承久の乱の勝者となった義時について、「而に相州《（義時）》は謗法《ほうぼう》の人ならぬ上、文武きはめ尽せし人なれば、天許《てんゆるし》て国主となす、随て世且《しばら》く静《しずか》なりき」（「下山《しもやま》御消息」）や、後鳥羽院と義時を対比して、「隠岐法皇《（後鳥羽院）》ハ名ハ国王、身ハ妄語《もうご》の人、横人也、権大夫殿《（義時）》ハ名ハ臣下、身ハ大上、不妄語《ふもうご》の人、八幡大菩薩の願《ねがい》給《たまふ》頂《いただき》也」（真跡「諫暁八幡抄《かんぎょうはちまんしょう》」）と述べ、義時に「国主」や「大王」という高い評価を与え、その政権掌握を肯定している。謗法とは、仏教の正しい教えを軽んじる行為のこと、妄語とはうそをつくことの意である。

なぜ、日蓮はここまで義時を高く評価したのだろうか。義時が承久の乱の勝者であるという点が大きく影響していることは間違いない。日蓮は、承久の乱を国王（国主と同義）レベルでの交代事件と認識していた。このことは、乱後の後鳥羽院を、承久の乱によって「代を東にとられ給ひ」（「三沢抄《みさわしょう》」）と表現していることから窺える。日蓮は、顕密《けんみつ》仏教に入れ込んだ後鳥羽院を打ち破った事実から、義時を高く評価したのであった。

加えて、日蓮が置かれていた状況にも目を配る必要がある。日蓮は、鎌倉で布教活動を行なっていたが、その過激な言動から、たびたび幕府の弾圧を受けた。そこで、日蓮は禅宗を支持する北条時頼ら当時の為政者を非難するため、仏教の正しい教え、すなわち法華経を軽んじなかった義時を評価したのではあるまいか。要するに、後鳥羽院や時頼を敵視する日蓮にとって、義時の評価は相対的に高まったといえる。

さらに、日蓮が書状の中で、義時と頼朝を並べて語っていることも注目される。日蓮は、法華経を信仰した頼朝を高く評価していた。「右大将家（源頼朝）・権大夫殿（北条義時）ハ不妄語の人、正直の頂八幡大菩薩の栖、百皇《ひゃくおう》の内なり」（真跡「諫暁八幡抄」）や「頼朝と義時とは臣下なれども其頂にはやどり給ふ、正直なる故か」（「四条金吾許御文」）など、頼朝が平家を滅ぼし、義時が承久の乱で京方を討ち負かしたことは、両人が不妄語（嘘をつかない）の人であるからとして、その政権掌握を肯定している。鎌倉で活動していた日蓮が、義時を頼朝に匹敵する人物として認識していたことには注意したい。

室町幕府の認識

建武《けんむ》三年（一三三六）、室町幕府の方針を示した『建武式目』の冒頭には、幕府を京都に置くべきか、鎌倉に置くべきかについて、足利尊氏と中原是円《ぜえん》らとの問答が記される。すなわち、「就中《なかんづく》、鎌倉郡は文治右幕下《ぶんじうばっか》、始めて館を構へ、承久義時朝臣、天下を併呑《へいどん》す。武家に於いて尤《もっと》も吉土と謂うべきか」とみえ、やはり義時が頼朝と並ぶ武家政権の創始者として認識されていたことがわかる。日蓮と同じ理論であるが、室町幕府は、鎌倉後期の北条氏が牛耳る政権を否定した上に成り立つ幕府であるから、相対的に鎌倉前期の政権を主導した頼朝や義時を讃えることになった。

南北朝期の評価

南朝の中枢として活躍した北畠親房《きたばたけちかふさ》（一二九三〜一三五四）が南朝の正統性を説く『神皇正統記《じんのうしょうとうき》』は、極めて義時に好意的である。義時は一応理由があって追討されたが、それは後鳥羽院の過ちで、謀反を起こして利を得る朝廷とは比べられない、として後鳥羽院の挙兵を批判し、義時を擁護しているのである。近世以降、大いに批判された、皇室に対し弓矢を引いたという不忠も、この段階では、強調されていない。義時を擁護する親房の認識は、近世の『大日本史』編纂にも影響を与えることになる。

その一方、義時を痛烈に批判するのが『保暦間記』である。義時の死因を近習の侍による他殺であると記し、そのような無残な最期を遂げたのは、因果応報であるとする。承久の乱で多くの人命を奪い、後鳥羽院ら皇室の人々を不幸に陥れたという理由で、非難を加えているわけである。この『保暦間記』の義時評は、後代にも影響しており、『読史余論《とくしよろん》』で採用されている。

近世史家の評価

新井白石の評価

正徳《しょうとく》二年（一七一二）に成立した『読史余論』は、幕臣かつ歴史家である新井白石《あらいはくせき》（一六五七～一七二五）の著した史論である。摂関政治から徳川家康の武家政権樹立にいたる政治史を叙述し、徳川政権の正当性を説いている。

白石は、北条氏に手厳しい。その背景には、彼の有する儒教政治思想がある。その基本は、天下は唯一者の支配下に統制されるべきであり、正統な支配者が力を失い、陪臣に政治の全権が奪われれば、必然的にその国は衰退するという考え方で、ゆえに階統制を維持することが重要であるとされた。したがって、白石が一御家人でありながら幕府の主導権を掌握した北条氏に批判的なのは当然である。『読史余論』の総論では、北条の支配した世を「陪臣にて国命を執る」ものだとしている。この表現は、『論語』季氏《きし》篇からの引用であるが、北条氏が頼朝の家臣という身分でありながら、頼朝から実権を奪った結果、必然的に源氏将軍は三代で滅んだと考察していることがわかる（ケイト二〇〇一）。

いうまでもなく、歴代の執権もダークな色合いで描かれた。とりわけ、義時に対しては辛辣で、「本朝古今第一の小人」だと主張する。その理由を、三人の帝、二人の皇子を流刑に処し、一天皇を廃し、頼家の子や頼朝の弟全成らを亡き者にしたこととし、とくに公暁を操って実朝を暗殺させたのは恐るべき奸計《かんけい》であると述べる。さらに、このような人物がまともな死に方をするはずがなく、『吾妻鏡』の記述は誤りで、『保暦間記』の記述こそ真実ではないか、とまで推測している。最後には、自身の権力を拡大するために源氏将軍家との関係を利用した義時と、宰相としての地位と漢王の外戚としての地位を利用して漢にとって代わる自分の王朝を打ち立てた王莽《おうもう》とを比較し、義時の行為は皇位継承を操作し崇峻天皇を暗殺した蘇我馬子の行為よりも悪質であると糾弾する。

義時に対しては、源氏将軍から政権を奪った簒奪者という評価が先行し、公暁による実朝暗殺も義時の差し金に違いないと決めつけている。また、その死因についても、『保暦間記』の他殺説を支持している。このように、白石の義時評が、結論ありきの叙述になっていることには注意が必要である。現代においても、義時の簒奪者としての側面を強調する媒体が見受けられるが、これは白石の義時評を再生産するものに他ならない。

勝海舟の評価

一方、同じ幕臣でも、幕末の革命的な政治家である勝海舟（一八二三〜九九）は、義時に同情的である。回顧録『氷川清話《ひかわせいわ》』のなかでは、義時を「不忠の名を甘んじて受け、自身を犠牲にし国家に尽く」した人物であると讃え、「幕府瓦解《がかい》の際には、せめて義時に嗤《わら》われないよう、幾度も気を引き締めた」と語っている。逆臣との評価を免れないとわかっていても、皇室を討ち、幕府を守った義時に同情を寄せ、無血開城を行なった自身と義時の境遇を重ね合わせている。勝の選択の結果、江戸城において無用な血が流れなかったことを思うとき、我々は義時の圧倒的な存在感を改めて感じるのである。

家臣か逆臣か──『大日本史』編纂者の葛藤

次に、近世の史学史上、もっとも重要な『大日本史』に注目したい。本書は、時代劇「水戸黄門」の「黄門さま」でお馴染みの水戸藩主・徳川光圀《みつくに》（一六二八〜一七〇〇）の命により編纂された歴史書である。神武天皇から後小松天皇までの百代の歴史を漢文の紀伝体で記し、本紀（天皇の事績を記したもの）・列伝（天皇以外の人物を項目ごとに類別し、その事績を記したもの、および外国史）・志（制度史・経済史・文化史）・表（役職などの一覧表）の四部から構成され、これに論賛（本紀・列伝に取り上げられた人物に対する論評）が付された。編纂にあたる学者は全国から招かれ、徹底した史料調査・収集のもと、およそ二百五十年をかけて編纂された、前人未到の大修史事業の産物である（小松一九八九）。

『大日本史』は、表向きは誠実でありながら、内面はずる賢く、頼家・実朝暗殺を謀ったのは義時であったとする。承久の乱後には、天子を廃立し、大臣の進退にも介入するなど、国家の大きな権力はすべて鎌倉の手中に帰したとし、義時の死因については『保暦間記』の近習による他殺説を採っている。

第二章でも触れた通り、義時の頼家殺害を見抜いた点は慧眼であるが、阿野全成や実朝など、頼朝死後の事件はすべて義時の指図であったかのような書きぶりである。当然、安らかな最期を迎えられるはずもなく、近習による暗殺という無残な最期であったに違いないという認識なのであろう。この点、白石と共通するものがある。

ここで注目すべきは、承久の乱で朝廷に背いた義時が「叛臣伝」（平将門や木曽義仲など、朝廷に逆らった叛逆者を収める）ではなく、「家臣伝」に採録されているという事実である。そこで、「家臣伝」採録に至るまでの経緯を、彰考館員の書簡のやり取りをまとめた「往復書案」から確認したい（『茨城県史料　近世思想編　大日本史編纂記録』収録）。

お茶の間では「格さん」の愛称で知られる安積澹泊《あさかたんぱく》（通称覚兵衛）は、享保元年（一七一六）より論賛《ろんさん》（賛藪《さんそう》）の執筆に励んでいた。享保四年（一七一九）十月には、将軍家臣伝賛に進み、義時伝賛に入っていたが、ここに水戸の彰考館の総裁をつとめる大井松隣《おおいしょうりん》と小池桃洞《こいけとうどう》から同月十四日付の書簡が届く。その内容は、おおよそ次のようなものである。

彰考館員たちは、当初、義時を「叛臣伝」に入れて然るべき人物と考えたが、そうなると足利尊氏およびその家族・家臣もそのままでは済まされず、列伝の編成に大きな影響を及ぼすため、それを避け、「家臣伝」に入れておくことでようやく決着したという経緯があった。しかし、この措置を名分上の見地からみて後世の批難を招くおそれがあると憂慮し、せめて「論賛」においては「叛臣」の事実が明瞭になるようにすべきである、との意見がなお強く存在している。なかでも水戸の彰考館の日置新六《ひおきしんろく》はこの意見を強く主張し、草稿に「一毫も簒奪の念有るにあらず（少しも政権を簒奪する気はなかった）」とあった一句の削除を求めている。日置は神代鶴洞《かみしろかくどう》（江戸の彰考館総裁）らと議論を交わした結果、神代もその意見に同調した。

しかし、澹泊はこれに不服で、次のように反論する。「叛臣」の実をそれほど強調したいのならば叛臣伝に入れたらよい、自分が『神皇正統記』に依拠して義時に肩入れした書きぶりをしたのは、次の泰時の善政を配慮し、義時からその下地を作っておかなければならないと考えたためだ。結局、この時には結論が出ず、泰時伝賛などとあわせて検討を加えることとなった。

立場上、後代の批判を危惧した大井らの気持ちもわからなくはないが、その一方で、義時の息子泰時にも目を配り、泰時の父という別の視点からも義時の評価を試みる澹泊の思慮深さには、目を見張るものがある。その後の双方のやりとりは不明であるが、最終的に澹泊はどのように義時を評価したのであろうか。義時伝賛を確認してみよう（日本思想大系『近世史論集』一九〇～二頁）。

まず、冒頭で「賛に曰く、北条義時は、承久に兵を挙げて、以て王師に抗し、三上皇を迫《はっ》脅《きょう》して、之を海島に遷す。悖逆《はいぎゃく》の甚だしきこと、古今未だ有らず。今、之を叛臣に列せずして、此に置くは、蓋《けだ》し亦《また》説有り」と述べ、承久の乱後に三上皇を配流した行為を前代未聞の大罪であると認めたうえで、にもかかわらず叛臣伝ではなく、家臣伝に入れたことに異論を唱える者もいるとして、義時の評価については、見解の一致をみない現状を説く。その上で、あえて叛臣伝に入れなかった理由を記す。

すなわち、義時の政治が後鳥羽の悪政で塗炭《とたん》の苦しみにあっていた人民を救済するためのものであったからで、義時が後鳥羽院の軍勢を破って京畿を犯したことにも正当な言い分があったとして、承久の乱の勝者となった義時を「不軌《ふき》を謀り国家を傾くる者と、科《とが》を殊《こと》にし等《とう》を異にす。豈、概して叛臣を以て之を視る可けんや」と評し、一概に叛臣としてみるべきではないと論じる。さらに、義時は死ぬまで四位を超えることはなく、その子孫も節倹《せっけん》を守り、その政治は人民を苦しめることもなかったとして、「天下に功無しと謂ふ可からざるなり」と評価したうえで、それにしても三上皇を配流したことはいかにも行き過ぎの行為であって、その罪は明白である、と結ぶ。

大井ら彰考館員の意見を折衷、調和させた内容となっており、義時を擁護しつつも、草稿では記していた「少しも政権を簒奪する気はなかった」の一句は削るなど、澹泊が相当に気を配って執筆したことが窺える（鈴木一九八八）。澹泊が彰考館の意見に従い、義時の功績を三上皇配流の一点をもって抹殺するのではなく、その功績をきちんと認めた上で行き過ぎた行為に対しては批判を加えるという態度を示したことは、学者として尊敬に値する。将軍の一家臣が朝廷を武力で負かし、院を配流に処すのは、未曽有の出来事であるだけに、後代の学者たちも義時の扱いには苦慮したのであった。

ちなみに、光圀が彰考館員に編纂を命じ、出版された書物の一つに『新編鎌倉志《しんぺんかまくらし》』という地誌がある。『大日本史』編纂過程において、鎌倉時代の史料が少ないことを痛感した光圀は、延宝元年（一六七三）に自ら鎌倉を訪れ、史料の収集や現地調査を命じたのであった。このときの調査結果をもとにまとめられたのが本書である。いわば『大日本史』編纂事業の副産物であるといえるが、のちの鎌倉の地誌に与えた影響は大きく、鎌倉が参詣地・遊山地として全国に知られるきっかけを作ったといっても過言ではない。現在の観光都市鎌倉を形作った重要な書物である。

明治以降の評価

国定教科書への登場

近世の義時評は、勝海舟のように同情的な人もいたが、基本的には三上皇を配流した不忠の臣であるという見方が強い。やはり、儒教を重んじる近世史家たちが歴史をみるとき、主君である将軍家を三代にして滅ぼし、将軍の実権を奪った北条氏、とくに義時は、強く非難されねばならなかった。この傾向は、明治時代以降も加速することとなる。

明治〜戦前の国定教科書において、義時は皇室に敵対した極悪人・不忠の臣の代表として登場する。この背景に、天皇を中心とした中央集権国家体制の国づくりを進める明治政府の意向や戦時中における天皇の神格化があることはいうまでもない。天皇集権国家において、天皇を廃立し、三上皇を配流するという挙に出た義時は、逆臣以外の何者でもなかったのである。

近代史家の評価

近代史家の中にも、義時に批判を加えてきた人は多かった。たとえば、京都帝国大学文科大学（現在の京都大学）の教授をつとめた原勝郎《はらかつろう》（一八七一〜一九二四）は、『日本中世史続篇（稿本）』において、承久の乱での京方の敗北や三上皇が配流に処せられたのは天皇家の責任であり、北条氏のみに罪を負わせることはできないと記しながら、大正二年（一九一三）十一月発行の雑誌『藝文』第四巻第十一号に掲載された「鎌倉時代を三期に分たば」では、「吾人は承久における北条氏の下克上の挙を悪む。義時父子の所為はこれ臣子の分として恕すべからざるものなり」と、義時父子を批判している。この変化には、国定教科書が「三上皇を遠島に遷し奉る」義時を「無道の行」と批判する傾向が強まるなかで、原がそれを無視できない状況に置かれていたことを示唆する（岡田二〇一九）。原は西洋史が専門でありながらも、『吾妻鏡』の史料としての価値と限界を論じるなど（原一八九八）、日本中世史にも通じる歴史の大家であったが、その原であっても、世情に逆らうことはできなかったのである。

かくして、頼朝の遺業を継承し、武家政権の基礎を築いたという義時の輝かしい功績は、皇室を討ったという一点によって抹殺されるに至った。今日でも、義時は決して人気があるとはいえないし、とくに戦前の教育を受けた方の中には悪い印象をお持ちの方も多いだろう。こうした義時の悪評は、長い歴史のなかで生産されてきたものであり、今すぐに変わるものでもない。ただ、大河ドラマが大きな影響を及ぼすことは間違いない。主人公をつとめる義時がどのように描かれるのか、放送に期待したい。

鎌倉時代の時期区分

佐藤進一の三区分論

ところで、佐藤進一氏の提唱した鎌倉幕府の歴史を《将軍独裁→執権政治→得宗専制》の三段階の構図で捉える三区分論は、今日の通説になっている（佐藤一九五五）。

昭和二十七年（一九五二）、佐藤氏は「執権政治」（『世界歴史事典』第八巻、平凡社）において、建保元年（一二一三）に義時が侍所別当和田義盛を滅ぼし、政所・侍所別当を兼ねた時をもって執権政治は成立したと捉え、承久の乱後における北条泰時の政治形態を執権政治の本質とみている。また、執権政治が将軍独裁を克服した点、執権政治において、はじめて実質的な武家政権を実現することができたという二点をもって執権政治に高い評価を与えている。したがって、執権政治成立史と幕府政治の時期区分は不可分の関係にあるといってよい。このことは、執権政治を確立させた義時を評価するうえでも重要な問題である。そこで、まずは近代史学の成立した明治初期（一八九〇年代）から時期区分に関する研究史を紐解いてみよう。

帝大の参考書『国史眼』

明治二十三年（一八九〇）、重野安繹《しげのやすつぐ》・久米邦武《くめくにたけ》・星野恒《ほしのひさし》編『国史眼《こくしがん》』が帝国大学文科大学

国史科の参考書として刊行された。同書では、鎌倉時代の分界線を承久の乱前後に設定し、平治の乱～承久の乱と承久の乱の戦後処理～蒙古襲来による衰退の二つに区分している。これは、承久の乱後、天下の政権が悉く武士の手中に帰したという解釈で、『大日本史』の認識と共通する。

また、乱後、六波羅探題が設置されたこと、北条義時・政子・大江広元が相次いで亡くなり、六波羅の北条泰時・時房が下向して、執権・連署制が成立したこと、評定衆を置いて政務を会議したこと、引付衆を置いて訴訟を処理したことなどにも触れ、上記の制度が整えられた意義を重視している。その一方で、頼朝の死後、「時政権ヲ執リ、政子ト内外相和シ、機ニ乗ジテ功臣ヲ斃シ、以テ自家ノ便利ヲ謀」ったことを、北条執権の始まりと評価し、時政の策謀が発覚すると、政子が義時を執権にしたと述べている。

三浦周行の三区分論

図らずも、『国史眼』刊行の年に国史選科に入学したのが、三浦周行《みうらひろゆき》である。三浦は、明治四〇年（一九〇七）に『大日本時代史　鎌倉時代史』を上梓し、鎌倉時代の三大時期として創業時代（公文所・問注所設置～北条政子の死）・守成時代（～北条時宗の死）・衰微時代（～幕府滅亡）をあげている。三浦が政子の死に画期を見出すのは、政子の死後、泰時が「御成敗式目」の制定や評定衆の設置といった法制上の施設を整え、幕府に「組織上の生命」を与えたこ

黒板勝美（左。『義経伝』より）と三浦周行（『欧米観察過去より現在へ』より）

止によって、守成時代に移ったとみるからである。三浦が泰時の執権政治を高く評価するのは、法制史に問題関心をもつからであり、これが佐藤説の淵源になっている。

黒板勝美の二区分論

翌明治四十一年（一九〇八）、新しい時期区分を示したのが、黒板勝美《くろいたかつみ》の『国史の研究』である。黒板は、前年に三浦の三区分論に一定の理解を示しながらも、次のような理由から二区分論を提唱している。

> 鎌倉武家時代の特質から考へて見れば、鎌倉幕府は頼朝により開かれたといへ、夫は北条氏のものである。鎌倉幕府の特色は北条氏あってはじめて光彩陸離《こうさいりくり》たるもので、武家政治として忌憚なく

その主義を発揮したのは承久の役後である。故にこの方面から承久前後を二大期とし、第一　将軍政治期・第二　執権政治期の二つに区分して見たいと思ふ。

黒板が承久の乱に重要画期を見出すのは、『国史眼』の論点を継承したからであるが、鎌倉幕府の特質として北条氏による政治に注目し、その政治形態を「執権政治」という用語をもって表したことは重要な先駆とみるべきである。現在、学界のみならず一般にも定着する「執権政治」は、黒板の著書を嚆矢《こうし》とする。ただし、執権政治期については、「政治の実権は全く北条氏に帰し、執権を以《もっ》て将軍を擁し一切の事を行った」（四六三頁）と述べるに留まり、承久の乱以前の北条氏の権力掌握過程への言及はなく、将軍政治期に包括されている。同書は改訂増補を繰り返したが、この問題を解消することはなかった。

執権政治を重視する龍粛

はじめて本格的に「執権政治」の研究に取りくんだのは、龍粛《りょうすすむ》である。龍は、大正十年（一九二一）の「尼将軍政子」のなかで、将軍の血統が変わろうとも、終始、幕府の実権を握ったのは執権北条氏であり、幕府政治はすなわち執権政治であったと主張した。さらに、北条氏が執権として権力を確立する過程に関心を向け、その過程における尼将軍政子の役割を高く評価している。龍は、「執権政治」に目を向けるという黒板の視角を継承しつつも、その中で見落とされていた成立過程の問題に着手したといえる。また、政子死後の執権政治については、「鎌倉幕府の政治」（『鎌倉時代　上』春秋社、一九五七年。初出一九三四年）において、『吾妻鏡』の記述に基づき執権の地位が確立する過程を述べている（龍一九三四）。

鎌倉幕府の特質として、執権政治を重視する黒板・龍の視角は、佐藤氏に継承されたといえよう。佐藤は、得宗専制の成立に鎌倉幕府の画期を見出し、黒板が「執権政治期」と認識した鎌倉中後期を厳密に二分したのである。

一方、法制史に問題関心を有する佐藤氏は、承久の乱後、執権政治のもとで展開した執権・連署制および評定衆の設置を「合議的精神の発現」、式目の制定を「公家法に対する武家法の自覚」と評価して大きな意義を見出したが（佐藤一九五二）、この淵源には三浦の区分論があったとみてよい。佐藤氏が、執権政治の成立として、建暦三年（一二一三）の和田合戦後に義時が和田義盛を滅ぼし、政所と侍所の別当を兼ねたことを重視したのも、このとき執権の地位が制度的裏付けを得たとみなすからである。

ここまで、佐藤氏の三区分論の前提となる学説を辿ってきた。佐藤氏は、政治史的には、鎌倉後期に力点を置き、得宗専制の成立に画期を見出している。一方、法制史的観点では、執権政治が合議政治たることを重視し、それと反する性格をもつ政治形態として得宗専制政治を規定した。また、執権政治のはじまりとして北条時政の存在を重視する『国史眼』の見解とは一線を画し、執権の地位に制度的な裏付けを得た政所・侍所別当の兼務を重視したのである。したがって、三区分論の構図に義時を当てはめたとき、その功績として重要なのは、侍所別当を兼帯し、執権政治を確立させたことにあるとみてよい。ただ、ここでは承久の乱に勝利した歴史的意義は陰に隠れてしまっていることに注意したい。

承久の乱と義時

時期区分論で、とくに重要なのは、鎌倉幕府の特質として北条氏による政治に注目し、その政治形態を「執権政治」という用語をもって表現した黒板勝美の研究である。ただし、先述した通り、同書は改訂増補を繰り返しながらも、黒板が承久の乱以前の北条氏の権力掌握過程を検討することはなかった。すなわち、黒板の『国史の研究』は、大正二年（一九一三）に改補再版（総説之部一巻、各説之部一巻、岩波書店）、昭和七年（一九三二）に更訂版（総説一巻、各説二巻、岩波書店）が再版されており、鎌倉時代の区分も改められている。

まず、改補再版では、幕府創業期（平家の都落ち～承久の乱）・幕府隆盛期（承久の乱～蒙古襲来）・幕府衰亡期（蒙古襲来～後醍醐笠置行幸）という三区分をとっている。これは、「幕府」を基軸にその推移をもって区分するものである。次いで、更訂版では、諸源勃興時代（安徳天皇）・源氏将軍時代（後鳥羽天皇～仲恭天皇）・藤氏将軍時代（後堀河天皇～後深草天皇）・宮将軍時代（後深草天皇～後醍醐天皇）・正中元弘時代（後醍醐天皇）の五つに区分している。この区分は、天皇・将軍の出自に基づいているため、絶対的・固定的ではあるが、かえって平板な区分となってしまっている。筆者は、黒板が初版で示した承久の乱に力点を置く二区分の方が、鎌倉時代の歴史的特質を理論的根拠として区分を試みたという点で、評価すべきであると考える。

そもそも、時代区分・時期区分は、あくまで歴史の変化を認識し説明するための便宜であり、ゆえに絶対的・固定的ではなく、流動的・可動的なものである（遠山一九六八）。しかし、鎌倉時代をいつで区切るかは、何をもって鎌倉時代の特質と考えるかという問題と密接に関わっており、日本史上、義時の果たした役割を考察する上でも重要であると考える。したがって、明治期には、承久の乱に鎌倉時代の分水嶺を設定していたけれども、法制史の観点を取り入れたり、絶対的な区分を求めたりしたことによって、新しい時期区分が生まれた。

この結果、承久の乱の歴史的意義は後景に退くことになったのではないだろうか。これに伴い、学界における義時の存在感も相対的に薄まったのかもしれない。近年では、承久の乱で武家の実力が公家を圧倒することが明示されたことを認めつつも、乱後の戦後処理を経て、幕府が朝廷の政治秩序を整序することになった「寛元・宝治」（一二四三〜四九年）との段階差を強調し、後者に画期を見出すべきであるとの主張も出されている（佐藤二〇二〇・二一）。

確かに、幕府が朝廷に積極的に介入するようになるのは、乱直後の特異な時期を除けば、義時の死後、北条時頼の時代である。ただし、朝廷への介入を可能にしたのは、幕府が朝廷を武力で打ち負かした実績があるからに他ならない。幕府が朝廷の優位に立つことの淵源が承久の乱の勝利にある以上、その効力をいつ発揮するかは問題ではない。逆に、幕府が朝廷の政治にも介入する素地を作ったという点で、義時を評価することも可能である。

鎌倉時代の特質とは何かを考えたとき、やはり鎌倉百五十年の歴史のうち、百年以上ものあいだ政治の実権を握り、都市鎌倉を発展させた北条氏の実績は、到底無視できるものではない。なかでも義時は、源氏将軍が断絶し、承久の乱が勃発するという、幕府の存続に関わる最大の危機を乗り越えた功労者であり、さらに長い日本の歴史からみれば、武家政権の基礎をつくった英雄なのである。

以上、義時死後から近現代に至るまでの義時の評価を追ってきた。承久の乱によって多くの命が奪われた結果、義時の死は、さまざまな憶測や噂、伝説を生むことになったといえる。およそいかなる人物であっても、その評価は、各時代の社会状況や置かれている立場によって大きく異なる。義時の場合も、評者の立場によって異なるものの、武家政権確立の功労者から皇室を討った極悪人へ、という大きな流れの変化があったことは間違いない。とくに近世以降、皇室を討った不忠の側面が強調されるようになると、義時への風当たりは急速に冷たくなった。現代においても義時に抱かれる暗いイメージは、一朝一夕に形成されたものではなく、長い歴史を持つ根深いものなのである。

武家政権確立者の実像―エピローグ

義時の性格

北条義時の生涯をたどる旅も終わりを迎えようとしている。最後に、義時の性格について言及しておきたい。

政治家として、義時が極めて有能であったことは、明らかである。親権が絶対の中世において、父時政の策謀が露見した際に将軍実朝の命令として隠退を迫り、和田合戦の際には将軍実朝の身柄確保につとめ、実朝の花押を据えた書状を配って北条氏側＝幕府軍とした手腕などは見事であった。また、執権として幕府政治を主導しえた背景には、頼朝の後家政子の存在が大きいが、女性の政子には限界もあり、両者は良き理解者、政治的パートナーとして互いを補完する関係にあったとみてよい。

ただ、義時の赤裸々な人間としての性格はどうかと問われると、結局、想像の域をでない。『増鏡』の言うように、「心もたけく魂まされる」（気性が強く精神もしっかりしている）人物であった可能性は高い。このことは、義時の四十九日表白に、勇ましい性格の持ち主であったと記すことからも窺える。合戦において、取り立てて武功を挙げているわけではないが、小御所合戦や畠山重忠の乱で兵を率いて勝利を収めている様子をみるに、指揮官としての能力には秀でていたのではないかと思われる。

平凡な青年が政治家として成長し、鎌倉を守り抜くことができたのは、やはり頼朝から学ぶところが多かったのではないだろうか。頼朝の側近として活動しているのが散見されるし、政子の弟として頼朝から目を掛けられ、次世代の幕府を支える御家人のひとりとして期待されていたことも自覚していただろう。

それだけに、頼朝の死の衝撃は大きかったと推察されるが、頼朝の遺した武家政権と息子たちを守ることに生涯を捧げることを決意したに違いない。義時は「幕府の保護者」としての責務を果たそうとしたのである。

しかし、本書の中でも触れたように、比企氏を滅ぼし、ついには頼家にも手を掛けることになる。そして、このことが遠因となって、実朝までをも失ってしまった。その後、京都から幼い三寅を迎えて幕府の存続を図るとともに、承久の乱に勝利することで、鎌倉を守り抜いた。並大抵の精神力では乗り越えられない出来事が相次いだわけで、たしかに精神的に強い人間であったといえよう。ただ、人間的な面白みには欠けるかもしれない。義時個人の私生活や性格を窺わせるエピソードが皆無に等しいほど残っていないのは、逆に彼が真面目な人間であったことを裏付ける（安田一九六一）。というわけで、義時を一言で表せば、「真面目で有能な政治家」といったところに落ち着こうか。

義時の位置

苦労の絶えない人生ではあったが、義時が幸運の持ち主であったこともまた事実である。そもそも姉の政子が頼朝の正妻にならなければ、彼が歴史に名を遺すことはなかったし、頼朝の死後も後家として、ここぞというときに頼りになる姉の存在は非常に心強いものがあったと思う。

鎌倉における義時の位置も、政子によって定められたといっても過言ではない。義時の遺体は、源頼朝の法華堂の東方に築かれた法華堂に埋葬された。すなわち、幕府の創始者である頼朝と、将軍の臣下である義時の法華堂が並んで山の中腹に設けられたのである。この事実は、義時の死後、彼の権威化が図られたことを明示するものに他ならない。

かつて、貫達人《ぬきたっと》氏は、この事実に注目し、その理由を義時が承久の乱に勝利し、治天の君の権限を掌握した人物である点に求めた。そして、勝者である義時が日本国の実質的な支配者となった点に、承久の乱の歴史的意義を見出したのである（貫一九六八B）。筆者は、義時の法華堂を頼朝と並べて建立した人物こそ政子であったと考えたい。この結果、義時は頼朝に次ぐ幕府の創始者として位置付けられた。大倉御所の背後に並び建つ頼朝と義時の墓所は、鎌倉の人々に北条氏が別格の存在であることを印象付けるモニュメントであったといえよう。

義時死後の鎌倉

義時の死後、政子は義時の権威化を図るとともに、泰時を次の執権に据えることに尽力した。義時の後家伊賀の方は、実子の政村を後継につけようと画策したが、政子はこれを未然に防ぎ、泰時の家督継承と執権職就任を実現している。

後世、大政治家として高く評価される泰時を生み出したことこそ、義時の功績として触れておかなければならない。泰時が父義時の背中を見て育ったことはいうまでもないが、周知の通り、泰時は評定衆を設置して合議政治を行なうとともに、日本史上初めての武家法である「御成敗式目」を制定した。これは、承久の乱の勝利により、幕府の支配圏が西へ拡大したものの、地頭と領家の争い（武士の所領関係の訴訟）が絶えなかったため、それらを処理し、幕府の御家人支配を安定させるために制定されたものである。乱によって生じた混乱を、法を整備することによって処理したのであった。

ところで、二〇二〇年に、泰時と政子の関係性を窺わせる重要な史料がみつかった。藤原定家の日記『明月記』の断簡である。嘉禄元年（一二二五）七月一日から同三日条というわずか三日分の記録ではあるが、その内容は中世史研究者を驚かせた。政子が亡くなる直前の鎌倉の様子が、京都にいる定家によって書き留められていたからである（谷二〇二一）。

すなわち、七月一日条によれば、危篤状態が続く政子に対し、泰時が「政子が逝去したら自分は遁世《とんせい》します」と言ったところ、「天下を鎮守することが恩に報いることになるのです」といって出家を諫められたという噂話を定家が聞いたという。

この記事からは、すでに父義時が他界していることも相まって、泰時がどれほど政子を頼りにしていたかが窺える。また、政子が「天下」を鎮守するよう命じたのも見逃せない。承久の乱の勝利によって、西国への支配権を拡大した幕府は、東国のみならず天下を守護する武家政権へと成長を遂げようとしていた。その重責を泰時は負うことになるが、見事に政治的手腕を振るい、武家政権を発展させたことは先に述べた通りである。この後、政子は七月十一日に鎌倉で逝去した。義時の死去からちょうど一年後のことである。

種まく人

義時はいわば「種まく人」であった。鎌倉の土をならして、まかれた種は、やがて芽を出し、息子や孫の世代に開花することで、鎌倉幕府は発展することになる。その花は、幕府滅亡をもって枯れることになるが、戦国時代に鎌倉を統治した伊勢氏がわざわざ北条氏に改姓していることは、北条の名が東国支配の正当性を付与するものであったことを示す。また、武家政権が室町幕府、江戸幕府と近世まで続いていく歴史をみたとき、幕府が武力によって朝廷に勝ったことが、いかに歴史的意義のあることであったか。その重要性は計り知れない。義時を武家政権の確立者とよぶ所以《ゆえん》である。

――あとがき

岡山で生まれ育った私は、歴史を学ぶなら京都に行こうという単純かつ明快な理由から京都の大学に進学した。ここから大学・大学院とあわせて、十年もの間を京都で過ごすことになる。京都では、上横手雅敬先生・野口実先生・元木泰雄先生・美川圭先生といった第一線の中世史研究者からご指導を賜った。

その後、鎌倉歴史文化交流館で学芸員として働く機会を得、現在に至る。鎌倉に住むことを決意したのは、鎌倉時代の研究者として、一度は鎌倉に腰を据えて、研究するべきであると思ったからである。北条義時が次の大河ドラマの主人公に決まったという報に接したのは、令和二年（二〇二〇）の正月、鎌倉に来て一年と数カ月が経とうとしている頃であった。北条義時の死因と法華堂建立に関する論文に取り組み、ちょうど書き上げた頃であったと記憶している。この論文は、鎌倉に住み始めて、改めて鎌倉市内の史跡を廻った際に、「義時の墓所が初代将軍である頼朝の隣に建てられていることって、実は物凄く意味のあることなのでは…？」という疑問に端を発して書き上げたものである。したがって、ほぼ一年を通して、義時と向き合っていた私としては、中世前期が、しかも義時が主人公として取り上げられると知って、非常に驚いた。

本書には、これまで積み上げてきた研究成果を注ぎ込んだ。関連史料を博捜し、できる限り義時を客観的に評価することに努めたつもりである。鎌倉時代は、戦国時代や江戸時代に比べると、注目されることは少ない。そのような中で、義時を通して、鎌倉時代の魅力や新しい歴史の見方を提示できていれば、こんなに嬉しいことはない。

なお、小学館から刊行されている雑誌『サライ』のウェブサイトでは、政子や牧の方など義時を取り巻く女性たちについて綴った文章を連載しているので、本書と合わせて読んでいただきたい。義時周辺の人間模様が、より立体的に描けるようになるはずである。

一研究者として、単著を出すことは、夢のひとつであった。貴重な機会を与えてくださった小学館の今井康裕氏、編集に際して様々お世話になった安田清人氏には、心から感謝申し上げたい。

二〇二二年は、勤め先である鎌倉歴史文化交流館で全四回、一年に及ぶ北条氏展が始まる。学芸員としても、自身の研究成果を社会に還元する場を与えられたことに喜びを隠せない。より多くの人に、北条氏ゆかりの貴重な文化財を目にしていただくことを祈っている。

最後に、歴史の道に突き進んだ私をいつも応援してくれる家族、本書の出版を一番喜んでくれているであろう亡き祖父に心からの感謝を呈したい。

二〇二一年十二月

主な参考文献（副題は省略）

【史料】

『吾妻鏡』（新訂増補国史大系）東京大学史料編纂所架蔵の吉川本の影写本（請求記号（六一四〇・四―一二））も参看した。

『玉葉』（図書寮叢刊）

『愚管抄』（日本古典文学大系）適宜、句読点を付し、平仮名に改めた。また、文明本（宮内庁書陵部蔵、〔函号〕三五〇・三二六）を以て部分的に校訂した。

『公卿補任』（新訂増補国史大系）

『山槐記』（増補史料大成）

『沙石集』（日本古典文学大系）

『承久記』（新日本古典文学大系）

『小右記』（大日本古記録）

『神皇正統記』（日本古典文学大系）

『尊卑分脈』（新訂増補国史大系）

『大日本史』（大日本雄弁会、一九二九年）

『大日本史賛藪』（日本思想大系）

『読史余論』（日本思想大系）

『昭和定本 日蓮聖人遺文』（立正大学日蓮教学研究所）

『百練抄』（新訂増補国史大系）

『保暦間記』（重要古典籍叢刊）

『御堂関白記』（大日本古記録）

『明月記』（冷泉家時雨亭叢書別巻）

『六代勝事記』（中世の文学）

【著書・論文】

青山幹哉「鎌倉幕府将軍権力試論」（『年報中世史研究』第八号、一九八三年）

青山幹哉「王朝官職からみる鎌倉幕府の秩序」（『年報中世史研究』第一〇号、一九八五年）

青山幹哉「「御恩」授給文書様式にみる鎌倉幕府権力」（『古文書研究』第二五号、一九八六年）

秋山敬『甲斐の荘園』（甲斐新書刊行会、二〇〇三年）

飯田久雄「「右大将家之例」の形成過程」（『史学研究』第四九号、一九五二年）

飯沼賢司「後家の力」（峰岸純夫編『中世を考える 家族と女性』吉川弘文館、一九九二年）

池谷初恵『鎌倉幕府草創の地・伊豆韮山の中世遺跡群』（新泉社、二〇一〇年）

池谷初恵「中世初頭の東国の京都系かわらけにみる技術の導入と変容」（『国立歴史民俗博物館研究報告』第二一〇集、二〇一八年）

石井進『日本の歴史七 鎌倉幕府』（中央公論社、一九六五年）

石井良助『日本法制史概説』（弘文堂、一九四八年）

伊藤邦彦「比企能員と鎌倉幕府」（『鎌倉幕府守護制度の研究 【論考編】』岩田書院、二〇一〇年。初出一九九三年）

伊藤邦彦『鎌倉幕府守護の基礎的研究 【国別考証編】』（岩田書院、二〇一〇年）

上横手雅敬『北条泰時』（吉川弘文館、一九五八年）

上横手雅敬「執権政治の確立」（『日本中世政治史研究』塙書房、一九七〇年。初出一九五九年）

上横手雅敬「鎌倉初期の公武関係」（『日本中世政治史研究』塙書房、一九七〇年。初出一九六二年）

上横手雅敬「幕府と京都」（『鎌倉時代政治史研究』吉川弘文館、一九九一年。初出一九七一年）

上横手雅敬「北条政子と藤原兼子」（『鎌倉時代』吉川弘文館、一九九四年。初出一九七七年）

上横手雅敬「院政期の源氏」（御家人制研究会編『御家人制の研究』吉川弘文館、一九八一年）

大澤泉『頼朝以前』（鎌倉市教育委員会、二〇二一年）

大塚久『将軍実朝』（高陽書院、一九四〇年）
大山喬平『日本の歴史第九巻　鎌倉幕府』（小学館、一九七四年）
岡陽一郎「中世居館の光景」（『歴史手帖』第二三巻九号、一九九五年）
岡陽一郎「海と河内源氏」（『古代文化』第五四巻第六号、二〇〇二年）
荻野三七彦『聖徳太子傳古今目録抄の基礎的研究』（名著出版、一九八〇年。初刊一九三七年）
岡田清一『北条義時』（ミネルヴァ書房、二〇一九年）
奥健夫「寿福寺銅造薬師如来像（鶴岡八幡宮伝来）について」（『三浦古文化』第五三号、一九九三年）
奥富敬之『鎌倉北条氏の基礎的研究』（吉川弘文館、一九八〇年）
鎌田五郎『源実朝の作家論的研究』（風間書房、一九七四年）
川合康『日本中世の歴史三　源平の争乱と公武政権』（吉川弘文館、二〇〇九年）
川添昭二「源実朝とその周辺」（『日蓮と鎌倉文化』平楽寺書店、二〇〇二年。初出一九七八年）
川添昭二「北条氏一門名越（江馬）氏について」（『日蓮とその時代』山喜房仏書林、一九九九年。初出一九八七年）
川添昭二「日蓮と北条氏得宗」（『歴史に生きる日蓮』山喜房仏書林、二〇〇八年、初出二〇〇三年）
木下竜馬「乱の原因を探る」（『歴史REAL承久の乱』洋泉社、二〇一九年）
黒田日出男「こもる・つつむ・かくす」『王の身体 王の肖像』（平凡社、一九九三年。初出一九八七年）
ケイト・W・ナカイ『新井白石の政治戦略』（東京大学出版会、二〇〇一年）
小松徳年「解説」（『茨城県史料　近世思想編　大日本史編纂記録』茨城県、一九八九年）
五味文彦「源実朝」（『増補　吾妻鏡の方法』吉川弘文館、二〇〇〇年。初出一九七九年）
五味文彦『源実朝』（角川書店、二〇一五年）
近藤好和『源義経』（ミネルヴァ書房、二〇〇五年）
斎藤直子「中世前期鎌倉の海岸線と港湾機能」（峰岸純夫・村井章介編『中世東国の物流と都市』山川出版社、一九九五年）
坂井孝一「頼朝の流人時代に関する一考察」（『創価人間学論集』第五号、二〇一二年）
坂井孝一『源実朝』（講談社、二〇一四年）
坂井孝一『承久の乱』（中央公論社、二〇一九年）
坂井孝一『源氏将軍断絶』（ＰＨＰ研究所、二〇二一年）
坂口太郎「『愚管抄』成立の歴史的前提」（元木泰雄編『日本中世の政治と制度』吉川弘文館、二〇二〇年）
櫻井秀『鎌倉時代の風俗』（雄山閣出版、一九二九年）
櫻井陽子「頼朝の征夷大将軍任官をめぐって」（『平家物語本文考』汲古書院、二〇一三年。初出二〇〇四年）
佐々木紀一「北条時家略伝」（『米沢史学』第一五号、一九九九年）
佐々木紀一「源頼茂謀反の政治的背景について」（『山形県立米沢女子短期大学附属生活文化研究所報告』第三一号、二〇〇四年）
佐々木紀一「頼朝流離時代困窮の虚実」（『米沢国語国文』第三七号、二〇〇八年）
佐藤進一「執権政治」（『世界歴史事典』第八巻、平凡社、一九五二年）
佐藤進一「鎌倉幕府政治の専制化について」（『日本中世史論集』岩波書店、一九九〇年。初出一九五五年）
佐藤進一「寿永二年十月の宣旨について」（『日本中世史論集』岩波書店、一九九〇年。初出一九五九年）
佐藤雄基「鎌倉期の御家人と誓約に関する覚書」（酒井紀美編『生活と文化の歴史学六　契約・誓約・盟約』竹林舎、二〇一五年）
佐藤雄基「鎌倉時代における天皇像と将軍・得宗」（『史学雑誌』第一二九編第一〇号、二〇二〇年）
佐藤雄基「鎌倉幕府政治史三段階論から鎌倉時代二段階論へ」（『史苑』第八一巻二号、二〇二一年）
白井克浩「承久の乱再考」（『ヒストリア』第一八九号、二〇〇四年）
杉橋隆夫「執権・連署制の起源」（瀬野精一郎・村井章介編『日本古文書学論集五　中世一』吉川弘文館、一九八六年。初出一九八〇年）

杉橋隆夫「鎌倉執権政治の成立過程」（御家人制研究会編『御家人制の研究』吉川弘文館、一九八一年）
杉橋隆夫「鎌倉右大将家と征夷大将軍」（『立命館史学』第四号、一九八三年）
鈴木暎一「『大日本史』「論賛」の成立過程」（『水戸藩学問・教育史の研究』吉川弘文館、一九八八年）
田辺旬「北条義時」（平雅行編『公武権力の変容と仏教界』中世の人物　京・鎌倉の時代編第三巻、清文堂出版、二〇一四年）
谷昇「後鳥羽天皇在位から院政期における神器政策と神器観」（『後鳥羽院政の展開と儀礼』思文閣出版、二〇一〇年。初出二〇〇八年）
谷昇「北条政子危急をめぐる朝幕の対応とその背景」（『立命館文学』第六七四号、二〇二一年）
角田文衞「池禅尼」（『王朝の明暗』東京堂出版、一九七七年）
遠山茂樹「時代区分の根拠と問題点」（『岩波講座日本歴史』第二二巻別巻一、岩波書店、一九六八年）
長村祥知「一族の分裂・同心と式目十七条」（『中世公武関係と承久の乱』吉川弘文館、二〇一五年。初出二〇一〇年）
長村祥知「源行家の軌跡」（『季刊 iichiko』第一一〇号、二〇一一年）
長村祥知「木曽義仲の畿内近国支配と王朝権威」（『古代文化』第六三一号、二〇一一年）
長村祥知「〈承久の乱〉像の変容」（『中世公武関係と承久の乱』吉川弘文館、二〇一五年。初出二〇一二年）
長村祥知「木曽義仲の発給文書」（『信濃』第六五第一二号、二〇一三年）
貫達人「私の惣領制覚書」（『中世の窓』第六号、一九六〇年）
貫達人「官位と族長」（『三浦古文化』第四号、一九六八年A）
貫達人「承久変論」（高柳光寿博士頌寿記念会編『戦乱と人物』吉川弘文館、一九六八年B）
野口実「東国政権と千葉氏」（野口実編『千葉氏の研究』名著出版、二〇〇〇年。初出一九七七年）
野口実「流人の周辺」（『増補改訂　中世東国武士団の研究』戎光祥出版、二〇二〇年。初出一九八九年）
野口実「頼朝以前の鎌倉」（『古代文化』第四五巻第九号、一九九三年）
野口実「鎌倉武士と報復」（清水亮編『中世関東武士の研究第七巻　畠山重忠』戎光祥出版、二〇一二年。初出二〇〇二年）
野口実「鎌倉武士の心性」（五味文彦・馬淵和雄編『中世都市鎌倉の実像と境界』高志書院、二〇〇四年）
野口実「承久の乱における三浦義村」（野口実編『承久の乱の構造と展開』戎光祥出版、二〇一九年。初出二〇〇五年）
野口実「「京武者」の東国進出とその本拠地について」（『東国武士と京都』同成社、二〇一五年。初出二〇〇六年）
野口実「伊豆北条氏の周辺」（『京都女子大学宗教・文化研究所　研究紀要』第二〇号、二〇〇七年A）
野口実『源氏と坂東武士』（吉川弘文館、二〇〇七年B）
野口実「源平内乱期における「甲斐源氏」の再評価」（『東国武士と京都』同成社、二〇一五年、初出二〇一一年）
野口実「北条時政の上洛」（『京都女子大学宗教・文化研究所　研究紀要』第二五号、二〇一二年A）
野口実「平家と瀬戸内の武士」（『芸備地方史研究』第二八二・二八三号、二〇一二年B）
野口実『武門源氏の血脈』（中央公論新社、二〇一二年C）
野口実「中世成立期の安房国」（『京都女子大学宗教・文化研究所　研究紀要』第三〇号、二〇一七年）
野口実・長村祥知「承久宇治川合戦の再評価」（『京都女子大学宗教・文化研究所　研究紀要』第二三号、二〇一〇年）
野村育世『北条政子』（吉川弘文館、二〇〇〇年）
萩野由之『日本史講話』（明治書院、一九二〇年）
原勝郎「吾妻鏡の性質及其史料としての価値」（『日本中世史の研究』同文館、一九二九年。初出一八九八年）
原茂光「伊豆韮山円成寺遺跡について」（『歴史手帖』第二三巻九号、一九九五年
彦由一太「甲斐源氏と治承寿永内乱」（『日本史研究』第四三号、

一九五九年）
菱沼憲一『源義経の合戦と戦略』（角川書店、二〇〇五年）
平泉澄『建武中興の本義』（至文堂、一九三四年）
平泉隆房「『吾妻鏡』源実朝暗殺記事について」（『皇学館論叢』第二三巻第二号、一九九〇年）
平田俊春「吾妻鏡と六代勝事記との関係」（『平家物語の批判的研究 下巻』国書刊行会、一九九〇年。初出一九三九年）
平田俊春「吾妻鏡と平家物語との関係」（『平家物語の批判的研究 下巻』国書刊行会、一九九〇年。初出一九六三年）
福尾猛市郎『国民の歴史八 京・鎌倉』（文英堂、一九六八年）
藤原良章「中世の食器」（『中世的思惟とその社会』吉川弘文館、一九九七年。初出一九八八年）
藤本頼人「源頼家像の再検討」（『鎌倉遺文研究』第三三号、二〇一四年）
細川重男「右京兆員外大尹」（『鎌倉北条氏の神話と歴史』日本史史料研究会企画部、二〇〇七年。初出二〇〇一年）
細川重男・本郷和人「北条得宗家成立試論」（『東京大学史料編纂所研究紀要』第一一号、二〇〇一年）
本郷和人『新・中世王権論』（新人物往来社、二〇〇四年）
益田宗「吾妻鏡本文批判のための覚書」（『東京大学史料編纂所報』第六号、一九七一年）
三浦周行『大日本時代史 鎌倉時代史』（『日本史の研究 新輯一』岩波書店、一九八二年。初刊一九〇七年）
美川圭『院政』（中央公論新社、二〇〇六年）
三好俊文「常陸入道年西の一族と鎌倉殿」（『市史 せんだい』第二六号、二〇一六年）
村井康彦『平安貴族の世界』（徳間書店、一九六八年）
目崎徳衛「鎌倉幕府草創期の吏僚について」（『貴族社会と古典文化』吉川弘文館、一九九五年。初出一九七四年）
目崎徳衛『史伝 後鳥羽院』（吉川弘文館、二〇〇一年）
元木泰雄『武士の成立』（吉川弘文館、一九九四年）
元木泰雄「五位中将考」（大山喬平教授退官記念会編『日本国家の史的特質 古代・中世』思文閣出版、一九九七年）
元木泰雄『平清盛の闘い』（KADOKAWA、二〇一一年。初刊二〇〇一年）
元木泰雄『源義経』（吉川弘文館、二〇〇七年）
元木泰雄「頼義と頼清」（『立命館文学』第六二四号、二〇一二年）
元木泰雄『治承・寿永の内乱と平氏』（敗者の日本史五、吉川弘文館、二〇一三年）
元木泰雄「源頼朝」（野口実編『治承～文治の内乱と鎌倉幕府の成立 中世の人物 京・鎌倉の時代編第二巻、清文堂出版、二〇一四年）
元木泰雄『源頼朝』（中央公論社、二〇一九年）
森幸夫「得宗家嫡の仮名をめぐる小考察」（阿部猛編『中世政治史の研究』日本史史料研究会企画部、二〇一〇年）
八代国治『吾妻鏡の研究』（明世堂書店、一九四一年。初刊一九一三年）
安田元久『北条義時』（吉川弘文館、一九六一年）
山本幸司『日本の歴史九 頼朝の天下草創』（講談社、二〇〇一年）
山本みなみ「鎌倉幕府成立期における文士」（『紫苑』第八号、二〇一〇年）
山本みなみ「北条時政とその娘たち」（『鎌倉』第一一五号、二〇一三年）
山本みなみ「和田合戦再考」（『古代文化』第六八巻一号、二〇一六年）
山本みなみ「慈円書状をめぐる諸問題」（元木泰雄編『日本中世の政治と制度』吉川弘文館、二〇二〇年）
山本みなみ「北条義時の死と前後の政情」（『鎌倉市教育委員会文化財部調査研究紀要』第二号、二〇二〇年）
藪田育子「『尼将軍』政子呼称考」（『国文鶴見』第四二号、二〇〇八年）
湯山賢一「北条義時執権時代の下知状と御教書」（日本古文書学会編『日本古文書学論集五 中世Ⅰ』吉川弘文館、一九八六年。初出一九七九年）
龍粛「源頼家伝の批判」（『鎌倉時代』上、春秋社、一九五七年）

山本みなみ（やまもと・みなみ）
1989年、岡山県生まれ。京都大学大学院にて博士（人間・環境学）の学位を取得。現在は鎌倉歴史文化交流館学芸員、青山学院大学非常勤講師。中世の政治史・女性史、とくに鎌倉幕府や北条氏を専門としている。主な論文は「北条時政とその娘たち―牧の方の再評価」（『鎌倉』115号）、「和田合戦再考」（『古代文化』68巻1号）、「北条義時の死と前後の政情」（『鎌倉市教育委員会文化財部調査研究紀要』第2号）など。

史伝 北条義時
武家政権を確立した権力者の実像

令和3年（2021）12月28日　初版第1刷発行
令和4年（2022）2月15日　　第2刷発行

著　者　山本みなみ

発行者　水野麻紀子

発行所　株式会社 小学館
〒101-8001　東京都千代田区一ツ橋2-3-1
（編集）☎03-3230-5901（販売）☎03-5281-3555

印刷所　凸版印刷株式会社

製本所　株式会社若林製本工場

装　丁　稲野 清（B.C.）

編　集　今井康裕（小学館）、三猿舎

ISBN　978-4-09-388845-5